U0852833

成人学习导引

贺 华 鲁亚辉 孔春辉 著

湘潭大学出版社

序

提升成人学习水平，是我国建设“学习强国”的必然要求。广大成人学习者，一旦树立优良的学习观，掌握正确的学习方法，就必定能取得更好的学习成果，增加为祖国服务和改善自己生活的本领。

提升成人学习水平，对于成人高等教育师生尤其必要。长期以来，成人高等教育中，在注重不断改进如何教的问题之时，存在忽视如何学的问题，导致教与学协同发展难度很大。学习学是一门教育科学新兴分支。加强学习学的研究和成果普及，有利于成人高等教育师生自觉运用科学创新成果、创新思维，更好地提升教学质量和效率。

为了推动新时代高质量的成人高等教育建设，更好地发挥高校在建设“学习强国”中的作用，湖南师范大学继续教育学院组织研发了本书，并向全社会成人学习者推介。

著者贺华同志，是一位资深教育工作者和学习学研究者，多年来在成人学习论领域形成了一些优秀研究成果。本书是他的重要学术著作之一。在本书中，他对学习的定义、意义以及各种学习观和学习类型的分析，见地独到、鞭辟入里；他提出的“认知锥”假说、学习要素模型、“学习轮”说、学习水平等级说等，为学习法机理研究提供了新颖的分析工具；他对知识“四维”、直接知识、知识结构、知识客态等问题的阐述，令人深有启迪。孔春辉、鲁亚辉同志在本书附录中介绍了湖南师范大学以及成人高等教育的一般概况，为成人学习者选择就学提供了参考。

本书主体是一本难得的全面系统阐述成人学习问题的学术著作，富有创新性和适用性，并且，著者还将复杂高深的学术理论问题，用尽量通俗的言语和列举方式呈现给读者，使得本书的通俗易懂性和生动性有所增强。

正如本书著者所言：“每个中国人的学习力，都是国家和民族学习力、竞争力和发展力的一部分。我们每个人，都应适应国家经济社会发展的新要求，提升自己的学习力，鼓励和帮助他人开展学习，形成崇尚为祖国服务而学习的风气，使我们国家和民族插上勤劳和勤学的双翼。”让我们在学习学的科学理论指导下，努力改造、改善自己的学习，以强劲的学习力推动自身不断成长。

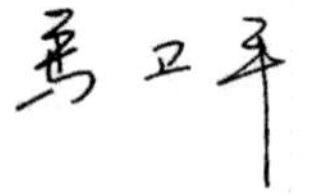

二〇一九年十二月

目　录

第一章　成人学习概论

“请问，聊天、阅读、跑步，这些是不是学习？”一位朋友好奇地问。

我回答说：“你听完我下面讲述的道理，就自然能分辨出来。”

第一节　学习的定义

在我们蔚蓝的星球上，最美的风景是人。千万年来，一代代人创造、传承和发展着文明，建起了一座不断增高扩大的巍峨壮丽的文明高山。每个人渺小的生命，竟因得到这山的滋养，就可以获得比巨人更大的力量。他们的秘密武器之一，是不倦的学习。由此，他们找到了撬动世界的杠杆，远离贫困，变得富有；远离愚昧，变得智慧高贵。他们当中也会有穷人和愚人，但真正的穷者、愚者，只是因为缺少知识财富，仅站在文明高山的山脚或低洼处。

在我国汉语言中，“学习”一词作为一个专门概念，是近代以后才渐渐成型的事情。在之前，这一概念的表达方式有多种，可以用一个“学”字，也可用一个“习”字来表达，例如说“习文习武”；也可同时用“学”与“习”两个字组合成“学习”来表达；也可用“师从”等词汇来表达。

多种用词表达同一个语义说明，至少在近代以前，我国还没有“学习”的专门化概念，人们对“学习”的含义认识相当模糊，往往从自己的经验和感觉去随意解说它。

近现代以来，随着心理学、生理学、神经科学以及哲学等学科不断发展，我们对“学习”有了比古人更多的认识，对其作出定义也有了更好条件。掌握关于“学习”概念的最新认识成果，可便于我们进而掌握学习的规律，这对于当下的学习者很有益处。

一、“获得论”定义

其定义是：“学习是从阅读、听讲、研究、实践中获得知识或技能”[①]，简称“获得论”定义。这是二星级水平的定义。

该定义指出了学习的方式“阅读、听讲、研究、实践”，指出了学习的结果是“获得知识或技能”，这符合许多人的经验直觉。

但仔细推敲，就可看出这个定义有毛病。首先，学习的方式总不只是“阅读、听讲、研究、实践”这几种吧。现代研究证明，观察、反省、顿悟等，也可以作为学习的方式。这些若用“研究、实践”去概括，恐怕有些勉强，至少不精准。所以，这些学习方式仅仅是列举，而非讲全了。其次，学习的收获也不只是“知识或技能”。学习之后，我们也可能获得灵感、体验、道德感、意识感、信息、态度、素质、能力等。“知识或技能”只是这些收获的最典型代表，而不是其全部。

这个定义值得品味的地方，就是“获得”这个关键词。学习总会有所收获。所以，从这个意义上说，“获得论”定义也不算大错。

但“获得论”还隐含着两个意思：（1）学习的价值在于结果，而不在过程。“获得”就是标准，学习好坏就看是否有“获得”以及“获得”什么。这等于暗示我们，应为“获得”而学。（2）人自身是学习收获的“存放所”或容器，各人之间的差别仅类似于于大容器与小容器、装得多的容器与漏得多的容器之间的差别。这等于暗示我们，要当好学习的容器。这些隐含的“结果至上论”“容器论”思想是不够正确的。

过于看重学习的结果而轻视其过程，会太容易引爆我们人性中的贪欲，最终还会让我们失去底线。假如将来有一天，科技发展出某种特别的微型芯片，只要将它通过手术植入人脑，人就可以不学而获得某种知识技能了，那时，那些企图省略学习过程的人一定会争相购买几十上百个芯片做脑植入手术，不惜把自己变成芯片人。这样追求结果，人就必将异化为非人。

正确的观念应是，学习的价值既在于结果，也在于过程。结果给我们成就感，过程给我们新奇、愉悦、紧张等刺激感。学习如同旅游，谁能说旅游的价值在于结果，而非过程？

人也并不只是被动学习的“容器”。存放在人的脑内的学习收获，并不是学习材料的简单记忆复制，而是人以亲身的理解、评价等思维加工活动，形成的个人生命史痕迹，它是有个体独特意义的一种存在，因而也是人不断发展的生命的一部

---

① 《现代汉语辞海》编辑委员会．现代汉语辞海［M］．北京：中国书籍出版社，2003：1336．

分。人的学习收获，还可存放于开放的社会网络之中，映现在人的社会实践和活动中。人也是学习的“加工器”“反应器”“创造器”“传播器”和“管理器”，也可以是社会学习、组织学习的“服务器”。这是“容器”比拟不了的。

因此，对于“获得论”的学习定义，切要小心其谬误。

二、“改变论”定义

施良方对学习的定义是：“学习是指学习者因经验而引起的行为、能力和心理倾向的比较持久的变化”①。这是“改变论”定义。施良方还在定义后补充解释道：“这些变化不是因成熟、疾病或药物引起的，而且也不一定表现出外显的行为”。该定义属三星级。凡是学习定义中含有“学习”两字的，就含有循环定义的逻辑错误，所以，该定义在表述上犯规了。

许多学习定义基本与此类似，同属“改变论”派。不同之处，仅是有的说学习是“人的刺激-反应之间联结的改变”，有的说学习是“人的认知结构（或图式）的改变”，有的说学习是“人的自我概念的改变”等。这些定义各有各的依据，甚至有大量的动物学习的科学实验结果作支撑，但都认为“改变”是学习的根本特征。

该定义的关键词是两个：“经验引起的”与“比较持久的变化”。该定义的积极意义在于，使人们意识到学习的价值在于人自身的改变，应当为改变而学，在学习中追求自身改变的成效。

改变，可以是“加法”式的改变，即某种东西比原先要增多；也可以是“减法”式的改变，即某些东西比原先要少；也可以是“加减并存”式的改变；也可以是结构性的变化，即相互关系、位序变了；还可以是综合性的变化，即数量性、质量性、结构性的多种东西都变了。改变，可以是明显可觉察的，也可能是学习者自己也觉察不到的。

与“获得论”相比，“获得论”就仅仅是强调“加法”，哪里有“改变论”这么丰富！但“改变论”定义，引发了一个疑问，即该定义虽然清楚地说明了学习的结果，但对学习的过程就仅有“经验”两字描述。“经验”是笼统和模糊不清的概念，哪些算“经验”，哪些不算“经验”，这很难说清楚。例如，学习者脑子里“回放”以前所学的东西，这个行为过程算不算是一种“经验”过程？如果这不算“经验”，那么这种“回放”就被排除在学习活动之外。显然这不合理。如果这也算“经验”了，那么当某人脑子里想些乱七八糟的东西的时候，他是在“学习”吗？难道人的思维活动都等于学习活动吗？显然，这也不合理。可见，以“经验引起”作为学习

---

① 施良方. 学习论［M］. 北京：人民教育出版社，2001：5.

过程的判别标准是不确切的。

有时，同样一个案例教材，有人从中警醒，获得识别力和免疫力，有人从中学坏，这不同的改变倾向又是由什么决定的呢？显然这与人的价值观念、社会文化、利益立场、社会关系等因素相关，而不能简单用“经验”来解释。可见，“改变论”定义，还没有揭示学习的某些关键因素。

三、“激发论”定义

我们的定义是：“学习是人在一定环境中，借助一定中介，在确定可供效法的信息对象内容及其载体时，通过自身与该对象信息的交互激发过程，而产生的行为、能力、心理倾向的比较持久的变化”，简称“激发论”定义。这属于四星级的学习定义。

其中，有三个关键词——“可效法的信息对象内容及其载体”“激发”“中介”，详细说明如下：

（一）学习作为一种特殊的认识活动，特殊性就在于它以“有师可从”和“师从之心”为前提

学习是一种特殊的、有意的认识活动，但并非人的一切认识活动都是学习。认识活动，就是人凭借感觉、知觉、思维等身心功能，对外界信息进行感知、辨别和心理加工，获得感性印象和理性抽象概括，它在心理学上称作“认知”。学习主要是一种认知行为，但其中也包含以人的意志改造自身现实的实践尝试行为和思想行为。

学习作为一种特殊的认识活动，特殊在于存在“可效法的信息对象内容及其载体”，即“有师可从”。例如，你如果效法某个字帖临摹练习书法，这就是学习书法；而若你心中无字帖随意地写字，这就不是学习书法。而其他的一般认识活动，却“无师可从”。

一切认识活动，都会受到人的共同认知规律的支配，但学习在一般认知规律基础上，还有自己的特殊规律。

当我们学习时，必须存在一个可以效法的“师”。这个“师”就是指前面所说的我们想要效法、掌握的对象及其载体的客观整体，一方面，“师”是我们打算效法的客观对象内容，另一方面，“师”又是承载着对象内容的客观载体。“师”，可以是老师、书籍、榜样（样板）等，它们都是对象内容与表达形式的统一体。当我们的心里的意向指向它时，它就成为“师”，而我们心里同时也有了“师从之心”。先有“师”（可效法对象内容及其载体的整体）而且有“师从之心”，这是学习得以

存在的起点。“师从之心”，使我们学到肯定性的知识经验；“师从之心”的变体，即“反师从之心”，也使我们从反面人物、案例之中，学到否定性的知识经验。“师从之心”是一种特殊的认知心理倾向，反映着人们希望改变和接受改变的意愿，它在好奇心、探索欲的基础上，还加入了改变自己的动机成分，更能促使认知的东西“入怀”。

“师”与“师从之心”是一对相辅相成的、主客观交融的产物。它们如同物与镜、光与影的关系。学习者无“师从之心”时，老师皆如路人，教材形同弃物。没有老师、教材等资源时，学习者即使想学某些东西，这个想学的念头也仅是愿望，没有具体所指，还不是“师从之心”。学习者因遇见了“师”，才会有“师从之心”，因学习者的“师从之心”，老师、教材等资源才成其为“师”。

“师”是客观的，又是主观的。例如，对于练习王羲之书法的学习者来说，手头上的王羲之字帖是客观真实存在的“师”，在临摹阶段，常对照模仿和揣摩这个客观的“师”。在综合练习阶段，学习者是凭借脑海中的“王羲之字帖”来指导练习，这个脑海中的“王羲之字帖”就是学习者心理上的“师”，它是对客观之“师”的主观反映，尽管这种仿真式的反映有时也可能失真、失准。“师”的形态在变化，但“师”与“师从之心”总是存则皆存、失则皆失的关系。没有“师”与“师从之心”的并存，就没有学习这回事。

当然，学习与其他认识活动也经常交织、频繁切换，你中有我，我中有你，有时难以完全清晰地分割开来。当人信之、羡之、欲得之，就产生“师从之心”；一旦不信之、不羡之、不欲得之，就熄灭“师从之心”，或变体为“反师从之心”。人的“师从之心”，忽明忽灭、忽起忽伏、忽正忽反，均是在认知基础上，加以价值判断而决定。

严格地说，阅读未必都是学习。例如，阅读商业广告，一般就不是学习活动。无“师从之心”时的阅读，就仅仅是以语言符号为中介的认识活动，尽管它多少也会留下信息记忆痕迹。在产生“师从之心”时的阅读，才是学习。看电影，可以是娱乐活动，也可以是学习活动，这由有无“师从之心”来分野。聊天、跑步，是不是学习，要看这个人是不是有“师从之心”。运动员按照教练讲授的技战术去练跑步，是在学习；与他人聊天有心学到知识，这也是在学习。而其他聊天、跑步等行为，却没有可称为“学习”的资格。

过去研究学习学的很多学者，把人的学习活动与其他认识活动的界线混淆了，把人获得知识、技能的多种认识途径，统统当成学习了。所以，你问“读报是不是学习?”，他们会答“是”。但我们的回答则是“有的算学习，有的不算”。

学习作为一种特殊的认识活动，相比于其他认识途径（例如研究探索）往往有快捷、省事、省力的优势。千百年来无数智者和他人创造的智慧结晶，传授给后来的学习者，可免去后人一一重新摸索之苦。无“师”可从时，人们固然也可以“无师自通”，但如同个人在黑暗中摸索，不仅艰辛，而且认识结论是否可靠还真是难说。

“激发论”定义，并不否定动物也存在学习，一些动物也通过模仿同类或人类，掌握了某些较复杂技能。

（二）“激发”是学习机理的本质特征

“激发”，指学习者感知到的对象信息，激活了自己大脑神经网络活动，朝某一方向产生联想、记忆、理解、建构、评估、判断等心理活动，用所激活的已有知识经验去理解、记忆对象信息，同时，也引发了情感情绪、意志的内在体验活动。如同一块石子投入池塘，激起一圈圈定向的涟漪。所激活的心理活动，又反过来指导对新的对象信息的定向、指向（例如，对新知识点产生兴趣、欲望），促使学习者去选择性感知或屏蔽对象信息，从而更精细深入地观察和理解对象信息。“激发”是学习者与对象信息之间的双向交互作用过程。

“激发”的生理基础，是人大脑神经元和神经网络的功能。人脑经过数千万年的进化，已具有由约一千亿个神经元组成的神经网络，只需消耗相对较少的能量，就能维持这些神经元和神经网络的信息复杂运算和加工活动。因而，人能够“激发”，而其他动物则不可能如此高度灵敏和精密反应。

“激发”的心理基础，是人的已有知识经验、能力和态度。“激发”表现为一种自我觉醒的兴奋状态。这种“激发”，触发了学习者后来获得行为、能力、心理倾向的比较持久变化的过程。但人不可能无限制地改变自身，只能改变他所能改变的；每一次改变只能在他每次可以“激发”的程度以内发生改变。没有“激发”，就几乎不可能获得任何改变。

学习的主要困难，是学习者“激而不发”和“激而错发”。“佛系”人——无动于衷、几乎什么都触动不了其心灵的那种人，学习对他如同“牛听弹琴”，如同一石投池了无波痕；“三心二意”者——总是心有旁骛、神飞天外的人，学习对他如同“猴听弹琴”，如同一棍子捅了马蜂窝。这两者都不太适合学习。要想从学习中多获益，就应先把自己改造成适合学习的人。所谓适合学习的人，特征是：（1）心向好——有虚心好学、求知心切的师从之心；（2）基础好——掌握必要的学习基本功和相应基础知识；（3）响应好——能迅速调动（激发）自己的智力因素和非智力因素响应学习信息，并身心专注地卷入学习情境。

只要学习者善于主动合理地“激发”，就能在“激发”中实现预期的改变，并且开启潜能的成长，成为更好的自己。

从本质上看，一切“可效法信息对象内容及其载体”，只是激发人的一种“燧火石”。它的激发力如何，也是决定学习绩效的重要因素。

（三）“中介”是学习的必要条件

中介，指不同事物之间或事物内部成分之间居中联系的媒介。在“师”与学习者之间，中介主要是信息符号（尤其是“公共定义”的语言符号）、实物模型或虚拟模型等。在学习者大脑之内，中介主要是“自定义”的内部语言、内部图像。中介将信息“能指”和“所指”两种不同性质的成分进行有规则的整合，“能指”——即符号呈现的外在形式，“所指”——即符号的蕴含的内在含义。掌握了中介的“能指”和“所指”，就基本掌握了中介。依靠中介，学习者可便捷地进行心理加工活动。动物的学习，缺乏人类这种创造性的、丰富而大量的中介，因而不可能达到人类学习的精巧水平。

中介对于学习极为重要，例如，学习中国古典作品，如果你的古汉语水平不行，那就很困难，直接去读古文，即使每个汉字你都认识，也会搞不清其确切含义，这是因为你缺少古汉语语言符号中介。一个不懂外语的中国人，直接去国外大学攻读专业课程，必定十分困难，必须先掌握外语以及相关文化传统（如成语、习语、俚语、风俗等）才行。学习者掌握或创造中介的能力，是学习过程的基本条件，即中介基本功。中小学的语数外科目，就是训练后续学习必需的掌握“公共定义”型中介的能力，这是最重要的基本功。民间“得语文者得天下”之说，确实有依据，但改为“得语数外得天下”更佳，因为语数外囊括了多个学习领域的“公共定义”型中介基本功，更加全面。

学习的最新定义带给教育界的是这样一个“常识”——并非有教就有学、有学必因为有教。完全可能出现“你在教，但没人在学”的情况，也可能出现“你没教的，他倒是学到了”的情况。只有能极大帮助学生推进学习过程的教学，才是有效的教学。不管学的教，都不能叫“教学”。

人类对事物的认识，都是逐步加深的，起初只有认识到事物的一小部分，后来才认识到事物的更多部分，再往后，才认识到事物的大部分甚至逼近其全部。对于“学习”概念，也是同样。虽然，我们至今依然不能对它作出五星级以上水平的定义，但科学还在继续，新的发现还会涌现，学习定义也将继续深化。

第二节　学习的意义

为什么人们常常关注学习的意义？从根本上是因为，解决“学不学”“怎样学”的认识问题，必须从这里起步。你认定的学习的意义有多大，你对学习投入的意愿就有多大。你在学习中产生的获得感、成就感，又会验证和调整你对学习的价值判断。

意义，主要指作用、价值。学习的意义，包括经济价值、发展价值、生理和心理价值、社会价值等，将其总括为学习的生命意义也不为过。意义从来就是相对而言的，总是指某件事的实现，在某个时间和环境，相对某个特定的人所具有的特定需求而言的作用和价值。“参照系”不同，意义就大相径庭。脱离“为谁学、为何学”“学什么”“怎么学”和“学到什么程度”来述说和讨论学习意义，这本身没有任何意义。

一、学习的普遍意义

古人劝学，常说“书中自有千钟粟，书中自有颜如玉，书中自有黄金屋”。这是说读书可以使人产生一种精神愉悦感，在读书意境和想象中获得快感。古人还说“腹有诗书气自华”，读书可以改变人的气质、品位甚至骨相，可以延年益寿，可以使人富贵。在交往中，有学识者常给人留下“如沐春风，如饮醇酒”的感觉。

古人的劝学思想，有些是正确的。人，学与不学完全不一样，“学则明，不学则愚”[①]。当代世界各国进行的统计调查表明，越是文化程度高的人，其收入水平、社会地位一般就越高，例如，美国当前获得高等教育学历的人平均的收入水平比高中以下学历的人要高出65%，失业率也更低，适应职业变换的能力也普遍更强。反过来，越是收入水平、社会地位高的人，其学习意愿就相对更强烈些，相关统计调查也反映了这一点。

但是，古人所谓“万般皆下品，唯有读书高”的观点是不确切的。读书，并非人的最高需要。脱离德性修养、素质修炼、实践锻炼的读书，也绝非“上品”。只有当人的读书，具有促进“万般”丰富的“下品”活动品质提升之时，才会是“上品”。可惜的是，很多人的读书并非“上品之学”。

学习的意义，既有人与书之间的“二次元意义”，也有人、书、现实世界之间

---

① ［俄］苏沃洛夫．制胜的科学［M］．解放军出版社，1986：1．

的“三次元意义”。读者在阅读中获得的“千钟粟、黄金屋、颜如玉”，仅仅是“二次元意义”，而学习者素质提升，进而获得现实生活水平改善、事业成功的业绩，才是“三次元意义”。学习的真正价值，在于“三次元意义”。

人们怎样选择“学什么”“怎么学”，并为之努力，就会得到怎样的学习收获和价值。一般而言：

（一）全面性学习有助于提高个人素质

人的素质，指建立在人的先天性生理条件基础上，经后天锻炼而形成的从事社会实践活动所需的各种个性心理特征和行为习惯特征。它包括身体素质、能力素质、道德素质、知识素质、思想素质、心理素质和行为习惯素质。素质一词有“各方面平均稳定水平”的意思。人的后天素质，是人的自我改造和社会实践改造沉淀于人自身的反映。

人的素质结构可用“洋葱模型”来表示。一是外显层，表现为行为素质、身心素质，这是比较容易观察到的层次。二是中间层，由知识、能力、道德品质等素质组成，它是难以直接观察，但可以间接推知和判断。三是核心层，由思想素质和自律心理素质构成，它是最难以揣摩的层次，有时连一个人自己也难以清晰地觉察到。核心层最重要的是“觉悟心”，即世界观、人生观、价值观以及由此生发的信仰、信念和使命感，它是素质之魂。

学习对人的素质的影响，因学习的内容、方式、程度和达到的境界的不同，而有不同。例如，只有在学习上达到自动化和外化的境界，才能显著影响人的素质的中间层和外显层，只有达到深化或升华的境界，才能显著影响到中间层和核心层。

人的品性，并非天生自然完美，人需要在后天提升素质。

社会越是丰富多样，就越是要求人们以更全面的素质去适应。社会越是分工精细，就越是要求人们具有做人处事的更高水平，对人的合作精神、大局意识、沟通、交往能力等素质的需求，就必然水涨船高。我们所处的时代，是工业经济向信息经济、知识经济转变的时代，它对人的素质要求已显著更新汰旧。例如，三十年前，没人会想到网络交往、手机支付等技能，会变成如今中国社会里的一项公民必备素质要求。素质优良，才受人欢迎，才会有舞台。素质落后于时代和社会要求的人，迟早会被淘汰出局。

马克思认为，每个人都应当追求人的自由全面发展，“作为一个完整的人，占有自己的全面的本质”[①]。全面的发展，是在体力、智力、个性、品质、灵魂以及其他方面协调完整的发展。唤醒觉悟、增长才干、涵养身心、陶冶情操、创造价值，都应该是我们学习的最根本目的。自由的发展，是力争摆脱外在不合理的束缚与限制，发展个人兴趣爱好，形成特色素质和特长，自主地“按照美的规律来构造”自己。

虽然，由于社会经济条件还不够发达，使得人的全面自由发展在当前仍难以普遍、充分地实现，但全面自由发展，仍然值得人人向往与追求。人的全面发展，依赖自主的全面性学习。而片面的学习，则使人的素质很可能畸形发展。孔子说“质胜文则野，文胜质则史，文质彬彬，然后君子”，在他看来，人的学习与自身素质协调发展，才是健全的“君子”。人所学到的东西，如果没有带动自身素质的全面发展，那么，“成为最好的自己”就只会是镜花水月。

怎样衡量素质的全面性？全面性素质不是样样都会，无所不能，不是“万金油”式的素质。衡量素质的全面性，有常识标准和专业标准。常识标准，就是从“德智体美劳”方面的社会视角来衡量素质。达到“做人、做事、养己”的较好水平，就算达到了全面性的素质要求。德才兼备、文理兼通、知行合一、身心俱佳、能说会干、动脑动手、适应社会，是素质全面的标志。专业标准，就是从专业视角看一个人从事相关活动所需的素质是否完备。例如，一个中国人，不会说普通话，从很多地方的常识标准来看，不会认为这是素质缺陷，但从教师的专业标准来看，这是专业素质的一种缺陷，可称素质不全面。据网媒报道，上海一位 48 岁的海归硕士研究生，归国后七年在家“啃老”，还责怪 82 岁靠微薄退休金过活的老母亲，以前总是替他包揽事务，使他现在除了读书什么也不会。这位海归人士的素质，从常识标准来看是低下的，尽管在专业上拥有合格文凭。常识标准和专业标准都认可的素质全面性，才是真正的素质全面性。

全面性学习是提高个人素质全面性的有力途径。同样，全面性学习也不是面面俱到、平行多线铺开的学习，它仅追求有限的、有魂的、基本的全面性，主要包括与人相处、做事、求知和发展自我四大方面的素质学习。重视全面性学习的成人学习者，可得“立于不败之地”的好处。

（二）成功的投资型学习有助于提高个人价值和社会价值

从经济学角度来看，学习有消费型与投资型之分。

---

① ［德］马克思．1844 年经济学-哲学手稿．马克思恩格斯全集［M］．第 42 卷．中共中央编译局，编译．北京：人民出版社，1979：12.

满足自身身心需要的学习，属于消费型，即是古人所称的“为己之学”。其学习意义不言自明。其学习总是“艺多不压身”，可率性而为。

满足社会需要和个人职业或生存需要的学习，属于投资型，也即是古人所称的“为人之学”。为考研、考公务员、提升学历等目标进行的学习多属于投资型。其学习的意义，与适应社会需求的情况有关。顺时势者，其所学大有用武之地，获得乘数效应，故而大放异彩。偏离时势者，其所学东西的价值就大打折扣。对这种类型的学习，应警惕“艺多不养身”，必须精心操作，适应社会实际。

经济生活中，若只消费、不投资，就没法成富翁，若只投资、不消费，就活得太憋屈。学习也同理。如果说还有“储蓄型”学习的话，那是毫无利息收益的。

投资型学习同经济投资活动一样，存在风险和利益。在当代一些国家，出现了“博士生当环卫工”等“高才低就”情况，这意味着个人和社会时间精力和财力等资源的大量浪费。教育过剩是某种人才培养数量超过了社会对劳动力的实际需求的现象，也是个人投资型学习失败的源头之一。

失败的投资型学习，难以形成较高的个人价值和社会价值。唯有成功的投资型学习，才能使人找到好工作、得到较好收入并有进入更上层社会的机会，才能使学习者更好地发展“在当下”为社会作出贡献的能力和解决个人现实价值问题的能力，最大限度地减少资源浪费。

不难发现，成功的投资型学习者一般具有方向正确、质量较高、基础厚实三特点：

1. 方向正确，即他们在长期学习项目内容的决策上，较准确地预见或适应了社会需求。这些学习者常问自己“应为明天、下周、下月、明年预先准备好哪些知识技能?”他们不会去学“屠龙术”类型的伪知识技能。他们总是针对真需求而提前布局和准备，而机遇总是青睐这些有准备的人。

2. 质量较高，即他们在学习质量上，相当具有竞争力或者具有经受实战检验的合格水平。以棋艺为例，学习者只有达到了专业水平，才有资格从事职业性的棋赛运动，获得职业报酬；若棋艺不精，则学棋艺只能作为业余爱好而自娱自乐。只有高水平的学习质量才可能使投资型学习获得成功。

3. 基础厚实，即他们在学习策略上，注重专业基础、专业方法论能力、专业综合素质。他们对学科基本知识、基本原理和学科基本功掌握扎实；对专业分析范式的运用具有习惯性、定势化的反应，对专业学习资源深有了解并能很快、很广地获取（即开源能力强）。他们还具备对从事相关专业的职业岗位所需的通用能力素质。因此，他们突击学习能力强且迁移能力强，在求职、竞争职位和改行时都难度不大，遇到“要用的没有学，学了的没有用”的窘境时，也能最快地自拔。

在分析“博士生当环卫工”的事例时，人们不应贬低环卫工等体力劳动职业，但应看到受教育年限超过20年的博士生去当环卫工，这很可能并非其本人所愿，只是无奈之选。这种现象也不符合正常的社会期望。这是其个人的投资型学习的失败。败因可能是选择的专业恰是“供大于求”的专业，或是其专业实际水平或综合素质竞争不过其他求职者，或是突击学习以改行的能力较弱，故而不能谋取到理想的或次好的就业岗位。

虽说投资型学习的意义随社会状况而变，但在某种程度上也可以说，投资型学习的意义，也有很大部分是由学习者自己控制的。在相同的社会需求中，学错了、学得差、学得呆板，这种学习的意义就变小了，甚至意义由正变负。学对了、学得扎实、学得活，学习的意义就升值，甚至成就人生。从根本上说，在社会需要确定的前提下，学习者自身才是自己学习意义的决定者。

（三）理论与实践相结合的学习，有助于改变个人命运

理论是某种系统地揭示事物规律、可以作为行动指南针的专门知识体系。结合，指两个或两个以上的东西组织成一个新的不同质的整体。结合不同于组合、混合、凑合。理论与实践相结合，指建立一种理论与实践方向一致、活动交互的合成体，也就是根据实践需要而学习、发展和创新有用理论，又根据这些理论指导和创新实践的一套复合型生活工作模式。按古人的说法，这就是“知行合一”。应注意，这种结合，不能夸大为知识与实践相结合。将知识与实践相结合，在一个人身上不可能做到，也不必要件件去做。

结合得好，就会有“1＋1＞2”的神奇效果。结合得差，就会产生出畸形怪胎。正确的理论与正确的实践相结合，才有光明前景，培育出名字为“理论成就”或“实践成就”的优生儿。一个理论与实践相结合的人，就是围绕一个方向和使命，在改造主观世界和改造客观世界的磨合中，去努力找到属于自己的正确道路的人。这样的理论者，不同于清谈客，是具有尊重群众实践的科学精神和理论创新能力的思想者。这样的实践者，不同于鄙视理论的粗俗之人，而是具有理想情怀、远大目光和反思能力的行动者。

理论与实践相结合是成功者的快车道，可以使人因精通理论进而精通实践，因精通实践进而精通理论，在这一过程中创造出丰硕成果。这种学习是最具“三次元意义”的学习。

理论与实践相结合，可帮助普通人改变命运。改变命运，指那些对生活不满足的社会底层人，想向更高社会层次跃迁，获得社会生活的更多选择权、更多财富以及更多幸福。实际上，真正改变命运，不仅靠获得选择权，还要靠能用好选择权。

改变命运，必须有正确理论武装自己，还必须在实践中实干敢拼。

决心改变自身命运的秦末农民领袖陈胜、吴广，在起义时曾发出“将相无种”的豪迈宣言。但他们没有正确的理论指导，终归惨痛失败。“三分天注定，七分靠打拼”，但打拼不是蛮干，先要寻找到正确理论。有了正确理论，就要用它去指导自己实战。如同猎人虽有一把好枪，但不愿千辛万苦地狩猎，自然打不到猎物。若不去实干敢拼，那么理论再好，也不能如愿地改变命运。

理论就是力量，但这力量只给予探索者、行动派，指导帮助他们少走弯路、多一份成功的希望。

习近平总书记说“知是基础，是前提，行是重点，是关键，必须以知促行，以行促知，做到知行合一”①。也就是说，理论与实践相结合的方式，必须是先以理论促实践，再以实践促理论，先构基础，再图关键。在学科专业理论上，学习者在尚未系统地掌握一定的理论之前，不应轻言实践，而应埋头学习理论，打好基础；在尚未深入实践全过程、多方面之前，不应轻言理论创新，而应继续深入实践。要避免简单机械地组合理论与实践，而导致两头失踏。

（四）坚持性的学习，有助于个人才能发展

古有“江郎才尽”的成语典故，千年来引起的思考议论很多。故事是南北朝时期的文学家江淹，自幼聪慧过人，虽家境贫寒且丧父，但六岁能作诗，十八岁可熟背儒家五经，所作《恨赋》《别赋》，被称为千古奇文，名噪一时。但中年以后，文字功夫退步不小，提笔要么半天写不出一个字来，要么所作的诗句平淡无奇且用字枯涩。他自称是因为做了一个梦，梦中一位神仙收走了他的五彩笔，从此他就再也没有以前的文采了。有人说，江郎才尽是因为他贪图做官享受，有人说他是为了避免别人对他嫉妒生恨，才放弃了文学。

到底是什么原因造成“江郎才尽”？其实，主要是因为他停止了对文学的学习和钻研。人的才华既来自天赋、又来自后天的修炼。天赋智力也会随着年龄增大而不断退化。后天修炼的智力，会随着学习的推进而积累和发展，随着学习的止步而衰退。江淹的两项才华，一个因停止学习而退步，一个因年龄老化而退化，岂能不“江郎才尽”？可见，离开了持久学习的“燧火石”，超人的才华也会显著衰落。

这个例子显示，学习贵在坚持，人的才华因持久学习而深度激发，因停止学习而会显著衰落。即便青少年就成了学霸的人，如果认为自己以后可以不用努力学习

---

① 习近平．在党的群众路线教育实践活动总结会上讲话（2014年10月8日）[EB/DL]．新华网，2014年10月08日，23：23：32.

了，那么，他后来一定会发现，才华也会“坐吃山空”，知识也会渐渐过时。一时的学霸固然令人称赞，但持久刻苦用功的学霸，才真正令人尊敬。古人云“少壮不努力，老大徒伤悲”，这仅提示人们的努力要趁早。更准确的说法则是，要终身坚持努力学习，懂得“一刻不努力，转瞬徒伤悲”。停止学习之日，就等于才智开始滑落之时。

（五）国民的学习力就是国家的竞争力和民族的发展力

历史证明，先进国家和民族，总是因学习先进而发迹；落后国家和民族，总是因学习落后或僵化而衰落。现代国家的竞争力、发展力，已比过去时代更加依赖其国民的学习力。以色列国在强国环伺、资源匮乏、生态恶劣的情况下，仍能够实现强大与繁荣，成为人才辈出、创新创业动力澎湃的强国，其内因在于，犹太人民族是学习先进的民族。

中华民族是勤劳的民族，也有好学的文化传统，但相对来说，还不算是普遍勤学的民族，虽热衷鼓励青少年学习，但成人自身学习的普遍氛围并不太浓。街头巷尾的“麻将热”常见，而“学习热”并不常见。近代以来，中国人的学习长期处于落后世界水平的状态，学习的内容、学习的人均时间、阅读量、学习资源条件等指标可谓一度全面落后。

在中华民族强劲崛起和持久繁荣的道路上，解决内外困难和风险，需要我们国民从学习中变得更加聪慧。但在此方面，我国还存在较大差距。我国社会人口逐步向“老年化”变化，年轻劳动力资源巨量丰富的“人口红利”，现已渐渐消失。往后，唯有通过国民整体极大提升学习力，推动技术创新和制度创新，我国才能形成新的、以智力资源丰富为特征的新智力红利、人才红利，助推经济社会发展。唯有通过建设“学习强国”，我国才能顺利实现民族振兴、国家富强、人民幸福的“中国梦”。

习近平总书记告诫我们：“好学才能上进，好学才有本领”①。每个中国人的学习力，都是国家和民族学习力、竞争力和发展力的一部分。我们每个人，都应适应国家经济社会发展的新要求，提升自己的学习力，鼓励和帮助他人开展学习，形成崇尚为祖国服务而学习的风气，使我们国家和民族插上勤劳和勤学的双翼，在世界激烈竞争的风云诡谲中日益强大、长盛不衰。

---

① 习近平．第四批全国干部学习培训教材序言．全国干部培训教材编审指导委员会．第四批全国干部学习培训教材［M］．北京：人民出版社，2015：2.

二、学习的特殊意义

学习对于每个人来说，都有属于他自己的特殊意义。你对学习的理性认知、体验和情感态度，就是学习对于你的意义。当你的理性认知、体验和情感态度发生改变时，学习对于你的意义也将发生改变。学习的特殊意义，可帮助人决定对某种特定项目学习的态度以及计划安排意向，也就是确定自己学什么、怎么学、学到什么程度，以及对该学习的时间和经济投入程度。

这种学习意义，只能由学习者自己去发现和确认，外人没法越俎代庖。学习的过程，也是一个自己不断寻找、发现学习的意义的过程。

怎样去积极正确地发现学习的特殊意义呢?

（一）戒偏执原则

学习是人的一种高层次需要，同时，学习又是人为实现更高层次需要而进行攀登的阶梯，它是任何人成长所必经和依赖的途径。为学习而暂时牺牲一些低级需要，这是明智的选择。宁可牺牲学习，也要优先满足低级需要，这是鼠目寸光和愚蠢的选择。

有些人不是不懂这个道理，而是忍受不了学习的艰辛，并且控制不了自己对低级需要的痴迷。他们还为自己的行为辩护，编造出种种说辞。慢慢地，这些用来搪塞的借口，变成了他们自以为是的“合理”理由，他们对学习形成了一种偏执的态度，例如认为“读书无用”。

“读书无用论”思潮，古今中外皆常见。这种思潮，平时只是一些小波浪，但某时会汇聚成大小洪灾，以每隔七八年至十年的频率来袭。在我国这样一个文化传统上重视学习的国度，很少有人胆敢挑战“知识有用论”。“读书无用论”，往往不是否定知识的价值和意义，而是人们因不满与读书相关的制度与环境问题，特别是人才使用和待遇问题，而共鸣形成强烈情绪。其背后，人们关心的其实是学习对于个人和家庭生活水平改善、个人发展前途的意义、学历证书的作用意义等。每一波“读书无用论”思潮中，都有一批想逃避艰苦学习或掩饰自己无知的人，正在苦于借口难寻之时，被鼓惑者乘机兜售这种借口，而成了追随者。洪灾过后，一片废墟。幼稚的追随者回看受害的自己，已是惨不忍睹，追悔莫及。在社会未来的发展中，仍有可能出现新的“读书无用论”思潮，例如“读得好不如嫁得好”“读得好不如当网红”之类。每一个成人，都不应因偏执而随波逐流。

（二）正体验原则

事物价值，只有事物的创造者和使用者才能给出准确的评判。你学懂了、学通了，才有资格评论学习的意义。就像一台收音机没有调好频道，自然没有声音，你若责怪这台收音机没用，其实是你自己的错。调好了频道，你才可以评价收音机的好坏和价值。对于有的人来说，学习是一场痛苦而无望的折磨，是味同嚼蜡、索然无趣的徒劳，他说“学习没意义”，大多是因为他没学懂、没学通。越是学懂了、学通了，你会觉得学习越是有滋有味。

学习者经历从无知变有知、从一知到多知、从浅知入深知的过程，终会看到隧道尽头的光亮，体验到“豁然开朗”的学习乐趣。一般的低智娱乐、游戏，可给人浅薄的快感，而学习却可带来持久的充实感和成就感。这样的体验才是正常、正确的体验。有这种深刻体验，你就会明白，为什么孔子会说“知之者不如好之者，好之者不如乐之者”[①]。“乐之者”是有学习成就感可以引以为乐的人。你只有成为乐之者，才会成为持久的好之者。

（三）大开放原则

从开放的视野，可以帮助你真切地感知学习的意义。

1. 可读一些人物传记，着重从著名、知名人士的学习过程、经验、认识中感悟学习对于他们事业成败的作用。

2. 可向已有某种学习经历的学习高手去调查和采访，了解他们对社会需要的认识，哪些知识、技能为社会急需，哪些知识、技能已属于“供大于求”；了解他们的相关学习故事以及他们对学习的评价、思考。再从自己的情况出发，估量一下自己各种学习项目、方式的“投入产出比”。

3. 可从交流中体会学习的意义。社会交往活动，隐含着交流者各自学习成果的展示。“三人行，必有我师焉，择其善者而从之，其不善者而改之”[②]，从交流中可知学习是怎样“造化”人。别人的评价和建议，可使你了解自己的进步幅度和欠缺之处。榜样的出现，可能给你带来学习的灵感。“谈笑有鸿儒，往来无白丁”[③]，像刘禹锡那样才华横溢的大学者，也需要从与学习高手的不断交流中，持续不断地激发学习动力。交往可以促进学习。美国已故总统罗斯福，在与重要人物约会前的一小时，常阅读与相关话题相关的书籍，他这种以交往促学、验证所学的工作方

---

① 佚名．论语・雍也．雍也篇［EB/DL］．古诗文网．

② 佚名．论语・述而．中华经典藏书——论语［M］．陈晓芬，译注．北京：中华书局，2016：1．

③ 刘禹锡．陋室铭［EB/DL］．360百科．

式，不仅促进了友谊、赢得了尊敬，而且掌握了许多重要信息，为其决策起到了很好的作用。把学习与交往相结合，会让你总是感觉到学习的无穷魅力。

4. 可从实践中反思学习的意义。阿富汗作家乌尔法特说："只有那些最渴的人，才最了解水的甜美。"当你认识到，是学习助你成功，你会坚信学习是世界上最好的投资。当你认识到，学习上的缺陷妨碍了你取得更好成果，你会懂得改造自己的学习多么重要。当你在实践中，感到很多问题认识模糊不清、判断难下，有"书到用时方恨少"的缺氧感、无助感，你就更深知学习的必要性。

（四）重行动原则

俗话说"不怕慢，就怕转"。一顿乱转的瞎折腾，往往劳而无功。人不可能什么都去学。生命有限，时间精力有限，条件有限，而知识技能是无边无际的大海，你的胃口再大，什么都去学，也承受不起。你只能有所选择地学，有所为而有所不为。

但俗话又说"不怕转，就怕站"。只观望、不试探，则颗粒无收。人对于几乎无限多的选项，不可能先一一看清这些选项的价值大小之后，再按"最优解"去行动。你最好是在行动中去寻找"满意解"，只要大体符合你的需要就可以了。行动就可能撞上机遇，给你带来意外惊喜，展示出你未曾发现的意义。

请记住已故著名作家杨绛先生对一位困惑者说的话："你的问题主要在于读书太少，而想得太多"。失意时，永远不要"转"和"站"，要坚定方向，这样你就终会看到柳暗花明的胜景。

第三节　成人学习的类型

我们乐意将"成人"理解为：18～34 岁间的第二次、35～60 岁间的第三次、61～78 岁间的第四次以及 79 岁之后的第五次成长中的人。运用多种学习类型，去组合成学习者自己的学习样式，力争像根深叶茂的大树那样，一方面"强基础"——提高知识技能体系系统性；另一方面"广吸纳"——广泛吸取其他各种知识技能营养，就定能获得巨大的成长空间。

一、模仿性学习与创新性学习

模仿性学习，是依样画葫芦地重复他人已有经验，或接受前人已经发现和整理的知识。学习者所学到的知识内容，只是局限于前人知识经验范围以内。一次学习所学到的内容，也只是在所学文本表述的内容以内，没有什么超越。模仿性学习，就像“种瓜得瓜，种豆得豆”。在收获数量程度上，则是“学 1 得 1”，优秀的模仿性学习者可做到“学 1 得 0.9”。较差的模仿性学习者，则只能做到“学 1 得 0.5”，甚至所得更少，因为他们常囫囵吞枣、半知半解、知之不祥且迅速遗忘。

创新性学习，是在掌握他人前人已有经验和知识上，形成在该问题领域的新理解、新创见、新概括，从原书“无”中生“有”，从“旧”中出“新”，从文本中学到文本上所没有的东西，能读出隐藏在文本背后的“弦外之音”。创新性学习，主要依靠质疑、批判的思维功夫，以探究性学习为主要形式。这种学习，不是以产生“这个说法不对”的否定性意见为终点，而是以产生“更好、更正确的说法是什么、更好的用途是什么”的建设性意见为结果。它就像“学 A 得 B，学 1 得 2”，但在方式上需要从若干个“师”的模仿性学习入手，经综合、比较、顿悟、提炼而产生新发现和创意。

例如，毛泽东青年时代读过一本名为《观世音修行香山记》的书。1958 年 6 月，作为党和国家主要领导人的毛泽东在中央军委扩大会议讲话中说：“有本书叫《香山记》，讲观音菩萨怎么出身，别的我都忘记了，头两句叫‘不唱天来不唱地，只唱一出《香山记》’。我就采用这两句作为工作方法”。1963 年 5 月，在杭州召开的中央工作会议上，他又一次谈到将这两句作为工作方法。1964 年 3 月，他向中共山西省委主要负责人阐释为什么要将这两句作为工作方法时，说“就是希望领导干部在一段时间里，想事情，看问题，定政策，抓工作，应突出重点，善于抓主要矛盾、主要任务，切忌眉毛胡子一把抓”[①]。毛泽东从《观世音修行香山记》一书中“不唱天来不唱地，只唱一出《香山记》”这两句就引申出工作方法，真是惊世骇俗的创新性学习方式。这是超越对文本的理解，而以其中的一些材料作为灵感之源，联系自己所思所想的问题而激发创意的现象。从应忠实理解读物原意的学习标准来看，创新性学习有时并不达标；而从将书本为读者所用的角度来看，从读书中孕育出新的思想成果，这也是一种价值很高的学习方式。

模仿性学习属于学习的初级形式，创新性学习属于学习的高级形式。模仿性学习，要求学习者诚心、虚心地“尊师、仿师”，其学习过程常常漫长而艰苦，但可使人形成根底深厚、知识系统的知识结构。当然，这也易造成死守前人结论、拘泥于他人窠臼的僵化思维。止步于模仿性学习形式，容易导致学习者学问水平难以突破性提升。创新性学习，要求学习者“吾爱吾师，更爱真理”，但也易导致学习态度不虚心、学不到真本领，如同“画虎不成反类犬”。一般来说，对一些不重要的

---

① 陈晋．只唱一出《香山记》[J]．党的文献，2008 年第 4 期．

知识技能科目和内容，只要对实践够用，模仿性学习就已足够了。

创新性学习不等于创新研究。创新性学习者是从“师从”需要起步，经历“师从”过程，但在结果上因创造性而“超越老师”。创新研究，则多是从“问题导向，课题导向”的需要起步，面对无师可从、无先例可循的情况，通过实践（包括实验、试验等）性、试错性认知而取得新的认识成果。

二、记忆式、理解式、联想式学习

人们头脑里的具体知识，往往是陈述性知识、程序性知识、策略性知识组成的“合金”。陈述性知识，是“是什么”“为什么”性质的知识，例如事实、公式等描述性的信息。程序性知识，是“怎么做”性质的知识，例如办事程序、标准、动作技能背后隐含的规则意识等。策略性知识，是监控和指导自己认知和做事的内部独特知识，例如认知策略、元认知策略等个人方法论知识。它们对人的认知活动发挥着不同的作用。按照掌握这些知识的主要方式的差异，学习可划分为如下类型：

（1）记忆式学习。它是以记忆学习材料为主要目标的学习，这种学习主要依靠学习者的记忆力，其他智力含量不太高。一般以复述作为主要方法。

记忆性学习不等于都是“机械学习”。记忆性学习可以是理解基础上的记忆，可以是“意义学习”基础上的记忆巩固。在现代社会中，成人学习也非常需要记忆式学习，例如，学者对引用文献中有价值的原话原句，需要精确地记忆，以便在研究和写作中准确使用，尽可能减少重新查找文献核对所耗费的时间。又例如，工程师对工程计算所经常用到的公式、常数需要精确记忆，甚至要达到不假思索、脱口而出的水平。成人的学习，应当尽量避免死记硬背的机械学习，但是也应当反对学习中“只理解但不记忆”，不能认为理解了就必然记得住。对成人来说，经常进行记忆式学习，就相当于经常进行记忆力训练，有助于增强人的记忆能力，延缓记忆衰退现象。

（2）理解式学习。它是以理解学习材料为主要目标的学习，学习成效主要依靠逻辑推理、抽象、分析等智力。

理解既是一个表示认知行为过程的动词，又是一个表示该认知行为活动结果的名词。它包括概念理解和命题理解。概念理解，指从某种条理线索认识事物，获得概念分化（把一类事物区分为多种）、泛化与类化（把很多事物归为一类）。命题理解，指从事物中认识其中条理线索，形成对事物的性质或事物之间关系的判断。理解式学习如同“顺藤摸瓜”认知更多的事物知识点，又如同“顺瓜摸藤”认知更深的事物关系线，总是力求从明显“在场”的东西中认知到其背后“不在场”的操纵物。

（3）联想式学习。它是通过综合性思维和直觉，自创各种媒介并发展策略性知识的学习，是记忆式、理解式学习的重要补充及助手。联想式学习的过程借助了大量只可意会不可言传的内部隐性知识，帮助学习者以自己的独特方式去掌握外在知识。

外语学习不仅是掌握“公共定义”型语法词汇知识的过程，而且也是学习者自创“自定义”型媒介去增进语言能力的过程。例如，记忆英语单词就时常需要从大量例句语境中觉察出并自创记忆“媒介”，例如“stretch”一词有“时长、一片(段)、伸懒腰、持续、拉伤、使告急、靠……勉强维持、对……形成挑战”等多个词义，一般很难记住，但若你以有弹性的物体“伸长、伸展”样子作为形象记忆媒介，再联想一下，身体四肢的“伸长、伸展”即“伸懒腰”，生活资金使用的“伸长、伸展”即“靠……勉强维持”，时间的“伸长、伸展”即“时长”，责任事务的“伸长、伸展”即“使告急、对……形成挑战”，这样你或许就可轻松地记住这个单词的主要含义了，且能一望便知“overstrech”的含义是“使不堪重负、过度伸展”。记忆媒介没有是非对错问题，只有好与更好问题。

对问题及其线索的猜想、假设，是人们理解活动的媒介。没有它们，有时理解活动就无从下手。

明确记忆式、理解式、联想式学习划分，对于成人学习尤其必要。可把理解式学习视为“进攻”，把记忆式学习视为“防御”，把联想式学习视为“后勤”。三者互为依托，成人的学习才能精进。例如，在语言类学习中，这三种形式的学习不可缺席，不可停止相互磨合。有些优秀的外语高手，在长时间不使用外语时，以外语进行言语表达的流畅性、准确性就大大下降，甚至语感迟钝生涩，需通过一段时间的操习才能逐渐恢复原先的水平。据报载，多年前，曾有一位河南青年孤身一人深入人迹罕至的可可西里地区生活达半年之久，回来时，连说听汉语（母语）都不利索了。这个事例说明，成人的语言类学习不可停止集成了记忆式、理解式和联想式学习的操习活动。

三、知识学习、观察学习、反思学习、操作学习

（一）知识学习

它是以学习他人表述的符号化的间接知识为主要目标的学习。学习形式包括看书、听课、作业等。

广义上，知识属于信息。信息是可以消除不确定性并且有意义的东西。狭义上，知识与信息有差别。一般信息的有用性变动很快，而知识虽本质上是一种信

息，但却是一种具有普适性的、关于事物的经常稳定特征的特殊信息。某人的电话号码、某地此刻的物价行情，这属于信息；“110 是报警电话号码，119 是火警电话号码”，这是一种国内通用知识，见表 1.1。由于知识的价值一般更大，我们称获取知识的行为为知识学习，而称获取信息的行为为信息认知。

表 1.1　信息与知识的区别举例

张三的电话号码	13577886XX4	该号码属性：信息	不具有普遍通用性
报警电话号码	110	该号码属性：知识	具有普遍性、通用性和稳定性

知识学习是传承人类文明的重要形式。在我国古代社会，“读书”一直是学习的代名词，反映了人们将知识学习视为学习的主要类型，甚至唯一类型的传统学习观。在这种观念下，知识学习主要是面向书本的“二次元学习”。在现代，知识学习的主要方式，开始向“三次元学习”转移，例如听讲、讨论、实验、观摩等。

知识以概念为基础，而每一个概念的产生，都代表了一种认知视角的固化，这有利于从某一视角快速展开认识活动，但同时也意味着会对其他认知视角的排斥或遮蔽。所以，知识学习需要学习者注意完整掌握每个知识点的“四维”，即内涵外延、前提条件、用途用法、案例证据，同时注意知识点之间的脉络联系，否则，就容易出现知识掌握碎片化，出现知识“惰性”、生搬硬套、不会灵活变通运用等问题。知识点“四维”举例——牛顿第一定律，见表 1.2。知识“碎片化”的一个特征，是对知识点“四维”，只知其一不知其二、其三、其四，或者一知半解的状态。

表 1.2　知识点“四维”举例——牛顿第一定律

内涵外延	前提条件	用途用法（意义）	案例或证据
一切物体总保持静止状态或匀速直线运动状态，除非作用在它上面的力迫使它改变这种状态，又称“惯性定律”	相对于静止或匀速直线运动的特定观察者或时空坐标构成的“参照系”	经典力学原理的前提和基础。说明力不是产生速度的原因，而是产生加速度的原因。说明一切物体都有保持其运动状态不变的属性（惯性）	伽利略斜面平放实验与推理； 在疾驰突停的公交车上乘客因惯性而会身体向前冲撞

陶行知先生说“我们要用自己的经验做根，以这经验所发生的知识做枝，然后别人的知识方才可以接得上去，别人的知识方才成为我们知识的一个有机部分”①，他把有效知识学习的原理描述为“接知如接枝”，认为在无个人经验的情况下所掌握的新知识，只是无根之木，终归是学而未懂、学而不会、学而不好的“伪知识”。

① 陶行知．“伪知识”阶级．方明．陶行知名篇精选［M］．北京：教育科学出版社，2006：5．

这说明，学习新知识，必须先“生根”——形成相关必要的知识经验（生根），再“生枝”——在新知识启发下对已有知识经验梳理出个人新知识，最后才能“接枝”——掌握新知识。

知识的系统性，指人所掌握的各种知识具有“有根有枝、根枝连理”的结构特点，即对知识的来龙去脉，从基础概念、基本原理、基本方法到实际运用的整个体系及其内在条理（即学理）均有所掌握。如果不注重知识的系统性，就等于树的根基不牢。系统性的反面是“碎片化”，即东家学一点、西家学一点，逐渐拼凑而成知识结构。“碎片化”的个人知识，往往只得皮毛、难得精髓，如同一锅“夹生饭”，难以形成高深的专业知识结构，又俗称“半桶水”。成人在知识学习中，只有重视知识系统性、整合“碎片化”，才能使所学知识“根深叶茂”。

（二）观察学习

由班杜拉首先提出的观察学习，指通过对榜样人物的行为及结果的观察而进行的学习，是只从别人的行为经验就学到新经验的一种学习方式，又称为无尝试学习、不需要练习的学习。班杜拉认为，观察学习中没有亲身经历和体验“刺激-反应”的联结，没有试错，但凭观察也能学到一定复杂程度的行为反应[①]。这说明，试错不是学习的唯一基本方式。交流、参观、观摩均可以是学习的形式。不过，学习者不能仅凭观察学习而熟练掌握行为技能，一般需通过观察学习与试错反馈、自我矫正活动结合，才能熟练掌握行为技能。

观察学习的收获，往往有：

1. 榜样。观察学习，可能使人学到榜样或者反面榜样。榜样的力量是无穷的。但并非一切观察都会成为观察学习，也并非一切观察学习都一定就导致模仿或反向模仿。只有当学习者认同观察对象的行为，形成了“师从之心”，观察学习才构成模仿。只有当学习者反感观察对象的行为，形成“反师从之心”，观察学习才构成反向模仿的学习。

2. 见识。见识，就是对各种现象案例，尤其是他人处理各种问题的行为方式和成效的了解。见识使人了解到存在各种可能的行为选项，有的行为选项一时没有成为学习者模仿或反向模仿的对象，但不排除在后来的时间中，某些观察到的行为选项可能上升为学习者模仿或反向模仿的对象。这表明有些观察学习具有延时性，有些见识属于潜在的“准知识”。

有人说“见识比知识更重要”，就是因为有见识的人，往往了解更多的现象案

① 施良方. 学习论［M］. 北京：人民教育出版社，2001：364.

例和行为选项，在某些时刻，可以拿来模仿、改进、迁移或防备，点子更多，底气更足。而缺乏见识、孤陋寡闻的人，往往“想不到”。人们常说“不怕做不到，只怕想不到”，见识时常可帮人纾困。人们之所以提倡“读万卷书，行万里路”，是因为前者能长知识，后者能长见识。

见识多寡往往取决于观察学习者的活动范围和好奇心。所观察到的现象案例和他人的行为选项越是丰富和深入，则见识越多。学习者拓展观察学习的活动范围，这当然需要有良好的经济条件和社会机遇。但好奇心和探索心，对于长见识更为重要。没有好奇心和探索心，“行万里路”不过是走马观花，有好奇心和探索心，即使缺钱行不了万里路，也可在身边的事务上较劲，形成有深度的某种见识。见识多与少，与一个人有钱无钱关系并不大，倒是与是否“爱折腾”的个性有重要关联。

（三）反思学习

学者陈佑清将其定义为“学习者以自身经验、活动或身心结构为对象，以反身性的自我观察、分析、评价、改造、修炼等方式进行的学习”[①]，以内视反观作为主要特征。他认为，在反思学习中，学习者既是学习的主体，也是学习的对象。反思学习的过程，实际上是行动（经验）与探索性的思考之间的关联与互动的过程。我们认为，反思针对“事该如何做”问题，反省针对“人该怎样做”问题，广义的反思学习包含反思和反省。

反思学习，之所以可以称为学习，在于它不只是一种单纯的、如杜威所言的“对某个问题进行反复的、严肃的、持续不断的深思”那样的思维活动。反思中有认知，即对目的-手段、行为-结果的关联事实，进行解剖分析、原因梳理、改进要点梳理等认知。反思中，有师可从。反思者以所激发的“良知”为师，力图在特定问题上效法“良知”的指引。“良知”即个人确信的信念、理念、规则等图式，“良知”对错误行为的分析和处理见解，是反思学习的对象。反思可导致人的行为、能力和心理倾向的改变。通过反思，人们对事物规律及其工作方法的认知，对自律自控方向及标准的认知，都会有所改变甚至极大改变。

反思学习，常因失败的痛苦和代价的惨重而激发，也可因习惯而启动。一般来说，痛感愈深切，愈是敢于自责，反思才愈有深度。痛感麻木，则反思无力。所谓“失败是成功之母”的说法，只是在失败引起深刻有效的反思学习之后，才能成立。只有具有忏悔心、自我批评和自我革新勇气的人，才能更深刻地进行反思学习。优秀的反思学习者，常是“吃一堑，长一智”，几乎可做到不犯第二次同样的错误，

---

① 陈佑清．反思学习：含义、功能与过程［J］．教育学术月刊，2006年第5期

少量的经验教训和小代价就能使他们生发出大智慧。那些每逢失败必认为是别人的错，缺乏真诚忏悔心，文过饰非的人，反思学习基本空白，故而错误屡犯而难改，“吃十堑，未长一智”。

顿悟，即突然开窍，是反思学习的利器。产生顿悟的反思学习往往价值暴增。明代思想家王阳明曾将自己的学术水平突飞猛进，归功于他被流放时期发生的“龙场悟道”。不过，顿悟常以“渐悟”为阶梯，“渐悟”积累到一定程度，最耀眼的那一飞跃性质变才是顿悟。

少儿专业棋手在学棋的过程中，他的教练都会要求他把下的每盘棋都记下棋谱，回去后自己复盘打谱、琢磨研究，形成自己的心得体会，用这种办法辅助学棋的结果是，少儿专业棋手都能进步很快，在相对不长的时间中达到了中高水平棋手的棋力。而多数业余棋手从不记谱、读谱、打谱，结果棋力进步缓慢。有的人下了一辈子棋，但仍不敌少年专业棋手。由此可见，“复盘、盘点”这些反思活动的作用多么巨大。

反思学习的收获，最重要的是“直接知识”。“直接知识”是学习者从自己的各种实践经验和已有间接知识的基础上发现、提炼和归纳出的个人独特知识，这是一种迁移性较广的自我知识。它虽然有时并不怎么可靠，但属于真切深刻的心得体会，标志着人已在转识成智的过程中接近了智慧。它不同于别人传授而来的现成知识（即间接知识），也不同于直接经验——即做过某事并继续用于做该事的经验，也不同于间接经验——即做过某事并可迁移到做同类或相似的其他事务上的经验。直接经验、间接经验、直接知识、间接知识，是个人知识结构的组成成分，其中直接知识的作用最为广泛，见表 1.3。

表 1.3　直接经验、间接经验、直接知识、间接知识的区别

直接经验	举例：种田人有过去种田的经验	性质：可直接用于后续同类工作的亲历经验
间接经验	举例：现在要种田，但过去只种过树，有些经验可迁移来用	性质：可迁移、间接用于后续不同类工作的亲历经验
直接知识	举例：自己的方法论、策略	性质：从自身经验、观察经验和间接知识中感悟的自身知识
间接知识	举例：《孙子兵法》文本知识	性质：他人创立和传授的知识

以军事实践活动为例来说，“纸上谈兵”成语典故中的赵括，根据《史记》记载，他读过很多兵书（有间接知识），但是没有打仗的经验（无直接经验），也没有务农、经商、管理等活动的经验（无可迁移性的间接经验），又傲慢自负拙于反思学习（缺乏直接知识），结果带兵打仗一塌糊涂，败得很惨。作为指挥官，他的知

识结构属于一有三缺，派他指挥实战，失败早已注定。若让他去教军事理论，则他的知识结构便是二有二缺型，有军事间接知识和这些知识学习的直接经验，缺乏相关间接经验和直接知识，他还是可以勉强胜任。纸上谈兵，从晋国而言，是识人用人错误；从个人而言，则是知识结构不胜任工作任务且不善于借用集体智慧的悲剧。从“纸上谈兵”得出书本知识无用的结论，是很不恰当的。

在管理领域，经常有“外行领导内行”和“改行”的情况。有些外行的确不行。但也有一些外行领导者，虽然对某些业务既无间接知识，又无实际的直接经验，但可迁移的间接经验极为丰富，加上虚心学习内行、善于在实践中反思学习，以间接经验为基础生发自己的直接知识，反而能取得不输内行、超越内行的业绩，表现出卓越的领导力和管理力。这说明，关键在于直接知识。而获得高水平直接知识，主要途径是基于实践的反思学习。

当然，反思学习也需要结合其他学习方式，才会更加有效。单靠反思学习，会因为觉悟、境界、知识经验有限，导致“良知”懵懂不清晰，难以取得好的反思成效。成人学习者应养成对自己经办的事情、对自己各种行为特别是学习行为，进行及时反思的习惯，用“错题集”、日记、自我观察记录和报告等形式，作为反思学习的工具，并修炼忏悔心，来有效提升反思学习的能力。

（四）操作学习

它是以获得直接经验为主要目的，以工具、符号为主要中介，以熟练、准确程度为学习要求，以试错强化为主要机制，进行操作实际事物或身体器官动作训练的学习类型。一般是在真实或仿真场景中，由学习者亲历参与而进行。

操作学习的主要收获是掌握技能。技能分为两类：一是工具技能，即使用工具等外在物的技能，实验、劳动、雕塑、陶艺、绘画、器乐、手工制作、射击等操作学习就是用来训练这种外功夫的。社会有什么样的工具，就需要什么样的工具技能。工具被淘汰，这种工具技能也就不再被需要。二是身体技能，包括依赖身体的内在感官、肢体、器官、大脑特定反应区等的技能，唱歌、跳舞、表演、形体训练、珠心算等操作学习就是用来训练这种内功夫的。

操作学习的核心，是大量掌握由“如果 A，那么就 B”语句构成的知识，这种语句知识称为“产生式”，包括“如果 A 且 B，那么 C 或 D”“如果 A 或 B，那么 C 和 D”等几十种亚型。例如，“如果烹制猪、牛、羊肉，那么就应先焯水”，这是烹饪操作学习应掌握的一个知识。“如果要换车道，那么就先看后视镜并打转向灯”，这是汽车驾驶的一个技能知识。技能高手与低手之分，在于这类知识的多寡与精粗。在同一件事上，高手拥有的“产生式”知识往往数倍甚至数百倍于低手。据说，地球上所有的几千种人类语言，都有“如果，那么”的语式。这不是偶然“撞衫”，而是因为这种语句知识学习是人类操作学习的不二之门。

这种“产生式”知识也有“四维”：最佳做法、前提条件、用途效果、可以和禁止的做法。缺其一，“产生式”也会变成僵化的教条，使人遇到“非标”情境就不知所措。宠物犬学习禁止式指令比学行动式指令更困难，例如学“不许在房间地上拉尿”指令时，在房间地上拉尿它会被责打，去房内其他角落拉尿，它还是被责打，它动辄得咎，似乎感到主人虐待它而萎靡不振。你不训练它该在何处拉尿，它就不知道想拉尿时该怎么办，怎么也学不会禁止性指令。人虽聪明，但不掌握程序性知识的“四维”，在“非标”情境也易陷入不知所措的窘境。

操作学习，特别需要有指导者或帮助者及时提供精准的信息反馈，例如“做对了”“做错了”“这个部分、这个动作还不够好”等。没有良好快捷的反馈评价手段，操作学习就难以提升学习效率效果。可以说，没有反馈，操作学习就没法进行。

知识学习、观察学习、操作学习、反思学习这四种学习类型，是人类学习的基本类型，由此衍生出人类丰富多彩的学习形式。任何人若能擅长其中一种类型的学习，就算优秀学习者。用“会不会读书”作为衡量学习者是否优秀的标准，实在太狭隘了。据说，某高考状元去考驾照，考了四次才拿到驾照，可见，高考状元也未必就是全优全能的学习者。

四、科学知识及技能学习与人文知识素养学习

科学知识及技能学习，是为掌握科学、技术知识及其技能而展开的学习活动，“求真”倾向鲜明。

科学是运用范畴、定理、定律等形式反映世界各种客观现象的本质和规律的知识体系，也是体现人类智慧结晶的分门别类的学问，它具有可重复验证性、可证伪性和自身逻辑体系严密三大特点。

技术，指各种工艺操作方法与技能。技术与科学的区别在于，科学的任务是认识世界，回答世界“是什么”和“为什么”的问题，揭示规律。而技术的任务是改造世界，回答人“怎么做”的问题，运用规律、满足人类需要。技术可分为实体化技术、符号性技术、过程性技术三种，实体化技术是固化于空间实物上的技术，即以物化的设备、工具等人造物实体所表现的人类智慧，例如宇宙飞船、华为智能手机等，本身就是技术的固化结晶和体现；符号性技术是以操作规则文本、图纸、工艺、标准文本等符号规范所表现的人类智慧；过程性技术是人在任务环境中随时间展开才显露于空间的操作技能，例如某著名营业员卖糖果，你要“200 克”，他抓

出的一把糖果就是分毫不差的“200克”重，神乎其技，令人惊叹。

科学知识及技能，有“实践检验”作为真伪优劣的判别标准，其学习中的主要问题是“知不知”“懂不懂”“会不会”“熟不熟”。

科学知识及技能学习尤其在训练人的逻辑思维能力、观察能力、分析能力、表达的条理性和清晰性方面，具有显著的作用。而未接受过科学知识及技能的良好训练者，往往难抓住事务技术性的关键点。

人文知识素养学习，是指以培养学习者思想道德品质、审美情趣、价值理性和人文关怀等人文素质为主要目的的学习。它“求善求美”倾向鲜明，决定人的整个品位、人格和精神境界，起着铸造人的“灵魂”和“形象”的作用。它对于人的心胸、格局、品格、气质、交际等个性特点影响极大，还可通过“人以群分”的社会心理机制间接影响到一个人的人气、人脉、人缘、人圈。

人文知识总是与各国各民族的历史文化传统、各阶级的思想立场态度相关，没有统一的“实践检验标准”来判断真伪优劣，其学习中的主要问题是“信不信”“是否致良知”（价值理性树立）、“德为先”的问题。

人文知识对于学习者具有“药性”。一般来说，学先进和优秀文化，则人的精神境界、修养品位就高；学落后文化，则人的精神境界、修养品位就低俗。某学者说“当你懦弱时读尼采和鲁迅；当你狂妄时读叔本华和惠能；当你感觉孤独时读克尔凯郭尔和海德格尔；当你理性缺失时读黑格尔和康德；当你缺少人文精神时读卢梭和爱默生；当你想出世时读梭罗和老庄；当你要入世时读曾国藩和孔孟”[①]，是一种不错的选择。开卷有益，但若你读错了书，就如同吃错了药，像“老读《三国》是为贼”那样，可能被带偏。

英国的培根认为“读史使人明智，读诗使人灵秀，数学使人周密，科学使人深刻，伦理学使人庄重，逻辑修辞之学使人善辩：凡有所学，皆成性格”[②]。这是因为，每一种科学学科，都能向学习者提供独特的“范式”训练，“范式”即学科共识、普遍共同方法、共同传统经验模式。这种范式，使学习者形成对方法论的观念和定势，会对其后来的认识、思维、实践方式产生潜移默化的影响。科学知识及技能也有“药性”，但“药性”是间接的、从训练过程和体验中生长的。人文知识的“药性”更大，还含有直接的、从书本结论直接灌输而来的倾向。

对于这两类学习与教育的态度，对于国家而言，关乎国运；对于个人而言，关乎人生成败。视科技为“奇技淫巧”“雕虫小技”的国家社会，必然科技、经济、

---

① 胡纠纠．论作家与知识分子及学者和思想家的关系［EB/DL］．凤凰网文化读书，2019年12月05日10：17：47

② ［英］培根．培根随笔全集［M］．蒲隆译．南京：译林出版社，2011：1.

社会长期停滞不前，然后“落后挨打”。忽视对先进人文知识进行学习的国家，必然社会道德沦落、自由主义泛滥，内耗严重。忽视科学知识及技能学习的个人，往往科技常识不足，逻辑思维未得到严格训练。忽视人文知识素养学习的个人，往往不善于促成合作共识、赢得他人支持，甚至被社会群体排斥。成人应尽量做到这两类学习均衡发展，至少偏科不能太严重，应避免形成“成事不足，败事有余”的畸形素质。

五、其他视角的学习分类

（一）课业学习和非课业学习

课业学习，是按照学校课程计划、课程标准、指定教材和教学管理要求而开展的学习，是按照学校和教师设定的方式去学。学校和教师设定的学习方式，在大多数情况下是经得起检验的较好的学习方式，因为他们有经验。但若教师不懂学生，盲目地按照自己学懂的那些学习经验和套路去指导学生，则他们设定的学习方式，就不一定适合学生去用。课业学习的鲜明特点，一是“有人逼”，不努力就会挨老师批评，必须跟上进度；二是“有资源”，良师益友、训练条件等学习资源容易得手；三是“有交流”，请老师答疑、指导较方便。课业学习比较适合靠外来驱动力促学，或者需要提升学历的成人学习者。

非课业学习，是指无学校管理机构介入、无严格教学管理要求的学习，即学习者按照自己的方式去选择内容和管理进程的学习。其学习成功率依人而论，一般普遍比较低。这类学习较适合内在学习动力和自律自控能力强的成人学习者。

某些培训学习、家教辅导学习等具有服务合同性质的学习，也属于课业学习。无合同性约束的学习，多属于非课业学习。通常，课业学习被人视为正规的学习或最能有效提高学习者知识技能水平的学习方式，尤其是一对一的面授方式。

（二）问题导向的学习和知识导向的学习

问题导向的学习，是以解决问题为目标，以自主学习和合作学习为途径的实用性学习方式。它按照发现问题-开展学习-交流共享-实现创新的一般程序来展开。往往靠选择性和综合性运用多学科专业知识，将其巧妙组合，寻找出简洁高效的问题解决方案。对于不懂且关联不直接的知识，学习者可以设法跳绕过去。这种学习的好处是，学习者自主性大、易激发兴趣、目标价值清晰，能锻炼综合分析能力和动手能力，也可能产生一些学习者可实用的学习成果。但不利之处在于，在掌握知识方面支离破碎、做不到完整系统，大量知识点成为一知半解的“夹生饭”，综合学识水平不够稳定。

知识导向的学习，是以系统地掌握某一领域知识技能体系并达到某一水平为目标，按照“知识的逻辑”循序渐进的学习。好处是，能够使学习者高效系统地掌握某一专门知识体系或知识群，发展专业思维能力，逼迫学习者必须搞清每一个重要知识问题才能往下继续学，使得学习者的专业基本知识锻造得格外扎实。但这种学习也容易使人感到枯燥、冗长、倦怠。

（三）线上学习与线下学习

借助互联网和移动互联网条件，学习者可以开启远程同步或异步听课、作业、求助答疑的线上学习方式。而传统的学习方式统称为线下学习方式。线上学习，可使学习者获得最为丰富的学习资源，即使你身处偏僻之地，也能随时随地利用网络线上资源进行学习，无须携带厚重的各种学习资料和工具书。但线上学习的不利之处，是容易“网络迷航”。即本来打开电脑是为了准备学习，结果中途转向阅读八卦新闻、玩游戏去了，迷失了学习的方向。而且，线上学习对学习者学习的监督常常不足，也难以带给人真实情景的体验。线下学习则受时间、空间条件的极大限制，但它的作用也不可能被线上学习完全取代。尤其在高等教育中，缺乏线下学习，必然导致低质量。

（四）加法学习与减法学习

加法学习，是学习者不断增加知识技能和经验的学习，是按照“越多越好”原则进行的学习。减法学习，是学习者不断消除错误、劣质的学习，是按照“越精越好”原则进行的学习。

加法学习使人增长知识技能，是人的精神世界“脱贫致富”不可或缺的利器，如同人吃饭，能吃才能长得壮实。但学到的知识内容越来越多，也会使得学习者脑中知识仓库越来越复杂、难以查找调用。在加法学习的道路上一直狂奔，即使学富五车，也不见得离智慧越来越近。这如同人无节制贪食，变得脑满肠肥、大腹便便，身体也会出毛病。如果学习者的思想完全变成别人思想的复制品，那么他的思想之马也就基本上由别人的思想来统驭，他的头脑倒成了跑别人的马的迂腐跑道，他自己的马反而被无限多的各种羁绊限制而窒息致死。

减法学习促人自主理清“知识坐标系”或“认知地图”，检查各知识“货物”的摆放位置并正确安放，减少知识体系的混乱，查找并纠正知识中的“夹生饭”、空白点等缺陷，将其纠错、充实、校准。这如同做减肥和健美运动，减少脂肪，增进肌肉，清爽身心。这就使得所学的一切书本都只成为训练自己的思想之马的练习跑道，把马儿练得精壮有力，蹄下追风。

我国古代思想家老子曾说：“为学日益，为道日损。损之又损，以至于无为，无为而无不为。”[①]。意思是：做学问要每天增加收益（即做加法），修道德要每天减去毛病（即做减法），一直减少到无毛病可挑剔时，人就不会去做不该做的事情了。哲学家熊十力认为，西方科学的本质是格物之学、日益之学，中国传统儒家学问的本质是尽心之学、日损之学。在道德修炼和学习上，减法学习尤其重要。在知识学习上，其实也需要减法学习。正如我国已故著名数学家华罗庚先生所说“书要越读越厚，又要越读越薄”[②]，书越读越厚，是知识不断积累的加法学习，而且添加了越来越多的个人注释，如同搭起理解一本书的脚手架；书阅读越薄，是知识消化、提炼式的减法学习。减法学习的本质，是去伪存真、去错矫正、去粗取精、去繁就简，以得到更可依靠信赖的、接近智慧的“真、正、精、简”的东西。加法学习与减法学习并举，才能获得学习的成功。

（五）自主学习与他主学习

他主学习，是他人支配和控制的学习，主要指学习者在教师安排、组织、检查、评价下进行的学习，是“要我学、管我学”的学习。

自主学习，一般说来就是“自我导向、自我激励、自我监控”的学习，是“我要学、我管学”的学习。自主学习分为四个等级，能够自主制订学习计划，称为自我指导学习，这是第一等级（最低等级）；在第一等级基础上，还能自主确定执行方法，则称为自律学习，这是第二等级；在第二等级基础上，还能自主检查评价，则称为自我监控学习，这是第三等级；在第三等级基础上，还能自我改进，则称为自我调节学习，这是第四等级（最高等级）。完全自学，一般是最高等级的自主学习。

经验证明，成绩好的学习者，绝大多数自主学习能力强并大量进行了自主学习。学霸往往都超前性、大规模、大深度开展独立自学。许多课程知识，例如外语、数学，仅依靠课堂学习是不够的，必须大量依靠课外自主学习。没有自主学习方式的参与，一切学习终归会趋于低效。

（六）合作学习与独立学习

独立学习，即学习者个人相对独立地学习，与其他学习者缺乏交流合作。

---

① 老子．道德经．第四十八章．老子道德经第四十八章原文及译文［EB/DL］．道德经网．

② 王元．华罗庚谈学习方法［J］．数学通报，1996年第4期．

合作学习，即学生按不同的兴趣或能力，一般以 4 至 6 人为一组地编成若干小组，在相互依赖的情景中，为完成同一个目标，分工合作，相互帮助，彼此指导，并以集体的成功作为个人成功的评价依据，最终促进个体健康发展的学习方式。合作学习的重要代表人物梅瓦里克女士认为："合作学习是指学生为达到一个共同的目标在小组中共同学习的学习环境"①。以构建共同学习环境的方式促进学习者学习，是合作学习的关键。

合作学习，不仅有助于学生发展与人沟通和合作的能力，而且能促使学生以开放合作的方式去学习新知识，运用新知识，提高学习能力。

合作学习经常被狭隘地理解为，在教学模式下才会有效的学习方式。有人还强调合作学习应当且必须在"教师的指导下"进行。其实，合作学习不仅可以发生在教师的指导下的课堂学习或课后学习中，也可以由若干自学者自觉自愿地合作开展。

合作学习是否有效，关键看"场效应"。在良好潜规则支配下的竞赛、互助、相互启发和鼓励、他人示范的直观生动性等因素构成的学习气氛和情境，一般能使学习者感到整个合作学习过程对自己有意义，故而全身心投入。"场效应"好等于学习有了"加速器""放大器"；"场效应"不良，合作学习就等于是一个"坑"。

有些"场依存性"强——行为和心理受环境影响很大——的学习者，特别适合合作学习。而"场独立性"强——即不受或很少受环境因素影响——的学习者，从合作学习中的受益程度一般相对较低，只是在他们遇到学习困惑时，合作学习对他们也有较大帮助。

语言学科、人文学科、社会学科以及需要多人配合训练的技能学习，就很适合合作学习。而有些抽象高深学科知识以及部分学习环节，用独立学习和思考方式效果更佳。

① 李凤香．合作学习理论在中学英语课堂教学中的运用［EB/DL］．百度文库，2011-01-09．

第二章　成人学习观

人生的学习，就像在打造成一条渡海的船，渡自己或渡众人去达到美好的彼岸。未成年人时代的学习，仅仅是铺下船的龙骨。真正的造船高深阶段，则是由成人阶段学习来决定性地完成。成人的学习观，是设计人生成就之船的核心理念，它影响你的学习标准和学习取向，进而影响到你所打造的是大乘之船还是小乘之舟，是坚船还是百孔千疮的烂船。

第一节　学以致知与学以致用的学习观

一、学以致知

学以致知的学习观，是为求得真理、真知而学习、不在意所学知识有何用处的思想观念。

古希腊哲学家、思想家和教育家柏拉图（Plato，公元前427—公元前347年），是这种学习观的代表。他认为世界分为可见世界（或现象世界）和可知世界（或理念世界），前者由可感觉的个别事物组成，虚幻不实、流动不居、相对混乱和低级，只是可知世界的影子。后者是用理智才能进入的世界，由真善美等理式、型所组成，感官未必能感觉到，但它却是唯一真实的、绝对的和高级的世界，它是可见世界的幕后操手。人皆有灵魂，灵魂本身具有认识真善美等型相的能力，但是灵魂被身体的欲望、激情所束缚，往往“向着错误的方向观看”，只在可见世界中寻找快乐，使人成了可见世界的囚徒。真正自由的人，应唤醒自己的灵魂，实现“灵魂的转向”，观看和关注永恒的理念世界。[①]

---

① 毕世响. 灵魂转向——教育理念 [J]. 江苏教育研究（理论版），2009年第4A期.

受柏拉图等人的影响，古代欧洲人把哲学视为最高级的知识和智慧，在可知世界中竭力寻求关于“第一因”的学问。第一因，就是世界事物的因果链上最开始的原因，即再也没有原因的原因。亚里士多德认为，真理即第一因。从第一因可以演绎出世界的一切。追问第一因，即“一心一意思考事物的本质”，就成为西方哲学的一种传统倾向。他们总喜欢打破砂锅问到底地进行无限追问和思辨，即使思辨研究成果变成了远离现实世界的玄学，他们仍然把这种追求精神视若珍宝。他们不羡权贵，崇尚自由。哲学家第欧根尼为思考哲学，放弃继承万贯家财，栖身于一个大木桶里，亚历山大大帝去看望他，他说：“请你走开，别挡住我的阳光!”。

柏拉图的“灵魂的转向”说，到现代仍有不少信奉者。现在还有教育界人士认为“教育的本质就是促使灵魂的转向”，一些学习者也认为应为“灵魂的转向”而学。“灵魂的转向”说是学以致知的学习观的理论源头。

学以致知的学习观认为，无限求知，达到绝对真理，这才是真正的自由人和最幸福、最值得崇拜的人。学习就是要成为这样的人，不要在意知识有什么用。

中国古代也有类似的思想，以求道、得道为最高追求境界，以理论为尊、以现实世界的感性经验为卑贱。老子的《易经》中有“形而上谓之道，形而下谓之器”之说。所谓“形而上”，就是看不见、摸不着、超自然存在的东西，现泛指高深抽象理论。所谓“形而下”，就是寓于具体形体之内的事物，即看得见、摸得着的实体，例如器物性的东西，现泛指现实或者简单劳动技能。

学以致知的学习可以分为两种，一种是在人类已知知识的范围内单纯求知，另一种是在人类未知的领域单纯求知。前者并没有多少社会价值，宗教经院式的学习就是其表现，它把知识视为不可置疑的教条，只关心对某种知识体系的全盘记忆、复制。后者主张用置疑和批判的态度，透过前人知识、超越前人认识局限，感悟其背后的更加接近客观真理的东西，努力发掘未知的知识，这就间接具有较大社会价值，迟早会产生效益。不过，在人类未知领域单纯求知，已经不完全是学习范畴的事，还会必然涉及科学研究和思想研究，这种学习者，必须同时兼是研究者或思想者。

二、学以致用

学以致用的学习观，就是把学习的目的放在应用上的观念。它包括：在学什么的问题上，主张优先选择有用的知识技能；在怎么学的问题上，主张学习与思考质疑相结合、学习与调查研究及体验相结合、学习与实践、创造、运用相结合，努力将学习成果转化为工作和生活的本领，将抽象复杂的理论知识转化为具体情境中可操作的方案措施。

学以致用的学习观，从历史来看，是在反对教条主义和各种玄学、神学的学习观的历史过程中孕育和发展的，其存在具有历史的必然性，主要针对学而不用、知而不行的学习倾向而提出。我国近古代历史后期，学以致用的学习观表现为“经世致用”的学习观。

我国的学习观传统更偏向于“学以致用”。

孔子虽有“君子不器”“士志于道”的观点，曾说出“朝闻道，夕死可矣”这样感人至深的话语，但孔子向学生教授的“礼、乐、射、御、书、数”等课程，以及“诗、书、礼、乐、易、春秋”等自设课程，其中就有可称为“器”的课程。而且，孔子有读书为做官的思想。这反映出孔子在学习观上，是在“学以致知”与“学以致用”之间徘徊，而且更重“学以致用”。

朱熹把学习分为小学与大学，小学是行为技能、具体事物的学习，包括孔子要人们学习的礼、乐、射、御、书、数“六艺”；大学是抽象原理的学习，内容就是“明德、新民、止至善”的大道理。朱熹在《小学》一书中，指出小学是学习者成才的根本和基础，大学在小学的基础上循序渐进才能逐渐领悟。这就是说，在朱熹的观念中，他没有厌弃“器”而单求“道”，只是将“道”的地位看得比“器”更重要一些，他没有再坚持孔子“君子不器”的思想，进一步松动了对“学以致用”的思想禁律。

由此看出，我国古代知名学者，并没有西方学者的那种彻底、纯粹的学以致知的学习观。这很可能是我国文化传统的一种精神缺失。遗风依在还变本加厉，今天，我们的学习者中愿为真理而献身、终身潜心学问的学者为数太少，而热衷于“学而优则仕”、想当官出名求功利的学者却是人潮汹涌，这是多么可悲的场景。

学以致用的学习观，根本问题是与实用主义学习观难以划清界限。

实用主义学习观特征是：在学什么的问题上，认为有用的知识才去学，无用的知识就不肯学；在怎么学的问题上，什么办法快就用什么办法学，什么办法不够快就放弃什么办法。实用主义学习者主张的学习质量衡量标准，是“够用就行”。

实用主义学习观认为“有用便是真理”，将获得实际效果作为最高目的，僵化地用经验评判行动的效果。实用主义学习观的弊端，主要在于：一是目光短浅危害，将现在“无用”的，统统排斥，不管它将来是否“有用”，把现在“有用”的，统统看得很重，不管它将来是否“无用”。二是个人利益欲望膨胀危害，他们以个人利益得失来衡量“有用”“无用”，只要对自己有用的就上，不管对社会有无危害，即使将先贤的理论体系岐解得面目全非，他们也在所不惜。

实用主义学习观，有时也标榜“学以致用”，但它是极端派。在实用主义学习观看来，一般人去了解火星知识、观看《动物世界》影片，一辈子也看不出有什么实用性，毫无学习价值。

学以致用的学习观，一般对实用主义学习观缺乏抵御力，本身也容易沦为实用主义学习观。因此，现代学以致用的学习观，也需要与时俱进地发展，克服其自身不足之处，与实用主义的学习观彻底分道扬镳。

三、两者比较

总的来说，学以致知，就是要“走进象牙塔”。而学以致用，就是要“走出象牙塔”，“走出”之后，又分成理想主义、现实主义、实用主义等几种支流。

学以致知和学以致用的学习观，都主张带着问题学，都认为带着问题学是非常重要、最有效的学习方法。带着问题学，是指学习者应具有强烈的问题意识，在学习之前，头脑中存在疑惑而想求知的问题；在学习之中，找到旧问题的解答知识的同时，又不断产生新的质疑问题。好的问题可以引导学习良好展开，好的问题也标志着学习的一种成果。双方专家都认为，学问学问，关键是学会提问，反对“学答式”的学习——即就别人关心的问题和别人解决问题的知识经验进行的学习，反对懒于思考和质疑的学习作风。

两种学习观，都力求发现“含金量”高的重大问题。但学以致知的学习观，主张的是“带着理论问题学”，发现知识难点问题、新颖问题、真理问题，把知识理论推向更高层次。而学以致用的学习观，主张的是“带着实际问题学”，发现焦点问题、现实问题、应用问题，以此为引领去学习，更强调在学习之后，带着所学知识技能去实践，解决实际问题，产生知识的运用价值。前者有利于深化知识加工，提高学习求知欲、满足精神需求。后者在将知识转化为能力方面，具有特别好的作用，它还能提高学习兴趣、针对性和实用敏感性。

两种学习观，对学习标准的看法也不同。学以致知派，主张求真知无止境，学习标准是极致完美。学以致用派，主张够用就行，学习标准就是管用、够快。

学以致知的学习观，易使人成为“书呆子”式的学习者。所谓“书呆子”，是指好读书，但固执教条、不善变通，缺乏现实生活世界的多数常识，缺乏尊重实践的精神，缺乏学习新知识技能的虚心态度及能力，以致不能胜任其专业之外的普通难度的社会事务的人。真正只认死理的“书呆子”，也有可取之处：他们大多具有理想主义或追求真理、献身真理的执着精神，甘于生活清贫，置个人功利和价值于不顾。

实用主义学习观，易使人成为“精致的利己主义者”式的学习者。这种人看似斯文，但见钱眼开、趋附权势、投机取巧，无担当社会道义的道德情怀。在实用主义学习观盛行的地方，“道貌岸然、男盗女娼”之徒络绎不绝，“理想、忠诚”总是稀缺。

学以致用学习观培养出的人格，大多介于上述两种之间，不呆不坏，但学术水平较平庸。

著名学者、教育家刘道玉先生认为："中国教育界普遍提倡'学以致用'，然而欧美国家更主张'学以致知'，虽然'学以致用'包括有积极的内容，但它们却是两个认识的高度。用与知的区别在于，前者关注的是'这有什么用?'而后者却追问'这是什么?''这是为什么?'长期以来，正是由于'学以致用'在我国学术界占据主导地位，所以我国不重视基础科学研究，导致科学理论落后，这也是近代科学没有诞生在中国的主要原因。……也许，普通学习者与大师级的人才区别也就在这里。"① 徐匡迪院士说"读书不能搞实用主义，不能每读一本书都要有实用的目的，而应使它成为引导我们思考的路标，认识世界的催化剂。读书不能期望立竿见影，也不一定非要找到答案，……书只是一片肥沃的土壤，给我们提供了思想成长的环境和基础，还需要通过自己的耕耘、播种和浇灌才能有所收获"②。

应当说，"学以致知"派适宜从事基础学科的学习与研究，"学以致用"派适宜从事应用学科的学习与研究，两派皆可产生大师级人物，例如科学家爱因斯坦是前者代表，发明家、实业家爱迪生是后者代表。前者站在精神世界的高点，担负着人类的"仰望星空"者的职责，不可或缺；后者让人类"看脚下，向前走"，以卓越的发明创造改善了人类生活品质。在这两种对立的学习观中，我们应竭力采取中庸之道：在学习过程中要侧重致知，学有所成时要侧重致用；闲时学习以致知为重，忙时学习以致用为重；知识工作者应侧重致知，实际工作者应侧重致用。相互开放包容，互补互惠。特别应注意，如果一个国家被"知识越多越愚蠢"的文化偏见所主导，容忍不了学以致知者，那么这样的国家在科技和思想文化上就很难走向世界前列。

刘道玉先生主张用"学以致慧"或"学以增慧"的概念③来回避"学以致知"与"学以致用"之间的观念冲突，但这个解决方案并不能成立，因为学习只能增知识，还不能直接增智慧。智慧，本质上是一种可穿透未来的洞察力，它的形成依赖于"转学成识，转识成智"的两个过程，这不是在学习范围内可以解决的。如果把"用"，扩大理解为学术价值与实践价值之和，那么"学以致用"也就可以被大多数人所接受，这也是一种可尝试的解决方案。

---

① 刘道玉．学习优劣的区别在哪里［N］．光明日报，2016-10-11.

② 徐匡迪．少一些浮躁，多一些书香［N］．光明日报，2009-07-16.

③ 徐匡迪．少一些浮躁，多一些书香［N］．光明日报，2009-07-16.

第二节 追求高效的学习观

一、什么是“高效”?

高效里的“效”，可指效果、效率、效益。

学习效果，指学习收获的数量和质量符合预期学习目标及标准的程度。考试成绩就是反映学习效果的一种指标。学习效果概念只能衡量学习者在一定的短时间中对所学内容的掌握程度，并不能准确反映学习的长期效果。学习效果常是考前达到高点，考完之后，逐渐遗忘，落至低谷，“内存量”一般会呈L型变化。

学习效率，是学习效果与学习者投入使用的学习资源量的比值。学习资源包括时间、精力、资金、各种条件等资源。一般来说，学习者主要是以时间耗费来评价学习效率，所以，追求学习效率基本上就是，在学习目标明确既定时，追求学习耗时少、速度快。

学习效益，是长期性的学习收获，是学习者通过学习所获得、改变、激发的最为持久稳定的素质。爱因斯坦曾说，他赞同“如果人们已经忘记了他们在学校里所学的一切，那么所留下的就是教育”的说法，物理学家劳厄说“教育无非是一切已学过的东西都遗忘掉的时候所剩下的东西”。我们认为，所谓“已学过的东西都遗忘掉的时候所剩下的东西”，就是沉淀下来的学习效益，它是高度“内化”且固化为人的素质一部分、达到了融会贯通程度的学习收获，是对人的认知能力发展发挥“棋盘架构”作用的观念。

追求高效的学习已成为学习者普遍的思想倾向，而这种倾向又分化成追求高效率、高效果、高效益的三种学习观。

追求高效率的学习观，偏重追求高速度的学习，青睐“速成”式的学习。

追求高效果的学习观，偏重追求高质量的学习。由于这种“质量”，主要是以考试等测量方式为衡量手段所反映的质量，所以，这种学习观表现为追求“高分学习法”，追捧“状元”式学习法。

追求高效益的学习观，着眼于促进学习者全面自由发展的长期价值，而不着眼于一时的学习效果或效率。一般看重成功人士的学习法。

二、高效学习的真相

朱熹的一首诗写道“昨夜江头春水生，艨艟巨舰一毛轻。向来枉费推移力，此日中流自在行。”[①] 描绘了学习的一种境界：江中的艨艟巨舰，冬季江水浅时，使它前进是很费劲的，而在春季江水饱满时，它忽然变得轻快，能够借着江水潮流和自身浮力自己前进。这比喻长期学习者，在不知不觉之中，学习能力上台阶式发展，导致后续学习很轻松高效。可见，决定高效学习的首要因素是“功力”，若功力火候不到，想靠某种方法高效学习，是极困难的。这种“功力”实质是我们在下一章谈到的“认知锥”的牢固度与锋利度。

朱熹的读书诗告诉人们，当个人知识的积累发展到一定程度，各种知识沟通、贯通起来，良好组织成一定结构之时，就相当于江河中“春水生”，学习者才可水到渠成地享受高效学习的乐趣和成果。

但这不等于说高效学习只能是“原生态”的，人只能被动地坐等高效学习状态降临。我们完全可以主动去培育高效学习所需条件，促使它尽早到来。我们应用“绿色、生态”的方式去实现高效学习，而不要用“嗑药、打激素”等不健康方式去赢得高效学习。

三、各种高效学习的不足

（一）追求高效率（高速度）的学习观，弊端在于，容易导致差效果

“好”与“快”，在一定范围内是统一的，这时，快就等于好，好就需要快，如同骑自行车，慢了就不稳易倒，快了才稳当。超过一定范围，“好”与“快”就是对立的，正如曲折小巷开快车，祸事就难免。谚语说“慢工出细活”“萝卜快了不洗泥”，就是提示人们当慢则慢。

孔子说“勿欲速，勿见小利。欲速则不达，见小利则大事不成”[②]。如果学习者超越自己能力去贪快，以致达到了“慌不择路”的状态，那么这种学习对人的危害就相当严重。贪多求快，常常导致知识“夹生饭”很多、仅得皮毛、不得精髓的结果，这就是“欲速则不达”。忽视系统扎实地掌握某些领域知识，反使人无法成为专业根底深厚的专才，这就是“见小利则大事不成”。极端追求速度，往往会付出牺牲效果、质量的代价。

（二）追求高效果（高质量）的学习观，弊端在于，对学习者完美符合“标准模式”的要求可能过度压抑学习者的发展潜力

衡量学习效果的质量标准，往往难以合理确定。学习质量是依据预设的质量标

① 朱熹．观书有感二首其二［EB/DL］．360百科．

② 佚名．论语·子路．中华经典藏书——论语［M］．陈晓芬，译注．北京：中华书局，2016：1．

准来检验评价的结果。这种质量标准一般有三种形态：一是学习者自己的标准，二是他人（包括教师、权威人士、长辈、学校等）的标准，三是社会实践标准。

学习者自己的标准，不一定是好的标准。因为正在学习的人，并不了解将要学的整个知识技能的全貌、背景、用途和作用，学徒无法制订出师标准。

他人的标准，强调的是他人所关注的重点和价值，是从他人的价值观或他们赋予学习者的学习目标出发的。曾发生一个真实故事，我国某著名老作家的一篇散文被选入到小学语文课本中，一天，该作家的孙子，领着一帮同学上门来请教。原来学校布置了一个作业，要学生写出该文章的段落大意和中心思想，学生们因此来向作者本人讨教。老作家欣然为学生们一一指点。不料次日，他孙子回来哭着说，按老作家所说而做的作业，被老师打了红叉，判为不合格，他的那帮同学都说他爷爷骗人，说再也不肯来他家访问了。老作家困惑不解，联系学校找来教师用书一看，其标准答案居然连作家自己也傻了眼。气愤之下，老作家联合一批名流发表文章，要求改革小学语文教学。由此可见，他人的标准值得信赖的程度，并不如人们想象的那么高，他人的主观标准所主导的学习效果评价标准，有时也很离谱。用这种标准指导学习，有时就相当于父母强制孩子吃他们认为有营养的东西，吃出来的，往往是消化不良或营养过剩的不健康孩子。

权威标准引导学习者从学习中去观看什么、不观看什么、应当看到和想到什么。那些让学习者感到津津有味、兴奋不已的东西，在权威标准的视角下，有时被评价成不够全面、缺乏价值。殊不知，这种被权威标准视为异类的东西，很可能正是促使学习者成才的一个基因。而完全符合标准的那种学习收获，可能开启人的才智，也可能对某些学习者起到抑制作用，难出人才。张权威喜欢的学生，未必会让李权威满意。各个权威都喜欢的学生，很可能已棱角不存。新的人才总是因为对旧的人才有所超越而成功，旧的人才并非都能看懂或欣赏这种超越。

社会实践标准，是大量、长期、复杂的社会实践活动对学习结果的评价标准，是以能否解决实际问题来衡量学习效果的客观标准。但这种标准，难以准确地用书面方式归纳和表述，人们也很难用恰当的实践活动对每一种学习收获给出及时评价。

采用权威性的他人标准作为众人的学习质量标准，是没有更好办法的办法。如此一来，能得到权威人士给出的高分的“状元”就成了榜样，“状元”学习法被当作高效果（高质量）学习法风靡全球。

科举制度从隋朝大业元年（605 年）开始实行，直到清朝末年的 1905 年废除，共经历 1300 年。历代王朝，共选拔了文状元 654 名，武状元 185 名。多数历代状元在历史上作为不大。2009 年“中国校友会大学评价课题组”发布了对高考状元的调查报告，他们通过对1977—2008年我国各省区市高考状元的职业状况进行调查后，得出的结论有："高考状元尚未出现在主流行业的'职场状元群体'中"，"大部分高考状元大学毕业后都'销声匿迹'，'能见度'偏低"，"高考状元的职业成就低于社会预期"等，总之是，我国恢复高考制度后的近40年中，全国各省区市高考状元，很少在社会各界有杰出表现。[①] 由此可见，追捧"状元"式高效果（高质量）学习法的学习观，并不完美，这种追求倾向也可能会扼杀一些学习者向杰出人才成长的萌芽。

我们也必须说，那些将"状元""学霸"统统说成是"高分低能"的人，要么属于偏执偏见、有失公允，要么属于心理阴暗，怀揣羡慕嫉妒恨，还想给自己的"低分"上色扮靓。能得到权威标准好评的那些"状元""学霸"，必然有其过人之处，例如某些智力或自律自控能力非凡，学习刻苦努力。但学校教育权威标准、高考标准评价不出人的情商、逆商、胆量、道德品质和创造力。一些在这些方面恰恰有重大缺陷的"状元""学霸"，在社会实践标准面前败下阵来，难以成为"职业状元"，这是不难料到的事。可是，能够克服这些缺陷的"状元""学霸"也是存在的，这些人迟早会在"职业状元榜"上熠熠生辉。我们从中应看到的只是，权威标准绝非万能，无法代替社会实践标准的全面性、深刻性。

（三）追求高效益的学习观，虽然是促人真正成功、成才的学习观，但在现实中，也常会使学习者遭遇坎坷

从理论上说，杰出人才的学习方式方法，可以代表高效益学习的理想模式和路径。因为，杰出人才的成长原因，除了先天禀赋和后天机遇的因素影响，必然在很大程度上来自其成功的学习，也就是高效益学习。他们从中发掘了潜能，获得了成才的重要和有益的营养。

据说，杨振宁教授曾率一批诺贝尔奖获得者来华讲学，当有人问到他们当中有没有"高考状元"时，杨振宁说："按照中国的高考标准，我们都是差生，在中学，都排名在十名以后"。鲁迅、胡适、郭沫若等名人都不是早慧的优等生，牛顿、爱迪生、爱因斯坦等大科学家也都属于少年"愚钝"而大器晚成。

这就是说，一些杰出人才早期的学习，并非高效果（高质量）的学习，他们的学习方式不仅不可能使他们成为状元，反而容易使他们被人当作"差生"看待，受尽冷眼。

---

① 中国校友会大学评价课题组．中国高考状元调查报告［EB/DL］．道客巴巴 DOC88．com 在线文档分享平台．

相对来说，我们应当更倾向高效益的学习观一些。但是，对杰出人才的学习方法的研究，目前还相当落后，缺乏合理的共识性结论。目前形势下，广泛的应试教育，也容忍不了高效益的学习。

四、追求高效率、高效果、高效益学习的统一

高效率、高效果、高效益相统一的学习，自然是最高的、最理想的学习境界。但这三者能否统一为一体，即做到三者兼顾吗？

我们认为，在一定条件下，这三者是可以兼顾的。随着信息技术、人工智能技术、脑科学技术等的发展，并在学习领域中形成新的学习辅助手段，学习效率、效果、效益三者均可以普遍比以前更高。这将促进这三者统一的可能性，降低三者之间的冲突性。

在目前缺乏上述高技术学习辅助手段情况下，学习者通过按照正确学习方式方法训练，也能提升一定的高效学习成效，在一定程度上将高效率与高效果统一。

天津师范大学心理与行为研究院的沈德立教授，对高效率学习的心理机制进行了长期研究，认为高效率学习的基本特征是：(1) 学习过程高速度。这种高速度学习的关键是思维敏捷性。(2) 学习方法科学。即学习者能选择运用科学有效的方法并按科学的程序完成学习任务。(3) 学习策略运用适当。(4) 学习结果高质量。(5) 学习有乐趣，即学习者在学习时能够在心理上体验到一种愉快感、满足感和成就感，没有任何压力、焦虑和紧张感。①

他提出的高效率学习的信息加工模型是，选择性注意、非智力因素、知识呈现方式、内隐认知、元认知、学习策略 6 个因素一起发力，达成高效率学习。他还认为，在知识呈现方式符合学习者认知规律的情况下，选择性注意是高效率学习的前提，元认知是其监控，学习策略是其保障，非智力因素是其动力，内隐学习是其一种特殊方式。这实际上已经提出了高效率和高效果学习相统一的心理条件，即思维要敏捷、尽量按科学程序学习、找到各种情况下的合理策略方法、坚持把重要知识点和关键点学懂学通、总是在学习中激发乐趣，训练好自己的注意力、元认知、内隐学习方法等。

高效果和高效益学习应如何统一呢？

我们认为，学习效果之所以不同于学习效益，主要原因在于，学习收获与后来的创新创造力成长、素质的提升之间是否形成了紧密联系。当学习收获无关乎人的创新创造力成长和素质的提升时，这种收获就只是短期的、肤浅的改变效果。当学

---

① 沈德立. 高效率学习的心理学研究［M］. 北京：教育科学出版社，2006：2.

习收获成了创新创造力成长、素质的提升的土壤时，它方才构成具有深远意义的正效益。遏制了创新创造力，学习所收获的很可能是负效益。

因此，可能的要点具体如下：

1. 防止或减少学习方向性错误

学习方向是学习者对“学什么”“用什么方式学”问题的意识，学习方向对头指战略方向对头。“做正确的事”远比“正确地做事”更重要。明确方向，首先，要了解社会需要、自身理想和需要、个人自身特点以及各类项目学习的特点，做到知己知彼。其次，要明确自身期望的进取志向。再者，要选对学习的对象，并明确学习的目标及其标准。最后，要规划相关学习的基本方式、先后顺序。学习者应经常性反省过去学习中的倾向，警觉自己长期学习的大方向、一次学习活动的小方向，规划修正未来学习的新方向，减少方向迷失、偏离目的、标准定得过高或过低、功利主义思想浓厚等方向性错误。

2. 采用批判性思维的学习方法

高效益学习的关键，是批判性思维大量运用，以发现问题、提出问题、分析问题的问题意识驱动学习，以大胆质疑、小心求证催生创意见解。而高效果学习则往往笃信“师”规，停留于对所学内容的理解接受。提出和分析的高水平问题越多，则学习效益就越好。一般来说，使用对比、反复、交流、验证的学习方法，更能激发问题意识，所以要尽量多用。如果学习时发现和提出的问题太少，那么这种学习方法就肯定难有好效益。可以用学习过程中提出问题并分析问题的数量和质量，来作为衡量学习效益的一项过程标准，自我督导自己的学习。

3. 在学习过程中高度专注和身心“卷入”

专注，是指一方面是注意力高度集中于目标，另一方面是在目的需要时，又能注意力灵活选择性转移，向深度推进。前者锁定目标，后者确保思维敏捷。不符合目的需要的注意力转移是分心，是“元神出窍”。学习者一时专注，才能对对象信息的感知更加灵敏，信息采集效率高，捕捉到细微而重要的信息线索，激发快速的思维加工活动，减少无关信息的干扰，从而达成高效果。学习者长期专注于某一学科专业知识技能，一旦达到质变，可以导致学习者的某种天赋被激活，某种才能、专业敏感力充分生长，从而达成高效益。要达到专注状态，就必须不断排除自己在学习过程中产生的心理杂念（包括焦虑感、不自信感、自我强迫症等心理倾向），保持自信、冷静、敏捷的心态，在快波学习（脑电波频率在 15 赫兹以上）中坚决按照“当快则快，可快则快”的学习要求行事，在慢波学习（脑电波频率在 8～14 赫兹）时以积极的自我暗示和自我激励，努力保持思维在发散与收敛之间连续推进。

4. 再学习

再学习是对原先学习过的知识技能等，重新再次进行的学习，例如“重读”“温习”。它的作用，不在于简单重复原先的认知过程，也不在巩固对原先认知成果的记忆，而在于，凭借已经具有“认知地图”的基础优势，从新的问题视角、需要视角去激发新的思考，点亮新的发现、新的创意。

古人说“书读百遍，其义自见”。毛泽东主席也深谙其理。例如，毛泽东“对他认为的好书、有意义的重点书常常采取‘三复四温’的方法多次阅读，如《共产党宣言》他读过上百遍，李达的《社会学大纲》他自称读了十遍”①。以读《水浒传》为例，他少年时代、青年时代、在江西苏区时期、长征路上、新中国成立初期、“文革”时期都多次读过。②

大学者朱光潜说：“凡值得读的书至少须读两遍。第一遍须快读，着眼在醒豁全篇大旨和特色。第二遍须慢读，须以批判态度衡量书的内容。”③

再学习比初次学习、前次学习更能激发和深化学习者的思维、情感。一些学习者新书只读一遍，便不再读原先读过了的书，这种学习方式其实损失是很大的。

5. 力争融会贯通

融会，即各种知识之间的对比、碰撞、分辨，打破原有界限进行新的重组。贯通，就是概括、领悟、提炼这个大知识整体的内在联系，把握其相通的规律，用这些规律解说各种知识问题可达到通行无阻、高度自洽。融会贯通，类似于从大量的原矿材料中提炼贵重物质成分的过程，需要反复加工；它也似“瓜熟蒂落”的过程，不可“揠苗助长”；也似“小火慢炖”的过程，不能心急地频繁“掀锅盖”。在艰苦积累和长期比较与反思之后，一旦有灵感和顿悟闪现，就可产生融会贯通的新成果：一是个人已有知识的掌握媒介变了，不重要的知识媒介或感悟被更重要、更优越的知识媒介或感悟所替代；二是对某些规律规则有所发现或重新认识其价值，知识应用的灵活性极大增强。

---

① 王炯华. 毛泽东读书记［M］. 武汉：长江文艺出版社，2004：5.

② 王炯华. 毛泽东读书记［M］. 武汉：长江文艺出版社，2004：5.

③ 瞭望智库. 朱光潜谈读书：一个人怎样建立完整的知识体系［EB/DL］. 凤凰网知之，2019 年 9 月 11 日 11：07：15.

第三节　国际终身学习观与中国传统耕读观

一、终身学习的国际理念

1965 年，联合国教科文组织成人教育局局长、法国教育家保罗·朗格朗，正式提出了“终身教育”这一新概念。1972 年，联合国教科文组织的题为《学会生存——教育世界的今天与明天》的报告，将其定义为：“终身教育是人们在一生中所受到的各种培养的总和”①。在时间上，它指人从生到死各个发展阶段受到的各个方面的教育活动、各级各类教育；在空间上，它包括从学校、家庭、社会各个不同领域受到的教育；在目的上，它的最终目的在于维持和改善个人社会生活的质量。《教育——财富蕴藏其中》报告指出，终身教育不仅要重视使人适应工作和职业需要，还应该重视铸造人格、发展个性，使个人潜在的才干和能力得到充分的发展。终身教育是为人们一生各阶段提供充足的、满足全面发展需要的学习资源及动力的一种社会教育理想。

终身教育来自终身学习的需求。在 20 世纪末开始的信息化、全球化背景下，许多学科的知识更新周期缩短，人类学习从“井知识”学习已变为“海知识”学习，即需要学习的知识技能，原先只是如同“井水”那样的容量，现变化为“海水”那样的容量，并且还有海量的知识技能不断注入。技术革命的步伐不断加快，技术进步在产业领域不断带来大量“创造性破坏”，使大批职业岗位消失，又使新的工作岗位蓬勃而生，大批成人必须不断掌握新的转岗知识技能。这使得当代人正逐步形成向终身延伸、向多域拓展、不断转型升级的学习需求。

当代终身学习观，内容包括：终身持续学习的观念；为创新创业就业能力提升、思维方式转变而学习的观念；重视合作学习、探究性学习方式的观念；学与行并重的观念；重视以问题导向的学习广域的观念等。

（一）终身学习的“基本要求”

联合国教科文组织 1996 年发布的德洛尔（Jacques Delors）报告中，提出教育的四大支柱是学会共处（learning to live together）、学会求知（learning to know，

① 联合国教科文组织国际教育发展委员会．学会生存：教育世界的今天和明天［M］．华东师范大学比较教育研究所，译．北京：教育科学出版社，1996：6。

learn how to learn)、学会做事（learning to do）和学会发展自我（learning to be）。该报告将学会共处（learning to live together）视为教育的基本任务，将其余三个支柱，视为这一基本任务的基础。①

这种看法，也可以理解为一种国际性的对终身学习的基本要求设想。

学会共处，指了解、理解和包容来自不同种族、国家的人们的历史、文化传统和精神价值观，互爱互助，以便共同生活、工作、合作，减少冲突，增加社会和谐。

学会求知，指将一般通识教育与较有深度的专业教育相结合，使人从一般通识教育中，获得终身学习的一定基础，进而掌握利用各种数据资料的专业方法，学会收集、选择、整理、管理和使用知识，能适应科学进步和经济社会发展带来的迅猛变化，建设学习型社会。

学会做事，指在干事中学习，既要学会职业工作所需知识技能，又要具备在各种复杂情况下团队合作的素质或胜任力（Competence）。

学会发展自我，指开发每个人身上隐藏的才能（即记忆力、推理能力、想象力、身体能力、审美感、与他人交流的才能和作为群体负责人的自然魅力等），使人成为更优秀的他自己。

这可解读为，将掌握社会交往类知识、学习学知识、专业技术技能类知识、心理学哲学类知识，作为区分现代公民合格与否的标准。许多现代人不会做事、不会做人、不会学习、不会自我修养调节，“啃老族”“佛系”“宅男宅女”等社会现象频现，就是因为这些人缺失完备的“四大支柱”。

（二）终身学习的方式转变

现代终身学习观，要求企业、事业、政府等社会组织建设转型成为“学习型组织”。

美国学者彼得·圣吉（Peter M Senge）所著《第五项修炼》（The Fifth Discipline，1965）一书认为，组织也需要学习，企业保持竞争力的根本办法是通过建立学习型组织，使组织精简、扁平化，使管理者和员工终身学习，不断用新知识推动产生新的共识、新的企业文化、新的企业管理流程，推动企业自我组织再造。学习型组织包括五项要素：有共同愿景（Shared Vision），用培训学习来统一思想，凝聚人心，形成合力；有团队学习（Team Learning），集体思考和分析问题，集思广益；变心智模式（Mental Models），人人改变不良思维观念和工作作风；能自我超

① UNESCO. Learning：the treasure within［EB/DL］. 百度文库.

越（Personal Mastery），在投身实现愿景的实践中成为不平凡的新我，与时俱进；促系统思考（System Thinking），协力搜集、整理问题信息整体，养成全局思维，在处理貌似简单、实则复杂的问题时，确保决策正确。[①]

学习型组织这一概念，蕴含着把组织的学习力作为组织的生命力、竞争力来经营和优化的一种新型管理观念。这一观念将会写入新管理学的管理手段和职能篇。

现代终身学习观，必然要求人们向学习型个人升级。

学习型个人，是指把学习作为自身存在和发展的必需品加以管理和维护的个人生活方式。这种人并不把学习当作目的和手段，而是把学习当作如同睡眠一样的自然需要，一天不学便觉得如同一天未刷牙般难受，三天不学便觉得自己面目可憎。他对自身学习状态、能力、资源的关心，如同对自己的身体机能状况的关心一样，竭力养护它。以学术研究为职业的学者，有的已成为学习型个人，但有的还不是，因为把学习作为职业需要的人，未必等于把学习当作自己生活的自然需要。我们认为，学习型个人的一般标准应是：（1）在学习量上，非职业学习者，每天学习量达到不低于1万字符的阅读量或1小时以上学习时间。已故革命家胡耀邦先生是这一标准的提倡者，他提出“每个干部要读2亿字的书”，即使一个人一天读1万字，从二十岁到四十岁左右，也可成为一个学者。[②] 职业学习者（例如在校学生和知识工作者）的阅读量或学习时间应更高。清华大学已逝的法学家何美欢教授，要求其学生每天保证至少有10.5小时学习时间[③]。这可视为对成人职业学习者的一种参考标准。（2）在学习成效上，应能产出一定数量的作品，例如文章、著作、调查报告、计划方案、演讲等。只有输入、没有输出，这样的学习就不足以构成持久的生活生态。输出的作品价值越高、越新，就越能证明该人的学习在其生活中的作用显著。（3）有优于一般人的素质水平，能被多人所信赖和依靠。连自己的精神和生活问题都搞不定的正常成人，即使读过一些书，也仍是用学习养不大的巨婴，算不上学习型个人。

现代终身学习观，要求将国家建设为“学习强国”。

“学习强国”的内涵包括：形成全民崇尚学习的文化氛围，以及崇尚科学和先进、优良文化的氛围；消灭贫穷愚昧，扫除现代文盲；个人、各级组织不断提升并形成优良强大的学习力和创造力；社会为全民终身学习提供日益完善和先进的学习条件和学习资源；形成发达的学习服务产业、事业、基础设施和学习市场；国家为

---

① ［美］彼得·圣吉．第五项修炼［M］．郭进隆，译．上海：三联书店，2003：7．

② 程冠军．每个干部要读2亿字的书［EB/DL］．学习时报，2015-10-31，09：24．

③ 程曦，陈卓琬，周格格．一堂没有上完的课——追忆法学院教授何美欢［EB/DL］．清华新闻网，2010-09-13，12：00：30．

全民学习以及运用学习成果、为提升全民平均受教育程度和受教育年限，提供充分保障；各类科学、技术、文化、艺术、体育、卫生等方面创新成果大量涌现，其中不乏标志性、国家代表性的成果。

二、中国耕读传统文化

我国汉民族居住区，在长达两千年的农业社会历史中，发展出了引人瞩目的“耕读文化”传统。其特征是人们把一边工作、一边读书的生活方式，当作高尚的生活理想，顽强践行并持久追求。

以往，人们的主要工作形式当然是耕作农田，故称这种模式为“耕读”。后来，“耕”扩大至泛指各种各样的体力性工作。古近代耕读生活模式，是儒家“修身、齐家、治国、平天下”理想与道家“道法自然”观念，与人们生存的劳动需要相结合的产物。古人无论“耕多”“耕少”，但均把读书学习与耕作劳动视为自己的每天必做的功课和成就感的来源。三国时期著名谋略家、政治家诸葛亮，南宋时期著名词人、爱国人士辛弃疾等人，都有过耕读生活经历。

耕读文化的特点是：

（一）扬弃儒家思想，崇尚以耕养读、耕读结合的生活模式

有的耕读者以“耕读报国”为理想，有的以“耕以致富，读可荣身”来自励，普遍认同“忠厚传家远，诗书继世长”。清代政治家、湖南人曾国藩，认为治家“以耕读之家为本，乃是长久之计”，将“书、蔬、鱼、猪、早、扫、考、宝”作为耕读八诀，即读书、种蔬菜、养鱼、喂猪、早起、打扫卫生、修祭祀、善待亲邻作为耕读主要内容。

儒家的圣人孔子，并不认为君子级别的人需要务农，他的学生樊迟，向他讨教关于种植庄稼的问题时，他非常生气，骂樊迟是小人，还说“君子谋道不谋食。耕也，馁在其中矣；学也，禄在其中矣。君子忧道不忧贫”。[①] 意即，种田的饿死，读书读得好的却可拿到俸禄，所以，君子不要操心种田，不要在乎一时贫穷以及如何填饱肚子的问题，你只管专心致志读书就行了。孔子的这种思想，并不利于农业社会发展。

古代知识分子追求“三不朽”（立德、立功、立言）的圣贤境界，但大多中下层知识分子则以耕读为荣，其所学多为“为己之学”。耕读文化对耕作的崇尚，突破了孔子的落后思想，是思想进步和健康的人生观的表现，也更适应农业社会延续

---

① 佚名．论语·卫灵公．中华经典藏书——论语［M］．陈晓芬，译注．北京：中华书局，2016：1．

发展的需要。

（二）身体力行，读有所用，践行儒家人生和社会理想

耕读者秉承儒道佛家“穷则独善其身，达则兼济天下”“道法自然”等理想，主张入世有为、从无为自然中有为，在自己的生活圈内，运用所学、实践所学。个人掌控的生活圈子有多大，其耕读的活动和影响范围就有多广。由此产生了对家庭建设、邻里关系、社区环境的各种积极贡献，以及在科学、哲学、文学艺术甚至农业技术研究和推广领域建树起丰硕成果。一些耕读者，由于钻研农耕，而成为农业专家、水利专家，闻名当时。例如，贾思勰写出《齐民要术》的农业著作，徐光启在天津试验种植水稻。有的耕读者孝顺父母、和睦乡邻，兴办私塾和书院教育、修桥铺路、积德行善，有的还带领乡民抵御土匪盗贼，甚至献出了自己的生命。明代的被撤职官员袁寒（了凡），在回乡耕读期间写出“了凡四训”的传世作品，提出“命由我作，福自己求”的振聋发聩的破除旧迷信的新思想。他们对形成良好家风和当地淳朴民风民俗，社区教化和开启民智，产生了较大带动和影响作用。

（三）注重修身自律，提升人生境界

朱柏庐（1627—1698年）所著525字的《朱子治家格言》，脍炙人口。其“黎明即起，洒扫庭除，要内外整洁，既昏便息，关锁门户，必亲自检点”，反映出其对本人及家人生活行为的严格细致要求。吕坤的《孝睦房训辞》中说“传家两字，曰读与耕。兴家两字，曰俭与勤。安家两字，曰让与忍”，也同样反映了其自律要求。很多耕读者将耕读作为修身自律的手段，又将修身自律的自我规范落实、体现于耕读，从而将知行合一的人生哲学理念实际化。

耕读文化培育了一代代中华民族的骨干精英。秉承耕读传统，许多打工者、经商者、从政者须臾不肯放弃学习。曾国藩的湘军，也常白天打仗、晚上学习，有空就学习，把军营变成了大学堂。这种文化传统，促使我国每一代人中的骨干分子，形成了来自“耕”的勤劳品质，来自“读”的聪明气质，保持了自强不息的学习精神，拥有鲜明的共性文化人格。中国的传统耕读观，属于国际现代终身学习观的先驱之一，这足以令我们中国人自豪。弘扬我国优秀耕读传统文化，普及现代终身学习观，对新时代的我国发展具有极大价值。

但是，我们的耕读传统文化存在糟粕和短板，极有“压迫性”。一是学习视野窄，成人学习的内容被僵化压缩定位在儒家经典书籍上，尤其局限于思想道德领域中，没有扩展到科学技术知识领域，对形式逻辑和科学实验方法知之甚少。“向后看”的守旧倾向严重，“向前看”的创新精神不足。这无法推动社会与时俱进地发

展。其道德说教，自私性凸显，偏好从个体为中心、以血缘亲邻关系远近为规则的模式，来展开利他行为，缺乏对社会组织的关注和真正的奉献精神。二是在成人学习行为方法上，压抑学习者的批判性思维和创新性思维，将敢于质疑经典、发现问题、提出问题、思考问题视为离经叛道，扼杀了大批可能的创新人才，压抑了全民族的思想解放和进取精神。同时，不注重交流辩论、表述等合作学习方式。造成学习者表达、演讲、辩论、说服等素质较差，温良恭俭让有余，而果敢进取精神不足。三是压抑女性学习，流行“女子无才便是德”等荒谬思想。这些压迫式、僵化式学习，导致了我国古代近代人口的文化素质畸形。多数读书人不会做人，不会做事，不会共处，仰视功利、鄙视真理，只会做形式主义的八股文，喜欢浮夸。1919年的我国五四运动，得出中国传统文化缺乏“科学”与“民主”的两大关键属性的结论，是基本正确的，也是对耕读文化的正确诊断。

遗憾的是，在当代我国的一些成人身上，知行合一、学用结合的力行意识和道德自律意识有所衰退，学习的功利化倾向严重，其所学多为“为人之学”。劳者不读、少读，学者动嘴不动手、不事体力劳动的耕读脱节现象常见，一些人对耕读传统鲜有所闻。一些成人忽视自身修养，穷时说没条件学，富时说已没必要学；忙时说没时间学，闲时说没心情学，横竖就是不想学。有的人学风不诚，假学、虚学，剽窃他人论文、以权钱交换学位等现象成风。一些学马列的，不信马列，学科学的，不信科学，令人惊愕不已。

中华民族的伟大复兴，在文化上应体现于优秀耕读文化的改良与复兴。新的耕读文化复兴任重道远。每个成人都应意识到自己作为劳动者和学习者的人生角色，努力交出一份光彩的人生耕读答卷。

第三章　成人学习过程和基本机制

了解认知和学习的原理、机制，不仅仅是科学家们的事，普通人也应该了解这些，以便自觉地用它们指导、分析和优化自己的学习。

第一节　学习的过程

在很多古典学者看来，学习是由一些线性串联、先后有序的环节构成的过程。

例如，我国古代学者王充、朱熹、张载、王夫之等人的学习思想就是将学习划分为学、思、习、行四个阶段的过程。我国现代学者有人将学习分为动机、感知、理解、巩固、应用五个阶段。

享有“近代教育学之父”声誉的德国心理学家和教育家赫尔巴特（Johann Friedrich Herbart，1776—1841），曾提出过学习阶段的划分观点，现代美国赫尔巴特派将其修正为学习的五阶段说，即① 准备（preparation），即了解背景知识和有关观念；② 提示（presentation），即呈现事实现象材料，这相当于进入正式学习。③比较和抽象（comparison and abstraction），即寻找新材料内容与已知事实及观念的异同之处，把共同要素抽取出来；④ 概括（generalization），即对抽取出来的共同要素进行表述；⑤ 应用（application），即将所概括出来的知识用于解释有关事实或问题。

美国教育心理学家加涅（Robert Mills Gagne，1916—2002）认为每一个学习过程可以分解为八个阶段，即① 动机阶段。② 领会阶段。③习得阶段。④ 保持阶段。⑤ 回忆阶段。⑥概括阶段。⑦作业阶段，即操作阶段。⑧ 反馈阶段。[①]

但是，许多人已经意识到，学习并不是这样纯粹的线性串联、先后有序的环节

① 施良方. 学习论［M］. 北京：人民教育出版社，2001：319-323.

构成的过程。我们认为，从时间顺序来看，学习中的各过程活动事项既有先有后，有的又同时同步发生，从相互作用来看，各过程活动事项既有前事项影响后事项的情况，也有后事项影响前事项的情况，还有平行事项交互影响的情况。因此，既要承认学习活动具有先后有序的阶段性，又要承认学习活动具有非线性、同步或异步交互性。

一、知识学习过程

将知识学习过程概述为如下三阶段、多路线的图式，更为合理，具体如图 3.1 所示：

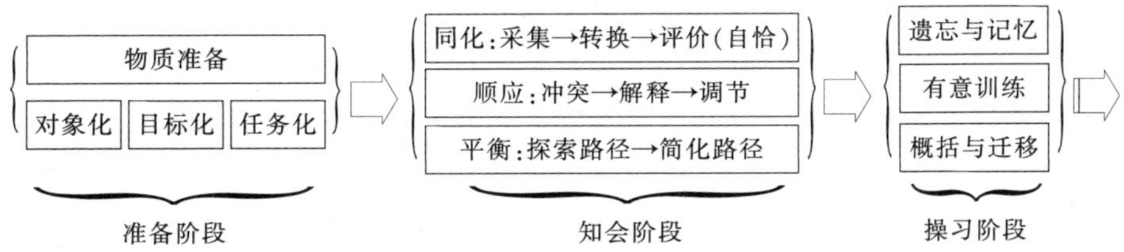

图 3.1　知识学习过程

（一）准备阶段

即物质准备、思想心理准备、辅助事务准备等活动的总和。主要是心理上的动机、期望启动发生、学习资料的收集与配备，以及身体和物质上的其他相关事务的前期准备活动。

人们常说，人有四种意识状态，一是“不知自己不行”，二是“知道自己不行”，三是“知道自己行”，四是“不知自己行”。这四种状态的先后发展，生动地说明了学习是螺旋式上升、波浪式前进、否定之否定的过程。

好比一个中国农村的孩子，对于英语，他根本就不能意识到“英语”是一种怎样的存在，也不知道学习英语有什么必要，这是“不知自己不行”的状态。当这个孩子看到听到有人说英语，别人在用英语，而自己听不懂英语，产生想学英语的念头，这时，他就进入了“知道自己不行”的状态，他就进入了学习的准备阶段。当他学会了英语，能够与讲英语的人士进行交流时，他就进入了“知道自己行”的状态。当他高度熟练掌握英语，不仅能不假思索就能作出英语感知和表达反应，而且还同时能做一些别的事情时，他就进入“不知自己行”的状态。

学习的准备阶段，意味着人从“不知自己不行”，向“知道自己不行”的重大飞跃和质变，学习由此而启动。它主要体现为学习对象化、目标化、任务化的逐步推进。其意义丝毫不亚于后面的几次飞跃，可谓“学习之母”。许多人正是因为没有完成从“不知自己不行”向“知道自己不行”的转变，而没有启动学习。

（二）知会阶段

即对学习客态（效法对象及内容）开展呈现、感知、思维加工的活动。学习者对客态进行阅读、理解、记忆、联想、推理、归纳、演绎、体验等活动，获得了对客态的印象，改变了自己的认知结构。这一阶段的哲学本质，是从“知道自己不行”，向“知道自己行”的飞跃。

（三）操习阶段

一般会分为三条并进路线，一是自然遗忘与记忆保持的无意识自动活动，二是作业、练习操作等有意训练活动，三是概括与迁移等有意和无意的再加工活动。这三条路线并行于操习阶段，可以同时发生。当其中的有意操习活动缺席时，只代表该学习者的学习存在缺陷，而不代表这三类活动不可以同时并行地发生。有意操习活动，是学习者通过作业尝试、练习、复习等，对知会阶段所学内容留下的心理痕迹，进行加深、加固、纠错、反思、整理等活动。无意操习活动，类似于牛羊吃草进食一段时间后，自行将半消化的食物，从胃里返回到嘴里再次咀嚼的“反刍”。学习者的大脑会自动在人深睡中进行自然水平的“反刍”。“反刍”，使所学知识消化理解得更好、记忆得更牢。有意“反刍”的操习，远比大脑无意识中进行的“反刍”的成效要高得多。操习阶段是从“知道自己行”向“不知自己行”的飞跃。

二、技能学习的过程

技能学习过程，与知识学习过程有所差别，但目前科学尚不能完全解说清楚。

有人认为技能学习过程分为认知期、贯通期、自动期、创新期四个阶段。①

一是认知期（Cognitive phase），学习者观察老师传授的技能动作，内心分解和模拟其动作，直至将老师传授技能的各个分解动作逐个掌握。

二是贯通期（Associative phase），学习者在掌握各分解动作基础上，整合全部动作，对不流畅的分解动作再次拆解揣摩，直至能自主熟练流畅地重复或重现所学技能动作组合，出错率大大减少，达标水平稳定。同时，技能经验扩展到各种情景下的运用，学会在各种情景下的自由运用该技能。

三是自动期（Autonomous phase），学习者的所学技能控制要点转化为潜意识，几乎不必有意注意就能自动操作，反应高度熟练而轻松。

---

① 薛涌．天才是训练出来的［M］．南京：江苏文艺出版社，2010.

例如，学骑自行车时，刚学时，学习者高度紧张地下意识指挥自己的身体的反应顺序和方式，不断试错，有时甚至从车上摔跌下来，这是认知期阶段。初步掌握骑车技能后，开始学习各种情境下的骑车技能，如爬坡、下坡、急拐弯、载重，并进行复习，这就是贯通期阶段。完全学会骑车时，学习者可达到一边与人说话，一边骑车的轻松程度，不必思考每一个骑车反应顺序和方式，似乎已能靠本能驾驶骑车过程，这就是自动期阶段。

四是创新期（initiative phase），学习者不满足于已有技能水平，为掌握更高水平的技能而重新分解并改进基本动作，达到效能更好的动作组合。这是对所学技能的再否定与超越。例如，某些学会骑自行车技能的人，又尝试练习各种惊险特技动作。并非所有技能学习者都必然进入到创新期。有许多人止步于自动期。其原因可能是美国密西根大学商学院教授 Noel Tichy 所说的心态问题。

他认为，人的心态有“恐慌区”“学习区”和“舒适区”。“恐慌区”，即对未知的风险的恐惧、畏难、不知所措的不安感和无助感，是“想学又畏难”的心态。对本领不足的恐慌，会使人想学，对新学习过程的恐慌，也会使人不肯进入新学习。“学习区”，即一旦真进入学习，就会既有陌生、紧张感，又会逐渐产生熟悉感、成就感。“舒适区”，即舒适、安逸的感觉体验，有恃无恐，对自己的老经验挺满意、挺知足，就像冬天躺在热被窝里不肯起床似的。

穿越“恐慌区”才能进入“学习区”。离开“舒适区”并穿越“恐慌区”，才能重返“学习区”。

有的人越不过“恐慌区”，当意识到本领恐慌时，就像鸵鸟遇险时把头插在沙里，不看见，就心理安全。

有的人离不开“舒适区”。缩在舒适区的人，喜欢按习惯办事，对感觉稍有难度的目标，常望而却步；对经历过的坎坷，总心有余悸。学到中等水平技能、小有所成，就易知足，不肯再向高水平技能攀登，到“创新期”去自讨苦吃。“由俭入奢易，由奢入俭难”，难就难在“舒适区”养出了娇气。

出类拔萃者则能很快穿越“恐慌区”，离开“舒适区”。他们掌握某技能后，总是很快就“喜新厌旧”，有着掌握更高水平技能的激情，毫不留恋已有“舒适区”的温情，向“创新期”走去。在“创新期”学习中，他们摸爬滚打，伤痕累累，失败就从头再来，不烦不躁，直至渐入佳境，取得新的成功。

最优秀的技能学习者，更是一轮又一轮地进入下一个“创新期”，直至技能水平达到他们的身心极限。他们的技艺，由此达到出神入化、神工鬼斧的境界。他们凭着“追求完美的激情、耐苦耐痛的能力、找到窍门的悟性”，从技能界的“鲨鱼苗子”成长为国之瑰宝。

第二节　认知心理活动若干理论问题的探讨

古典经验主义、现代行为主义、认知主义、人本主义等多种流派的认知理论，虽产生了丰富的认知心理研究成果，但尚无一种学说圆满解释了学习心理，现仍处于猜想、假说多于实证的阶段。

一、基础概念——表征与认知图式

人是用心理表征来知觉和思考事物的。当你想到了一个杯子，你脑袋里的那个杯子绝不是杯子的实物，而只是杯子的心理表征。心理表征，指事物信息在心理活动中呈现、加工、记忆的表现形式。心理学家多认为，人的心理表征分为感觉（动作）表征、表象表征、符号表征三种形式。幼儿需借助手指、小木棍的移动动作，才能进行简单数字加减运算，这是靠感觉（动作）表征进行心理加工活动。借助头脑中事物的视觉、声觉、嗅觉形象思考问题，这是表象表征。符号表征又分为概念、命题、图式等表征，可帮助理性抽象思考。图式表征实际上是各种表征的集成方式。

“图式（Schema）”这一词语，经欧洲大哲学家康德提出，心理学家皮亚杰发展，已成为当今广泛使用的重要概念。有学者认为“图式是过去的反应或经验的一种积极组织，图式可对获得的材料进行重建和改造”，还有人认为图式即人脑中已有知识经验的网络。它就像电脑桌面上的文件夹，可以打开、关闭、存储。大图式可含小图式，可按层级组成序列，一种图式可嵌入另一图式。与文件夹不同的是，图式可以自行对原型图式进行修改和重塑，它是稳中有变、动态发展的。图式有许多种类，例如自我图式、角色图式、事实和概念图式、策略图式、情感图式、程序图式。现代认知心理学所讲的“认知结构”（Cognitive Structure）概念，是指人脑中已有知识经验的结构。实际上，“认知结构”与“图式”基本上是一回事，称其为“认知图式”更好。

二、基于类别化图式的认知结构主义学说

美国教育心理学家布鲁纳（Jerome Seymour Bruner），注意到了一个问题：人的认知心理活动为什么既能接受吸收事物信息又能超越给定信息，得出新的信息？为什么能记住所学新信息？他的研究结论是，这来源于分类。在布鲁纳那里，类别指“平等地对各种事物归类的规则”，即指不同的种类或种类之间的区别，类别实

质是一种编码系统，将一个事物放入到某个类别中，它就得到了位置编码。有了编码，它就得到了理解，也能被记住，可以储存于脑，通过检索而取用。而且，通过类别的共同属性，可以推导出某个类目具有的类属性信息，这样就超越给定信息，获得对事物的新理解。例如，“香蕉”属于“水果”，因此，用“水果”的一般属性信息去理解“香蕉”，就可获得对“香蕉”的某些超越性信息。因此，他认为“学习就是分类（类目化）”，认知结构就是类别化的一般知识结构，概括（分类）是主要的学习方式。学习应当采取自下而上（从具体至抽象）、逐层概括、注重结构（基本原理、规则）的方式，他给这起名为“发现学习”方式。

美国教育心理学家奥苏贝尔（David P Ausubel），通过研究类别化的一般认知结构如何同化新知识（观念）认为：已有认知结构中，如果存在一种对新知识可“起固定作用的观念”（anchoring idea，简称 Ai），这个 Ai 就对新知识的理解起决定性作用。当新知识概念与 Ai 形成“实质性的非人为联系”，新概念就能被理解。如果新知识概念是 Ai 的上位概念，则这种学习是“上位学习”；如果新知识概念是 Ai 的下位概念或并列关系，则这种学习是“下位学习”或“并列结合学习”。自下而上的“发现学习”仅是上位学习。自上而下的下位学习或交叉进行的并列结合学习，也可以获得很好的效果。奥苏贝尔盛赞已有知识中的这个 Ai，认为如果它稳定、精确，就可使新观念分享稳定性，获得意义，防止类似概念的干扰。对于已有知识经验不足的学生而言，由于缺少 Ai，“发现学习”也会沦落为机械学习，没有成效。[①] 这一观点，对布鲁纳的“发现学习”理论是一个有力批判，且实践已证实该观点的正确性。

奥苏贝尔主张的“意义接受学习”（meaningful reception learning），又简称意义学习，指学生将别人传授的定论形式的知识与自己的已有认知结构联系起来，通过理解新材料的意义进而掌握新材料。达成意义接受学习的条件有三：一是学习材料具有实质意义，二是学习者有必要的已有认知结构，该结构中存在相关观念。三是学习者具有将新知识与已有适当观念关联的心向。缺一个条件，就不是意义学习，而是机械学习，这种学习是低效或无效的。[②] 用浅显的话语来说，当你去学莫名其妙的材料、无法理解的材料时，你是在进行“机械学习”。“全程英语教学”（课堂内外都只用英语交流），对英语基础好的学生而言是“意义学习”，对于英文字母还没记住的学生而言则是“机械学习”。你无心于学但装模作样学，这也是“机械学习”。

---

① 汪凤炎，燕良轼. 教育心理学新编［M］. 广州：暨南大学出版社，2006：218-220.

② 汪凤炎，燕良轼. 教育心理学新编［M］. 广州：暨南大学出版社，2006：214.

奥苏贝尔将意义学习的心理机制描述为“意义同化”，即当新知识概念与 Ai 形成“实质性的非人为联系”，新概念就被同化进入认知结构中，同时 Ai 和认知结构也同时相应发生改变。他认为，同化与顺应必定同时发生，不必另谈顺应问题。

应注意，认知主义心理学家的上述学说，有一个重要的理论前提，就是认为认知结构是类别化的结构。

三、基于工作图式的认知心理假说——“认知锥”说

我们认为，无论是“刺激-反应”联结，还是“认知结构”，实际上都是“认知图式”的一种。学习是人在自身需要期望下进行认知图式的同化和顺应的活动。

人脑中存在两个不同层次（即感性认知层次和理性认知层次）的信息加工模块，有些学者认为还存在知性认知层次，这里不做讨论。它们是在记忆模块和控制模块的控制和支持下，围绕特定对象开展认知活动。

每个认知模式，都按照或参照“图式”运行，如同计算机硬件按照软件的程序指令运行一样。

当外部刺激信息转化为生物电信号进入大脑，大脑会根据需要激活一部分已有的图式。所激活的这部分图式，可称为“工作图式”，它包括对象化图式、加工图式、辅助图式和控制图式。未被激活的那些图式，暂时不会参与认知活动。概括来说，大脑信息加工活动中的“工作图式”是按照“认知锥”方式展开：

1. 人的认知活动因动机期望而激活并受之驱动，也可因动机期望而抑制。动机期望是决定工作图式活动趋势的主要力量。由此构成“认知锥”的运动轴线。

2. 工作图式之一，是对象化图式。它把对象信息感知组织为某种样式、形状的心理表征体，使得对象信息便于被所选用的思维加工模型所加工。对象信息也在思维加工中发生对象图式改变，这种对象化图式已不再是单纯的客观外在信息原貌的直接反映。有时，把一个对象的认知图式改动一下，加一点或减去一点什么，它就可立即变成另一个问题对象化图式，使得原对象问题变得易于理解和解决。直觉或分析能力可帮助人优化出最适合认知者的对象化图式。例如，看那绮丽的山峰，有人突然惊呼“那山峰真像一张人脸的侧影”，你再去看，果然像极了，立刻觉得兴味大增。你这时再看山峰时，心理用的就是“人脸侧影”的对象化图式，你的认知因此而变化。有人对“地球是圆的”老想不通，说“那站在地球底端的人不就会掉下去吗?”，这个想不通也是经验中的对象化图式问题固化所致。

3. 工作图式之二，是加工图式。它即是“模型”，用于指导认知模块按照选定的“模型”来加工对象化信息。所谓方法，均含模型。加工图式主要是运用已有的程序性知识进行信息转换。类别化系统是其中一种通用模型，类比思维所用的“喻

体”也是一种模型。所谓模型，指根据对象输入信息与输出信息的对应关系而设计的一种模拟替代机制。好的模型，其模拟输入-输出关系能够较逼真地、在一定范围内反映真实的对象输入-输出关系。差的模型，往往失真地模拟对象输入-输出关系。人们使用的模型，有因果关系模型、语句模型、数学模型、正态分布模型、感性形象或格式模板、目的-手段模板等。正是因为模型的作用和经验记忆提供辅助信息的作用，人们能够超越对象在场的信息，而认识到其不在场或未出场的信息。只要给定一个对象信息，我们将其视为输入时，可通过模型推测其可能的输出信息；将其视为输出时，可通过模型推测其可能的输入信息。

4. 工作图式之三，是辅助图式。它用于为加工对象信息提供辅助材料（背景信息、历史信息、参考提示信息等），主要是运用已有陈述性知识对信息进行编码和定位，帮助对象化图式和加工图式顺利运行。例如，计算圆周长，有模型“圆周长＝2×π×半径”可用，但若你记不得π值（圆周率），你还是算不出圆周长。这个π值就是辅助信息。你用“山巅一寺一壶酒”的口诀记忆的π值（3.14159），是一种辅助记忆图式。

5. 工作图式之四，是控制图式，它负责对认知活动过程进行监督、评价和控制，用自我命令语言指导对对象的全部信息进行加工活动。它主要是运用策略性知识形成评价标准，进而比较、判断。人的控制图式受到心理倾向的影响，主要执行当下的动机期望，此外也受立场态度、需要、格局、心胸、情感等心理倾向的影响。

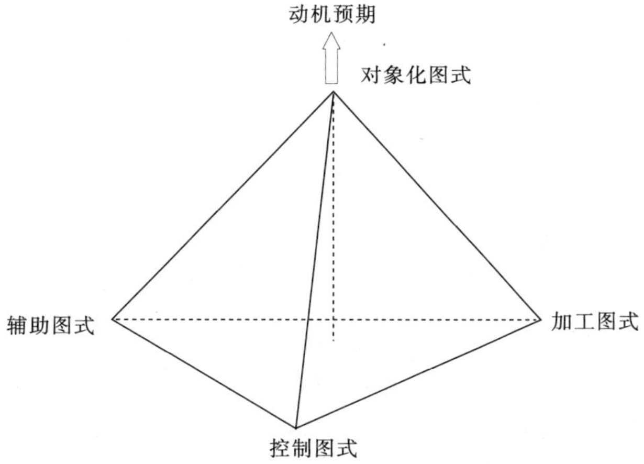

图 3.2 学习认知模型——“认知锥”

以上就是我们提出的“认知锥”理论假说，如图 3.2 所示。该理论旨在说明，人的已有知识经验是从上述四种图式对认知发生作用，而不是只起一种作用，不是只有奥苏贝尔等人所说的 Ai 作用。决定迁移能力的，主要是加工图式中的“模型”功能。四种图式对于认知都很重要，不可缺席。人的“认知锥”残缺，则必然理解、记忆困难。

用“认知锥”理论来看，格式塔心理学观点只是重视对象化图式问题，元认知学说只是重视控制图式问题，认知结构主义更多强调了辅助图式的作用问题。在此，我们用以下例 1、例 2、例 3 说明加工图式的重要性，用例 4 说明“认知锥”对于学习法的重要意义。

例 1 据说，古人鲁班，有一次手指被一片草叶划破而流血，他仔细观察这片草叶，发现划破他手指的草叶边缘呈齿状排列，忽然意识到齿状物的切割作用，故后来发明出木工锯子。在这里，草叶边缘齿状就可以说是他发明锯子的“模型”。很多人都有被草叶划破皮肤的经历，但他们的这种已有知识经验，从未使他们意识到草叶齿状可以作为“模型”迁移到锯子制作上。这说明，人的已有知识经验即使相同，认知的境界水平也会不同，有的人的已有知识经验表现为“活性”（能灵活迁移），有些人的已有知识经验表现为“惰性”（不能灵活迁移），差别在于他们的“模型意识”不同。

例 2 声乐教师在教学生练习“真声和假声的转换”时，说“你想象一下平时哼歌时的状态，是不是感觉口腔后部闭合？多加一点气息把这个状态的音发出来，就是唱假声”。这里，“哼歌时的口腔肌肉状态”就是学假声唱法的“模型”。没有这个模型，学唱歌者就掌握不了“假声唱法”。

例 3 老话说“傻子过年看隔壁”。傻子使用的“模型”就是“隔壁人家的做法”，自己不知怎么过年，看人家放爆竹，他也跟着放爆竹，人家吃饺子，他也跟着讨饺子吃。如果连用这个模型的认知能力都没有，那这个傻子就不可救药了。

例 4 中华人民共和国成立初期，我国人口中高达 80%以上是不识字的文盲。迅速普及识字，成为当时国家经济社会发展和人民文化素质提升的急切需要。最初，对不识字的人采用的是“三五教学法”，即对学员每天教三五个汉字，通过日积月累来使人达到一定的识字量。但由于广大学员从小没受过基础文化教育，该教学法的效果并不好，成人学员往往靠死记硬背才能识几个字，这使他们不愿学，而且记了又忘。后来，有一位叫祁建华的解放军教员，发明了注音识字法，即先教学员学会注音字母和拼音规则，然后再集中教大数量的常用字并注音，学员突击拼读认写。该注音识字法成效显著，不识字的军人可每天学会一两百个汉字，通过仅仅 150 小时的识字教学，就可掌握 1500～2000 个汉字，而速成地脱盲。

但该注音识字速成教学法向全国农村推广时，又发现教学效果不理想的问题，“复盲率”高。1955 年，山东莒南县高家柳沟村团支部创造了记工学习班经验，毛泽东主席亲自批示普遍推广，并在此基础上指示全国扫盲教学采取“两步走”方法，第一步是因地制宜编教材，让不识字的老百姓先学身边有关的人名、地名等二三百个汉字，第二步由各省市统一编教材，让群众掌握更多的常用字和会话。此后全国更加迅速掀起识字扫盲热潮。1956 年，我国公布简化汉字；1958 年推广汉语拼音方案，更加促进了人们识字扫盲效率效果。至 1964 年，我国 15 岁以上人口的文盲率从 80%下降到 52%，1 亿多成人摘除了文盲的帽子，积弱百年的我国取得了震惊世界的扫盲成就。①

对于例 4，如何看待这么几个问题：为什么祁建华的注音字母识字教学法比“三五教学法”效果更好、更优越？为什么毛泽东主席亲自总结和改进的扫盲教学“两步走”法能够取得大面积的成功？我国识字扫盲运动以及汉字简化、汉语拼音方案对于人们的识字学习起到了什么作用？

我们认为，祁建华的注音字母识字教学法，为成人学习者识字提供了良好的“学习模型”，学员可自己从注音字母推导一个陌生字的正确读音。见字形能正确读音是识字的重要一环，有助于语音记忆编码。而“三五教学法”是死记硬背学习法，缺乏良好的“学习模型”。

毛泽东主席总结出的扫盲教学“两步走”法，先教人们身边熟悉的人名地名等常用字，激活了学习者已有知识经验中的辅助信息，因而识字有经验作为“根”，识字更快，在此基础上，学习者再扩大掌握更多的一般常用字，就不会太难。

全国性识字扫盲运动激发了人民的识字扫盲积极性和干劲，促进了学习者的自我控制导向力。汉字简化和拼音方案的出台，为成人学习者识字的“对象简化”提供了帮助。

从“认知锥”来看，这些可谓全面优化了学习者在识字中的加工模型、辅助信息、控制模块和对象化模块，为我国得以迅速大面积扫盲提供了科学的学习法途径。如果当年没有这些举措，我国人口识字扫盲工作，就不可能产生如此高效的成果。

“认知锥”理论很好地揭示了大量事例中提升认知和学习效率效果的机理，启示并可指导人们自觉优化自己的“认知锥”，以提升认知和高效学习水平，并克服知识“惰性”倾向。很多人都知道“知识基础差会导致学不好”，但不知道已有知识基础差，究竟是哪方面差。用“认知锥”理论提供的分析框架，就可以具体分析学习者过去形成的已有知识基础的作用差在哪里，例如已有模型、辅助知识的掌握

---

① 瞭望智库. 中国发展速度远超印度：涉 5 亿人运动奠定崛起基础 [EB/DL]. 新浪新闻综合，2019 年 09 月 28 日 08：02.

水平、运算中的评价能力水平、问题对象化水平可能出现的偏差。

四、对认知结构主义理论的质疑

（一）认知图式不是单一的类别化图式

我们承认，类别是具有获取超越给定信息能力、编码能力的认知图式，是人们最常用、最基本的模型。

但类别不是人们认知活动中使用的唯一模型。举例来说，“天上打雷了”这个给定信息出现后，我们会得出“可能要下雨”这个新信息，在这里，用到的模型是经验模板，而不是用类别模型推导出来的。

如果人的一般认知结构是唯一的类别结构，那么，随着人的金字塔状的知识结构不断发展增高，人的认知结构中的最高的类名，就将抽象到本体论层次的唯一元，而且唯一元最高观念的出现也就标志着认知结构的发展终点。这种认知结构可信吗？恐怕经不起逻辑检验。

布鲁纳、奥苏贝尔等认知主义学说主要的错误在于，一是在理论假设上，将人视为高度理性的动物，把人的理性活动从人的由情感、意志、理性组成的有机心理整体中割裂开来。二是在研究方法上，将类别当作唯一的认知加工图式，未认识到以模型为核心的加工模式的多样性，未认识到其他模型也具有编码能力。三是在结论上，片面描述了已有知识经验在认知过程发挥作用的方式。布鲁纳等人的“学习即分类（类目化）”之说，仅是在模型为类别时可以成立。

除类别模型之外的其他模型，也能存在一定的信息编码能力，使得新知识观念能被有序记忆贮存。各种模型的信息编码能力不一，导致新知识观念可被长久记忆的效果不一。同一个人各种知识记忆的牢固性也会不一样，这正说明，人是用多种模型而非单一类别模型进行认知的。

（二）理解不是单兵作战而是体系作战

奥苏贝尔关于新知识概念与 Ai 形成“实质性的非人为联系”导致新概念被理解的说法，实质是认为理解的条件在于新信息点与已有知识中的某个 Ai 点之间“点对点”式的联结。我们认为，理解的条件在于新信息点与若干工作图式之间的“点对体系”式的联系，这种联系就是“自洽性”。通俗地说，理解不是单兵对点或面式的个别作战，而是用具有自洽性的已有知识图式体系对点或面式的整体作战。

自洽性，就是指一个系统在同一个点上，对相互对立矛盾的反应机制进行自行修复、排异容同、相互维护的功能。

自洽性是系统自组织、自适应性的自然要求和反映，是保持系统整体存在的内在必然要求。自洽性不存时，必然导致系统故障和瓦解。事物规律是自洽的，反映事物规律的人的意识也就必然需要自洽，意识的自洽是维护人的理性的必要条件。思想的自洽性，即是它能“自圆其说”的功能。

人为什么能理解、相信对象信息？为什么会选择性地认知和理解对象信息？

理解的过程，即是判断的过程。判断的前提，是新信息与激活的各个工作图式构成自洽性相容。

认知图式的自洽性，与细胞类似。细胞由细胞核、细胞质和细胞膜壁组成，细胞核的作用是保存遗传物质、控制细胞代谢和生化合成，细胞质的作用是提供营养物质并转化为能量，细胞膜壁的作用是筛查进出物质、保护细胞。细胞的自洽性表现在吸纳有益物质、排斥有害物质、保存自己的特定功能的生存与发展所需条件。认知图式有核心层，如概念、模型的内涵；有营养层，如用法用途、案例证据；有保护层，如前提条件。保护层只允许相关有利的新信息进入，阻止不相关或不利的新信息进入。营养层给图式提供鲜活的养料。核心层决定图式的性质，控制其相关图式的建构。认知图式的自洽性表现在只接纳相关有利的新信息，排斥不相关或不利的新信息，使被接纳的新信息与图式具有相容性和互利性。

显然，不被接纳的新信息，必然就是认知图式不能理解、相信的信息。新信息被图式的自洽性相容时，新信息才能被理解、被相信。例如，猜谜语“大热天盖棉被（打一地名）”，你确信答案必是“武汉”，这是因为“捂汗”与“武汉”有谐音上的一致性，“武汉”是地名，谜面谜底的自洽性相当好。换成其他答案，谜面谜底的自洽性都不够好，你的认知图式意识到了这些。

被认知图式所接纳的新信息，也可能只是对象事物部分片面信息（甚至错误信息）。这时，这些信息同化的结果，一般是“片面理解”或“误解”。例如“盲人摸象”，摸到大象牙、耳、头、躯、腿、尾巴的各个盲人，说大象像这个那个，他们都没错，但只是从大象的局部真实信息去片面理解了大象。

工作图式若自身存在缺陷，它们综合加工信息得出的结果信息，也一般会是“误解”“错解”，但偶然也会产生“歪打正着”的理解。例如，古代农民相信“天有神灵，虔诚祈雨，天就会下雨”，是因为有几次烧香敬神之后果然下了雨。尽管很多次烧香敬神，并没有下雨，他们说是因为有人不够虔诚。他们的迷信，造成了错解，也只有这种错解才能维护其迷信图式的自洽性。例如，“失斧疑邻”的典故，说明有偏见的图式造成错解和不当的猜疑。又例如，张三、李四都拾金不昧，但张三的动机是“讲道德”，李四的动机是“怕遭天打雷劈”，李四的迷信图式在这个问题上也产生了正确的认知判断，可谓“歪打正着”。但李四在觉得毫无“天打雷劈”

之险时，他对“该不该捡”的理解判断很可能是另一种。

正因为认知图式具有自洽性功能，人们才能凭它们去理解事物。原先不能理解的信息，用发生了顺应改变的新图式再去看，又可能自洽性通畅了，原信息被理解了。也正因为认知图式具有自洽性功能，人们就必然潜意识地倾向于有选择性地认知和理解事物，选择吸纳事物的一部分信息而拒绝接纳该事物的其他信息。各个工作图式都可能存在缺陷，所以人在判断时，常可能因犯证据错、依据错、论证过程错，而产生“误判”。

当认知图式的自洽性能力范围无法与确凿的事实信息相容时，人的认知痛点就出现了。各种认识之间不自洽导致的痛点，轻则使人莫衷一是、摇摆不定、将信将疑，重则使人走向非理性的偏激极端，例如为维护旧观念的自洽性而像“不看、不听、不说”的“三不猴”那样拒绝某些新信息，或采取双重标准方式看待信息。其实，此时正确的做法是，尊重事实，对搞不明白的问题下大力气去搞明白，探索并重建新的具有更大自洽性的认知图式。

历史上，罗马教廷迫害主张“日心说”的科学家哥白尼、伽利略、布鲁诺等人，是因为“日心说”动摇了其教义的自洽性，戳中了其教义体系的痛点，为捂住痛点就得封杀“日心说”及传播者。数百年后，罗马教廷又不得不为他们平反，是因为形势逼迫他们去寻找另一个解释体系来重建新的自洽性，否则这个认知痛点不仅捂不住，还会加剧扩大，使他们在崇尚科学的时代中丧失所有的光环。

我们对事物的理解倾向，不单是由基于智力因素的认知能力所决定，而且也会受到立场、利益、情感态度、面子、懒惰等非智力心理因素的影响，这些因素渗透在人的认知图式中，充当类似细胞膜壁或细胞质的作用。奥苏贝尔等心理学家恰恰忘记了后者。

理解的结果，是人对事物信息的概念认知产生了分化、泛化和类化，对事物背后隐藏的条理线索产生了判断。

分化，是认知到原属同类的事物之间的差异不同，而将已有观念、模型分裂为两种以上的观念，例如，对于“蘑菇”，当人意识到，食用有些蘑菇使人中毒，就产生“可食用蘑菇”和“不可食用蘑菇”的概念分化，出现概念形成，当人了解了识别多种不可食用蘑菇的特征后，就出现概念获得。

泛化，是不能分辨事物差别，而将有差别事物混淆为同类事物错误对待。

类化，是能够分辨事物差别，并能根据有差别事物的共同关键特征，将它们作为同类事物正确对待处理，类化也是在分化基础上的泛化。

理解的生理心理基础来自人类在进化史中形成的分化、泛化和类化的认知本能，也来自人类在进化中发展的自洽性。认知分化和类化的能力，是人类在外在环境压力和为适应外在复杂环境的内在自洽性需要推动下，形成的一种关键性能力。而这种认知能力的发展又推动了人的内在自洽性水平的更大发展。对于一个原始人来说，分辨不出隐藏在丛草中的猛虎，他就会有性命之忧，因而必须认知分化，以减少反应迟钝失误的致命性错误。认知不善于类化，人也会神经紧张兮兮，被认知负荷所累翻。人类理解事物的能力来自进化，来自生存环境的逼迫和人类适应环境的需要。人们每一次理解的结果都在推动认知更好地分化和类化。例如，对于冰和雪，阿拉伯人只有一个单词来描述，往往冰雪分不清楚；因纽特人却可以用四十多个单词来区分出不同厚度、颜色的冰。这是因为他们的生存环境使他们对冰和雪的认知分化、类化的需求大不相同。

发展变化的客观世界永远充满着矛盾。人类的主观世界只有正视矛盾，不断探索具有更大自洽性能力的认知图式，才能用之理解矛盾，进而解决矛盾。人的理解力的增长，表现为认知图式不断更新升级，图式的自洽性进一步提升。

第三节　学习机制假说

学习机制，就是关于“人是怎样学习的”的机理、原理，具体可以展开为“人是怎样感知知识技能”“人是怎样理解、迁移知识技能”“人是怎样记忆知识技能”等具体机理，再在这些具体机理上集成为总机理。

认识、思维和实践三种活动是人类基本活动形式。认识，就是人脑对客观事物的反映活动，有“客观改变主观”的性质。实践，是人以自己的意志改变客观事物的活动，有“主观改变客观”的性质。思维，是处理信息和意识的活动，有“主观改变主观”的性质，它可以独立存在，也可经常介入认识、实践活动。这三种基本活动渗透到人的一切行为活动中，成为人的一切行为的构成成分。学习也是认识、思维和实践的复合行为。

在学习中，认识成分占比最大，因此，学习是以认识为主，有“师从之心”倾向的活动。但不能说，学习唯一地受到认知的心理机制的支配，更不能说认知机制即是学习的机制。

从目前各相关学科的成果综合来看，学习机制可能有如下特点：

一、准备过程的心理机制主要是对象化、目标化、任务化

师从之心，来自人的内在需要，经对外在刺激信息对象化、目标化、任务化而发动，而清晰。

对象化，指一个东西成了人注意的对象（包括感知对象、思维对象、效法对象）的过程，有“指向、锁定、到达”的含义，而这也意味着对别的事物和活动要“离开、切换、转移注意”。这也是学习的“师从之心”萌生的第一步。没有对象化，学习就不可能展开，老师、教材和书籍等就还处于学习活动之外。

对象化是人的一种能力，它以人的注意力为基础，态度、情绪、思维方式也是它的重要参与因素。对象化能力强的人，表现在识别分辨力强、锁定对象快准牢，转移注意时又能大范围转移、快速灵活切换，大脑处理对象信息的速度更快、容量更大，在一个场合，他能敏锐细致地发现什么东西值得学、应当学，一下子就进入了准备学习状态中了。对于一个问题，他能觉察出其中的根本核心问题。而对象化能力差的人，还在懵里懵懂，意识不到一次又一次学习机会已擦肩而过，他注意不到许多值得注意的好东西，所以，学习差的人首先就输在对象化能力糟糕。

例如，看电视剧《亮剑》（李幼斌版）时，你注意到了什么？把什么当作了认知的对象？该剧呈现了抗日战争时期的某些特定场景、事件、人物及其故事。有人注意的对象是主人公李云龙的爱情故事，有人注意的对象是各种武器或武功。有人则把“亮剑精神”作为了注意和学习的对象。观众们的对象化能力宛若天壤之别，有的人的对象化能力简直就是垃圾级。

心理学认为，对象化的心理机制有“自下而上”和“自上而下”两种。“自下而上”的注意，是指因为外部事物特色鲜明的刺激信息，唤起了人感官本能的注意，再产生有意注意的意识。这是感官支配注意。“自上而下”则相反，是用人的意识支配自己去刻意注意什么，再调动感知器官去吸收外部对象信息，这是意识支配注意。学习天赋高的人，“自下而上”的注意力品质优秀，因而对象化能力一般较强。所有人通过训练“自上而下”的（意识支配注意）注意力，也均可提高对象化能力。

对象总是与其背景同时存在，人们只能从背景中识别对象并理解对象。如果对象在背景中突显，那么谁都可以容易识别出这个对象，进而对象化。而如果对象与纷繁杂乱的背景交织一起，那么这个对象就像穿上了迷彩服隐藏在树林里，识别出这个对象就不容易了。在教学中，教师的任务是铺设一个良好的背景（包括物理呈现背景、叙事背景、本质背景等）凸显出或故意掩蔽对象，去引导学生对象化，学生的任务则是在背景中正确地对象化。

怎样正确地对象化？办法就是先沉浸入对象情境，更多依靠“自上而下”的注意模式。

在对象化中，对象、背景、观察思考者的心理活动交融的状态，就是“对象情境”①。情境不等于由对象和背景构成的客观存在的实际物理场景，它还包含观察思考者心理上感知和反映出来的心理场景，是实际物理场景与心理感知反映场景的复合体，它是主客观交互的产物，不是纯客观或纯主观的存在，但人的心理活动可以使得情境逐步脱离实际物理场景，而只在心理中映现。不能沉浸于情境的对象化，也不能构成学习。也可以说，学习是在情境中的对象化中展开。学习者应训练好自己的沉浸入对象情境的能力、以意识支配注意的能力，进而提高对象化能力，这样，“师从之心”才会变得灵敏、清晰、精准。

例如，前面讲过一个知识点往往由“四维”组成，因此，你就可以训练自己有意识地用这四个维度去注意相关对象信息，这种训练可帮助你总能正确地对象化，防止注意疏忽，进而投入学习。

目标化，即一个东西成为你理想的、想要获取的对象的过程。这是对象化的进一步，是“师从之心”树立的第二步。

目标，是人心里期望“想得到”的念头，而这个心里念头指向的那个外物，就是目标物。所谓“目标”，是主客观两方面共同决定的产物，是从人的需要和估量实现它的可能性出发，形成的主客观心理交互产物。如果“目标”没有具体所指，它就只是一种需要。一旦“目标”锁定所指，就是需要的具体化，下了决心。清晰的目标，是对必须得到什么、可能得到什么、应当得到什么均有明确意识，划出了自己的底线并意识到相关行动标准。模糊的目标，则只意识到“想得到”什么。目标正确与否、清晰与否标志着目标化水平。目标化使学习者的“师从之心”开始坚定，并导致“目标情境”② 出现。

一般的认知，并不一定产生高水平的目标化。而在学习的认知中，却不可缺少高水平的目标化。

任务化，即一个东西成为你当前立即行动的目标的过程，也是各种行动前的物质资源条件准备、思想心理准备已陆续到位的过程。这是目标化向行动转变的进一步，“师从之心”彰显的第三步。

任务，不是一般的目标，而是必须马上、立即开始行动所指向的目标。不打算马上达成的目标，就仅是目标，还没有成为任务。任务化标志着学习的正式展开，它也标志着学习准备阶段基本结束，学习者步入任务情境③，初步拉开学习序幕。没有任务化，至少就没有高水平的学习。

---

① 对象化情境，是人对背景、对象的辨别意识构成的心理氛围。

② 目标情境，是人对目标内涵、价值、实现可能性的观察和评估意识构成的心理氛围。

③ 任务情境由对任务难易度、重要性、时效性的意识所构成，即难易、轻重、缓急的心理氛围。

成人学习者在繁杂的工作、交往和生活中，学习的对象化、目标化、任务化极易受到干扰，学习的对象情境、目标情境和任务情境难以清晰稳定，这导致他们的很多学习难以在充分准备基础上启动，学习准备水平不高。

“师从之心”的萌生、树立、彰显，根本上发源于人的内在需要。但内在需要不应是脱缰之马，任性乱逛，也应受到管理。首先，应保持求知欲、好奇心，否则，对象化、目标化、任务化就是无源之水。卡罗尔·德韦克说：“每个人在刚出生时都有着强烈的求知欲，婴儿每天都在拓展自己的技能，……他们从来不会说太难了，或者说这些技能根本不值得自己为之努力。婴儿不会担心自己犯错误或者丢脸，他们向前走，摔倒，再站起来，他们就这样跌跌撞撞地前行。”① 这是幼儿成长的关键，而有些人到了成年后，再也没有这样的求知欲和不怕失败丢脸的心态，他们认知的对象化、目标化、任务化不再敢于面对挑战，故而不再成长，未及年老，就已可怕地心智衰退。其次，学习者应在自己学习欲望中凸显中心需要，可以以问题为中心需要，可以以知识为中心需要，来发动自己的“师从之心”，形成正确、清晰的目标化和任务化。内在需要没有中心，会使注意力游移不定，导致学习效率、效果难以高效。

二、知会阶段的学习机制主要是认知图式的同化、顺应和平衡

皮亚杰提出“同化、顺应、平衡”的认知心理机制的观点，被后来许多学者有选择地继承。“同化”，现指用认知图式去知觉和转换事物信息，并将事物信息吸收到已有认知图式中来。“顺应”，现指已有认知图式经过认知活动之后，发生改变，包括新建、增删、变形等改变。“平衡”，原指有机体为保持机体对环境的适应，而调节自身机能在新的适应需要水平上达成平衡，现在这一概念被一些学者弃用。

同化与顺应，在哲学上说，本质就是“改变它”和“改变我”。“山不到我这里来，我就到山那边去”②，“山到我这里来”是“它的改变”，“我到山那边去”是“我的改变”，这是我和山靠近的两种方式。“改变它”，即：使对象转换形式、切割或添加，使之便于被我所消化吸收，成为我的一部分。“改变我”，即：改变我自身的各种状态，以适应环境和新的任务。在认知中，“改变它”是用认知图式改变对象，吸收对象信息融入认知者的认知图式，“改变我”是改变认知者的认知图式。“平衡”，我们认为，在哲学、在认知科学上，仍然是存在的，它主要表现为根据监控评价机制来调节自身，以使需要与认知之间的矛盾失衡达成某一水平上可接受的

① ［美］卡罗尔·德韦克．终身成长［M］．楚祎楠，译．南昌：江西人民出版社，2017：20．

② 出自关于穆罕默德的一则典故。

动态平衡。

同化，是因为新信息的内在意义与某个工作图式的内在意义之间构成自洽性的共存与联结。顺应，是因为新信息与认知图式之间尖锐对立的矛盾，产生了重建有更大自洽性的认知图式的需求，进而推动认知者修改、重构原有认知图式的心理尝试，包括采用分化、类化原有图式并加以试错的方式，终而获得自洽性令人满意的新认知图式。新图式可以是对旧图式的部分或全面扬弃，例如原有观念或模型的修改、知觉重组、图式重新分类等。顺应，可使人不断更新认知图式版本，形成更精确水平的分化和类化能力。

同化与顺应不是同一层次上对称的——如同作用力与反作用力那样伴生的心理机制。负责同化和顺应的大脑功能区也不相同。一般来说，顺应相对更困难一些，这在思想僵化的认知者身上尤其明显。同化与顺应可同时也可先后异步发生，奥苏贝尔认为这两者必然同时自然、对称发生的观点，很可能是错误的。

学习的知会阶段心理机制是同化、顺应、平衡三者几乎同时并行的机制。我们认为，它具体表现为：

（一）同化，遵循“采集-转换-评价（自洽）”的基本步骤

布鲁纳将学习的同化心理机制描述为采集（acquisition）、转换（transformation）和评价（evaluation），这三者差不多同时发生。[①] 我们基本认同他的说法。

1. 采集：即感知新学习材料信息。信息采集主要活动是用“完形”进行信息知觉。“完形”，是以韦特默为代表的格式塔心理学派提出的概念。人总是将对象按照一个有意义、有组织的、趋向完整的整体去知觉，而不是将对象知觉为零碎部分拼凑的无结构集合。这种知觉中有意义、有组织的、趋向完整的整体，称为“完形”。我们认为，“完形”即我们所说的“对象化图式”。格式塔心理学派认为，学习即知觉重组，也就是用新的“完形”重新知觉对象事物。他们认为，通过知觉重组，用一种新的“完形”来看待整个对象，就可能突然顿悟到问题解决的方法。用“认知锥”说来看，知觉重组对认知帮助极大，但“学习即知觉重组”也太过夸张。

2. 转换：即自动或主动按照模型转换加工对象信息的活动。一方面，它是人脑将感知信息自动转换为生物电信号、内部图式和语言的功能；另一方面，它是有意识借助各种模型（如数学表述、形象表述）主动加工运算信息，使信息显露关键特质。

---

① ［美］杰罗姆S布鲁纳．教育过程［M］．上海师范大学外国教育研究室，译．上海：上海人民出版社，1973：5.

主动转换，都是基于模型。没有模型，就没法有意且合理地转换信息。例如，别人问你"123×678=?"，如果你懂得乘法口诀和乘法规则，用它作为模型，你就能正确报出答数，如果你能用珠心算的口诀模型，则会更快捷地报出答数。在转换信息形式的活动中，你内心会不停意识"算对了吗""能算出来吗"，这是评价（自洽）机制介入和帮助你的转换活动。

转换过程往往含有试错。试错（trial-and-error），就是将对象视为"黑箱"，通过改变对该"黑箱"的输入参数，观察该"黑箱"的反应输出信息，从而判断"黑箱"内部运行规则和规律的方法。试错好比我们拿一大把钥匙，寻找能开门锁的那把钥匙。试错活动的过程一般是"猜想-验证-思维-巩固"。各种猜想选项的设计和轮番验证，是加工信息形式转换的重要方式。

思维敏捷的人，往往表现得心理运算速度快。更深入地说，是因为他们在猜想选项、组织验证、分析原因、巩固知识的各个环节上的能力较强，有自己的特别"算法"，并非盲目、机械地逐个选项地试错。思维不够敏捷的人，可能是因为注意力、记忆力、心算力等智力水平较差，也可能是因为"算法"原始、低级。

3. 评价（自洽）：评价，是将掌握的信息与某种标准图式进行比较而得出的结论，是人们进行判断和控制决策的基础。认知中的评价，都是有自洽性的评价，评价目的、标准、对象之间总是倾向于保持自洽的，否则，就没法评价。它指导信息采集、转换，发挥认知活动司令部的作用。它伴随有内心感受和情感体验。自洽性良好的评价，伴随的是确信感，甚至还有兴奋感。自洽性不良的评价，伴随的是怀疑、不确信感。人的内心评价活动，常有"评价失灵"和"评价盲区"现象，这是由于掌握信息不及时、不准确，标准图式模糊不清或内容缺失，评价结果不被内心所确信、不被使用等问题所导致。拥有良好评价标准图式，就等于拥有了高效学习的一项基础条件。评价标准图式缺陷多，没法顺利学习。

（二）顺应，遵循"冲突-解释-调节"的心理步骤

1. 冲突，即新观念与新观念之间、新观念与已有观念之间、已有观念与已有观念之间出现不能自洽的矛盾现象问题。认知者反复调换自己的已有认知图式，都不足以消除这种矛盾冲突，到了这样的程度时，冲突就危及人的自洽性体系全，引发排除差异的认知需求。

2. 解释，即分析不能自洽的原因，或给出猜想假说并进行验证。解释，具有定向作用，决定人是否顺应、怎样顺应。如果人解释所看到的那个造成矛盾的"事实"是假的或偶然的，他就不会去修改自己的认知图式。如果人认为不能自洽的痛感是可以用办法去延缓或降低，他也不会下决心对原有认知图式进行大修大补式的

调整。

3. 调节，即对已有观念、模型存在的冲突问题，按照所验证过的猜想纠正其错误，或进一步分化或类化已有观念、模型，形成新的或有所变化的认知图式。

阻碍认知者心理顺应的最大因素，莫过于傲慢和僵化。傲慢和僵化使人在冲突面前，以歪曲事实、漠视矛盾等解释手法，选择拒不调节已有认知图式的道路。当人们为傲慢和僵化付出其难以承受的代价而不得不收敛时，认知顺应的道路才能敞开。

（三）平衡，有“两阶段”心理步骤

平衡，指牵引相互关联的各因素向某一方向、在某一水平上保持和谐一致性的倾向。在变化的信息环境、人的需要、认知行为（同化与顺应）之间，总是处于“平衡、失衡、重建平衡”的循环往复中。认知平衡，包括三个层次，一是人为适应环境而在自身内发生的平衡，二是人的内心需要适应认知行为、认知行为适应需要的平衡，三是认知行为中同化与顺应之间的协同作业的平衡。平衡机制说明了为什么有时我们会启动学习、停止学习、用这样那样的方式去学习以及发生学习转向。

认知需要与认知行为必须相互适应。需要命令行为启停或转向，认知行为就相应启停或转向。认知行为及结果反馈要求需要压缩、改变，需要就相应压缩、改变。它们相互适应，是你说服我，我服从你，还是我说服你，你服从我，还是双方各让一步，这就由平衡机制来仲裁。同化与顺应之间，是用同化方式认知信息，还是用顺应方式认知信息，是“改变它”多一点，还是“改变我”多一点，这也由平衡机制来仲裁。作为仲裁官的平衡机制，在潜意识中倾向于按“最省力”原则来仲裁，在理性中多倾向于按“最佳性价比”原则来仲裁。仲裁之后，各方就暂时消除了矛盾，相互协同开来。

人自身可以意识到这种平衡过程和结果。人对环境的感知、内心需要的萌动、对认知行为及结果的觉察和评估，综合汇集而成的心理状态，就像镜子一样，几乎反射出认知平衡过程和结果。这种综合心态，只有一个词汇可以描述，它就是“心理期望”或“自我期望”。如果我们强调它的关于作出下一步反应的倾向性意图这个内容时，“期望”就意指“希望”。如果我们强调它的关于对环境的感知、对认知行为及结果的评估这个内容时，“期望”意指“效能感”“底气、信心”。

松树在冬季的耐寒能力可达－30℃，但在夏季，若某天气温突然下降到－8℃，它就会很快冻死。这是因为它在适应冬季常温的水平上向－30℃去适应时，顺应难度不大，自身平衡得了。而从适应夏季常温的水平上向－8℃去适应时，顺应难度

急剧增大，以致没法平衡，松树自身的防御与适应体系崩溃。这说明，系统内在平衡机制失灵时，全系统就一起完蛋。认知心理中的平衡机制也同理，也如同仲裁官不仲裁了，一时有矛盾的各方自然乱了套，系统“死机”。

平衡机制运作的一种典型样式，是“两阶段”递进。在认知中，第一阶段是“找到路径”，即在需要达到某目的但不知通往目的的路径之时，人心理上产生的克服困难、探明路径的自我平衡命令。顽强克难前行，是人的认知行为和需要在高水平上的平衡协同。若遭受困难太大、挫折太多，人也可能会心灰意冷地放弃探索，这是向低水平平衡。

第二阶段是“简化路径”，即需要达到某目的又已知通往目的的路径之时，人心理上产生的简化环节，降低精力成本去达目的的自我平衡命令。在此命令下，人的认知行为和需要协同起来，表现为对一部分路径进行局部改进的努力行为。此阶段，若向低水平平衡，则会放弃改进，重走老路。

这两个阶段的平衡点、平衡水平是不一样的。前一阶段重在要效果，愿意多付成本，这是人们对待例外事务的心态。这一阶段易于产生认知分化。后一阶段重在要效率，不愿承担与之前相同的成本，这是人们对待例行事务的心态。这一阶段易于产生认知类化。

经历这“两阶段”之后，人们常会产生“路径依赖”，甚至产生“痼癖”，舒适区心态和恐慌区心态会潜意识地把平衡机制限制于低水平。

平衡机制表明，人的认知活动是按照“谨慎慢行”原则对待陌生的认知任务，按照“放心快行”的原则对待熟悉的认知任务的。这是两种不同的认知模式。在陌生、复杂、缺乏安全感的情况下，想按下“认知快进键”其实是很难的。要快，必须先做到基本熟悉，否则想快也快不了多少。平衡机制还说明，认知效果并非单一地由人的认知能力所决定，也会受平衡水平的影响，特别是人的意志力的影响。

三、操习阶段的遗忘、神经抑制心理机制

操习（包括复习、练习等），既可“防御”——防止不利的遗忘和神经抑制，巩固和活化所学知识技能，又可“进攻”——深化、升华所学知识技能，把已有的知识从一维变四维、片面变全面、复杂变简便、知晓变熟练、无序变有序、模仿变创新。对于操习阶段的心理机制，有很多问题目前尚无成熟结论，例如，对灵感、顿悟、效能感等心理机制我们仍知之不详。我们已有较多了解的只是遗忘与神经抑制机制。

遗忘和抑制，也是人生理心理的保护机制。如果一个人所记忆的东西从不遗忘，累积的记忆负荷就会足以将人压垮，如果人的神经总是兴奋不停，他也会不得

安宁。但不该遗忘的却遗忘了，该兴奋、激活的时刻被抑制得呆板了，这是人们不想要的。遗忘和神经抑制的心理机制自动支配着学习者的学习成果保有量。遗忘以“前忘快后忘慢”的规律展开。神经抑制由学习前后事件的前摄抑制或后摄抑制展开。读者可从学习心理学书籍中详见介绍。

以桑代克为代表的行为主义提供的某些学习定律，可作为对付不良遗忘和抑制的一种解决方案。一是练习律①，即“用进废退”规律，指练习越多，联结越牢固；练习越少，联结越不稳定，趋于遗忘。多练习，导致错误的反应减少、正确的反应增多，最后变成只有正确反应，而无错误反应。外语教师常说学外语经验，就是“多听、多背、多说、多练”，体育老师也将“多练”作为学习心经，这与练习律讲的都是一个意思，也即熟能生巧，越用越活，生疏不得。二是效果律，其内容是说，学习的结果若能得到强化，即得到令人愉快的奖赏，则习得的联结就能越发巩固，反之则被削弱。学习中把大目标划分为若干小目标，把复杂任务划分为若干小步骤，可使自我强化点增多，促进学习。

四、学习水平等级的划分

由于人的认知平衡心理机制的作用，人自身的各种期望会驱动着自身的认知行为朝着所期望的水平去运作，学习的水平也会在平衡机制影响下落实于某一实现水平。这样一来，经过准备、知会、操习三个阶段，学习者可形成一定的掌握水平。学习的掌握水平，大约可分为有所了解、记忆接受、理解或熟练、工具与迁移、创新五个水平等级，这也是学习的五个层次或境界。

（1）有所了解。即对对象材料信息有所知觉，对其面貌轮廓有所印象。

（2）记忆接受。即对对象材料的轮廓信息和重要信息有所吸收，对其重要信息能够复述。

（3）理解或熟练。理解，是指对知识对象的认知产生足够数量和精度的分化（根据差别性而区别对待）和类化（根据相同性而作为一类事物对待），或者明晰对象背后隐藏的条理线索。熟练，是指对通过反复练习，使掌握的技能达到自动化反应水平，或对“产生式”程序性知识掌握得足够细致、准确和比较快捷。

（4）工具与迁移。工具指所学内容成了学习者自己能够自由运用和表达的工具，例如，能在各读、说、写情景中正确、自由运用的词汇，即“产出词汇”，是已成为学习者工具的词汇，而仅能辨认、猜出其意思的词汇量，还不能说是工具。外语学习若达不到工具水平，就仍算不上高手。迁移指在理解的基础上，形成基于

---

① 汪凤炎，燕良轼．教育心理学新编［M］．广州：暨南大学出版社，2006．154．

分化的类化，能够对具有关键相同性的同类事物进行相同一致的反应，能举一反三、运用灵活。

（5）创新，是指在同一认知图式迁移范围上创新或在新认知图式上有所创建，发展自己的策略性知识。

学习标准可以按照学习的水平等级来设定。标准应从自己的基础情况和需要出发来适度、适用地确定。标准定得过高，会太过辛苦；定得过低，会本领不足，对学习者都不利。

根据上述学习心理机制，学习者应掌握的实操要点是：在准备阶段，注意对自己对象化、目标化、任务化心理活动进行及时观察和评价，做好学习前各项准备，尤其是心态调整和切换。在知会阶段，努力提高自己的“信息采集效率”，设法找到良好的思考和运算模型、媒介，善于设计和组织试错活动，减少“评价盲区”和“评价失灵”问题。在操习阶段，应把学习的大部分精力放在此阶段，按照遗忘规律安排操习并勤于操习，探索在学习中自我强化的方法。全程应“快”“慢”有序，努力将自己的“认知锥”建造并磨砺得更加坚固、锋利。

第四章　学习要素

本书实质上论证了“555”式的通用学习系统模型。第五章所述的“学习轮”（准备-预习-解习-复习-整理）是学习系统的5个时序刻度，本章所述的“学习要素”（心态、前态、行态、客态、场态）是学习系统的5个空域刻度，如图4.1所示。第三章所述的学习水平等级标准（有所了解、记忆接受、理解或熟练、工具与迁移、创新）是学习系统的5个质量刻度。学习系统以建设良好“认知锥”为核心。该“555”模型，在指导成人学习者自主分析和改进自己的学习系统时，具有极大解释说服力。

学习要素，是指学习活动中具有控制作用或重大影响的基本因素。具体来说，它们是心态、前态、行态、客态和场态。心态是总控室、司令部，前态是基础和保障部，行态是工作部、战斗队，客态是对象，场态是条件，不同质量的各要素相互匹配，构建出千姿百态的各种学习现象。它们共同决定学习的效率、效果和效益。

要想胜任高标准的学习，就必须使自己的学习要素质量良好并达成良好相互匹配。由此还可进入学习的“良性循环”。否则，就如同机器中的齿轮啮合不良，嘎吱作响，恶性循环，直至停转或崩溃。

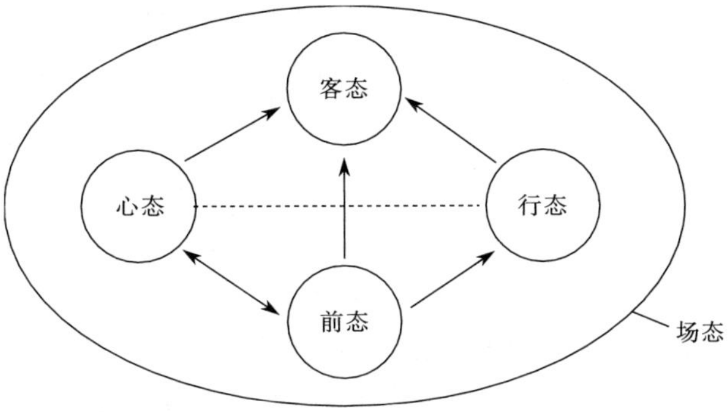

图4.1　学习要素

第一节　学习者心态

学习者心态，指在学习事先、事中、事后，影响学习活动动力、方向的多种心理因素的总和，是一种多层次复杂心理结构。学习者心态对于学习能力的发挥，具有极大的促进或抑制作用。事先、事中心态，表现为选择心态。事后心态，主要是归因心理及其情绪。

我们把心态结构分为三个层次，其第一层次是浅显层，主要是“自我期望”和“心理压力”因素。它们是动机的功能表现和作用。第二层次是次深层，主要是动机本身的运作过程，其中有意识和潜意识的评价机制，对动机起到了极为关键的作用。第三层次是深层，主要有惯性、欲望、需要、自我效能感、态度、兴趣、理想、价值观、相关经验、思维模式等复杂心理因素，它们影响和支持动机的运行，是动机运行的土壤和前提条件。

成人的学习心态，常受未觉悟、知而不行、心理倦怠、浮躁四大问题的困扰。

未觉悟，就是未意识到自己的使命、价值和正确的进取方向。未觉悟的成人，一种是“无知型”，本来知识少、能力低，反而觉得自己知识够用、能力很强，高估自己的知识和能力水平，鄙视专家、高手的知识和能力，以“那有什么用”的偏见来嘲讽、羞辱高手，显示自己处在更加优越的地位上。还有一种是“自卑自抑型”，是神经反应属于自我压抑或自卑感强类型，不易兴奋或觉得自己努力也没有什么用，找不到有效的发展之路，干脆放弃努力。他们大多属于心智未开的“巨婴”，或者属于先天不足或自幼遭受心理创伤而发育停滞的“巨婴”。

知而不行，有六种表现：一是知应学而不开始学，藏书束之高阁，最后当废品卖掉；二是知有好的学习方法却不用，仍使用落后低效方法去学；三是知有好资源而不用，周边的图书馆、讲座从未去过或很少去过；四是知有漏洞错误而不补漏纠错；五是知时间宝贵而常糟蹋时间；六是知环境重要而不主动创设良好的学习环境。知而不行的原因，一般主要是自律自控能力差或拖延症所致。知而不行的结果是学习上几乎无进度可言。

心理倦怠，是人对长期单调、紧张、厌烦的工作产生的疲劳厌倦，自我期望低级化的心理疾病。轻度倦怠，常表现为“模式切换难”，即人从自己所沉浸的工作、交往、学习、休息、娱乐等行为模式，向计划的下一个模式转换时，有的人由于外在干扰或由于内在情绪难以驾驭，不能很快结束前一个模式、发动后一个行为模式。“想学没时间，有时间没心情”，学习常拖延，计划常泡汤。中度倦怠，表现是人常心烦意乱、思维缓慢、不堪学习辛劳。重度倦怠，表现为神经衰弱等病态。

浮躁，是静不下心来，急功近利，只想立竿见影、一口吃成胖子。浮躁心态的主要原因，是想得到的太多，愿付出的太少。

在学习心态上，要解决这些问题，就应：

一、重塑志向志气，唤醒学习进取意识和“师从之心”

未成年人的学习，主要是跟随教育者和教科书，为发展基础能力、掌握基本知识而学，“兴趣驱动”极为重要。成人的学习，主要是自主地为当前发展特种能力素质、解决实际问题并创造价值的需要而学，“责任与抱负驱动”占比更高。“兴趣是最好的老师”，这话没有错，但兴趣并非是“唯一的老师”。成人的学习实际上大量由“责任与抱负驱动”。因此，成人学习必须关注志向的建构与重构。

中国古代学者把立志视为为学之要。志向，包含了“我应干成什么事、成为什么人”的自我期许，反映着人对某种成功的渴望。没有渴望感的“志向”，并非真志向。志向是影响学习中自我要求、标准和期望的总开关，是学习者心态的深层基石，是学习态度和学习目标选择的依据。你只需自问，我的渴望是什么、我的“心气”朝哪里，你就知道你的志向是什么、在何方。

志贵专一，如同放大镜在阳光下聚焦于一点，这个点上就可有点燃纸片的能量。不能聚焦的志向，能量小得可忽略不计。志贵坚定，坚定之志是有志气支持的志向。“气”散无力，就不会有真志向。若志向和志气构成的内在精神力量，大得足以征服外在压力干扰和自身惰性，牢牢控制自己行为的支配权，那么获得成功人生的概率就较高。如果你曾因花心而熄灭了自己的“渴望”、因怯懦而消解了自己的志气，那么你的失败不冤。当你已再也没有什么“渴望”之时，你就与“心死”无异。

志向是用来统帅知行的，因而志向分为求知之志与实践之志，两者相辅相成。求知之志，若落实在“师从之心”的修炼上，则志向就会有具体的内涵。凡认为自己学不学已无关紧要、学不进了的人，求知之志就会基本熄火。“师从之心”关闭了大门，接下来，实践之志向也必定飞不高远。千万莫信“月过十五光明少，人到中年万事休”的丧气话，要让志向“春蚕到死丝方尽，蜡炬成灰泪始干”。

二、坚持培育优良的自律自控能力

自律，是坚守规矩规则（尤其是底线规定）的限制性活动，以“不许”为特征，主要针对自己的行为（包括言语行为）表现。自控，是坚守目的目标及其策略的调节性活动，以“必达”为特征，而不一定在意某种规矩规则是否坚守，主要针对自己的行为动作、思想、态度、感受等状态。有时，这两者是一致的，维护了规矩规则，就等于维护了目的目标，实现目的目标，就必须以维护规矩规则来保障。但有时，这两者未必存在明显的一致性。

（一）自律自控的作用

自律自控，在坚持执行计划、改变不良陋习、抵御诱惑干扰、权衡行为模式切换时机、改善注意力等方面，作用重大，有助于人们解决知而不行以及倦怠问题。

许多成人烦恼多，而且经济、家庭条件越差的，越是烦恼多。他们要以娱乐安抚当下的烦恼酸楚，有时无暇顾及长远的学习成长需要，无力扛住学习中自律自控的经常性负荷。还有一些散漫随性的人，放纵自己，“跟着本能走”，天天被低层次欲望纠缠而浪费时间，在恶性循环的陷阱中人生抱负不断缩水，成就渺小。

有的人却有习惯性、高水平的自律自控力，即使在复杂情况下，依然能在多领域保持自己的定力，因而步入成就天天向上、雄心愈涨愈高的良性循环。

韩国“学习大王”朴哲范认为“意志力是人与人之间的重大差别之一”[①]。我们认为，人的自律自控能力，是人坚持高水平认知努力的保障，是人的发展活力的一种本质表现，因而它才会成为人与人之间拉开成就差距的关键因素。

美国心理学家曾做过一项实验，在幼儿园发放小甜饼时，告诉儿童，如果他们能够留着，在15分钟内不吃，就可以再给他们发第二块。心理学家对被试跟踪观察了数十年，发现当年那些能够忍住在15分钟后才吃小甜饼的孩子，比忍不到1分钟就吃完了小甜饼的孩子，长大后，在美国高考（SAT）的考试成绩平均高出210分。这些孩子，有的属于意志力较坚强，有的属于从小就掌握了转移注意力以摆脱诱惑刺激的方法。这个实验证明，自律自控能力发育较早、较好的幼儿，大概率具有更大的发展空间和更高的发展水平。

成人的成长，始于自身的自律自控意识的觉醒，表现在自律自控能力的增长。自律自控，看似“自带枷锁”，实则“涡轮增压”，带来解放。有人认为，自律自控也可能压抑人的创造力、想象力，随性的懒人也可以产生许多好点子和新发明。其实，自律自控，只要不是用来抑制灵感，就能助人取得更大的创造性成果。

（二）自律自控的类型划分

战场上不怕牺牲、顽强战斗的英雄，未必都能经受住糖衣炮弹的诱惑；不惧强敌的好汉，也有的因“怕打针”而失态。可见，自律自控能力有类型之分。

---

① ［韩］朴哲范．一日学习法［M］．鲁可，译．桂林：漓江出版社，2010.

有的人善于“破”（破除旧习）但拙于“立”（确立新规）；有的人善于“立”而拙于“破”；少数人才能“破立兼备”——革故鼎新的力度速度超强。“破”“立”“破立兼备”是三种自律自控能力类型。

“守规矩规则”与“守目的目标策略”也是两种自律自控能力类型。通往目的地的道路很多，“守规矩规则”是坚持某条道路，“守目的目标策略”是坚往目的地而不拘泥于既定道路。前者如视清规戒律大于天的苦行僧，后者似“酒肉穿肠过，佛祖心中留”的少林武僧，戒荤的佛规可破，“普度众生”的佛念不丢。

自律自控还有“灵巧力型”“持久力型”“爆发力型”三种类型。

持久力型的自律自控，是在长年累月的磨难中能始终如一地坚守一种信仰或标准模式，忍常人不能忍之苦，以锲而不舍的精神执着前行，从不动摇、永不言败、永不放弃。大器晚成者最需要这种能力。

爆发力型的自律自控，是在面临高强度大考验时果敢破立，改变不良模式的力度狠，纠错改错时有“壮士断腕、刮骨疗毒”般的无惧无畏，与时俱进时敢于激流勇进。由此取得“士别三日，刮目相待”般的进步。

灵巧力型的自律自控，是身处复杂险恶环境能收放自如、变化迅速。该动时，动如脱兔，该静时，静若处女，行为模式切换快；常常前瞻地启动自律自控，扼杀不良行为于萌芽。坚持良好行为时，能化苦为乐、以苦为乐。应对难题时，举重若轻。灵巧力型自律自控是持久力型、爆发力型的重要补充。

（三）自律自控水平的评价标准

一个人的自律自控能力水平，与个人生理发育成熟度、基因遗传、性格、成长的家庭环境、社会文化环境有关。人脑中的前额叶（位于额头后方）、眼窝前额皮质（位于眼睛正后方）和前扣带回，负有控制专注力、权衡利弊、抑制欲望和情绪的功能。有的人直到25岁，这些部位才缓慢发育成熟。这些脑部位运转时，调动大脑几乎所有的核心功能同时一起地进行高级精神活动。自律自控过程是一个很劳神、高耗能的“自我损耗”过程，很多人无法承受这种高耗能而疲惫地“熄火”退出，心理意志能量不够，因而懒得自律、难以自控，甚至无法长时间专注一事。

自律自控，以意志力为根本核心，还融入了智力、知识技能和“逆商”等元素，一般按照“标准与指令-行动-自我监控与评价-调节与处理”的“四步走”程序而展开。意志力专指为实现一定目标，克服困难和干扰的能力。自律自控比单纯的意志力有更多内涵。能吃大苦、耐大劳，算意志力强；能在吃大苦、耐大劳之时，还能不以劳苦为苦，甚至还能以苦为乐，才算自律自控强。

意志力的作用方式是“硬扛”，在面临诱惑时，它以“忍”的方式克制欲望，通过切断其动力源，来制止不该有的行为；在面临困难时，它以“挺”的意志临时替代其动力，来维持应该有的行为。意志力的大小，以克服困难的难度和持久性两项指标来衡量。

但对于人自认（确认）不可能完成的任务，意志力并不起作用。没有信心和底气的意志力，无法持久。

自律自控的能力水平，是以所克服困难的难度性、果决性、持久性、灵巧精确性四项指标来衡量。灵巧精确性，指善于想办法以“变”来降低或消除困难的难度等级，或者通过调动新的兴趣、动机等积极心理体验来改变“吃力度”的方式，实施精确度要求极高的行为。某些初认为不可完成的任务，经灵巧精确性变换之后，就可能变成能够完成的任务，使人不难胜任。

唯有意志坚强又灵巧的人，自律自控水平才可能达到最高境界。

（四）自律自控在学习中的难点与窍门

在学习上，自律自控主要是一种计划、自我纪律的执行力，主要对手是自己的“懒心、迷茫心、贪心、畏惧心、倦怠心”等。自行检查自律自控能力，可使用如下的直观指标：看关键性的计划时间号令是否准点响应，当计划任务规定的时点已到，行动是否立即应点、切换是否迅速；看计划完成质量是否达到底线标准要求，是敷衍了事、自找借口逃离还是不打折扣地完成；看自己是否时刻有清晰的“三步式”自我行为指导意识——“我现在正在做什么，下一步还要做什么，再下一步还做什么”的意识。

成人学习中最容易发生自律自控能力失控、乏力的时刻，一是在外在压力轻微且舒适的环境中，懒心、迷茫心滋长，自我行为指导意识迷航，时间管理松懈，造成拖延且最后未按计划响应时间号令。二是在必须连续执行一个又一个任务或者同时应对多项任务的压力较大的环境中，倦怠心、畏惧心陡升，自我行为指导意识在压力下崩溃，守不住计划。尤其是出现“高原现象”时——看不到进展、成效，就似艰辛跋涉在望不见尽头的崎岖长路上的那种感觉。三是诱惑突如其来的时刻，分不清机遇还是陷阱，一念之差把持不住贪心，自律自控自动完全缴械。这就是成人学习上自律自控的三个难点。有研究表明，大学三四年级学生的自律自控能力比大学一二年级普遍有所下降。这种下降的原因，主要在于倦怠、自满等消极心理感受滋生，导致心理意志能量减弱。这种下降的结果，标志着他们成长减速，甚至放弃了本可达到的更高的成长高度。

提升自律自控能力，窍门之一就在于从控制调整自己的心理感受入手，培育自己的心理意志能量。人的心理感受经常错误反映现实。消极的心理感受（例如畏难、疲倦、悲观等）总是使人难以坚持既定目标任务，若转变为积极的心理感受（例如有趣、轻松、乐观），则可使人朝着目标再前进一步。

我们就此提出三项建议：一是学习者要坚决保持“三步式”自我行为指导意识。二是要学会用自我劝诱术改变自己的消极心理感受，说服自己，不断鼓舞自己的心理意志能量。三是修养“忏悔心”——反省认错、感到痛心并决心改正的心理素质。人皆有失律失控的时候，忏悔心使人严格、深刻反省自己，奋起纠错。忏悔心是成人学习成长的一项关键性素质。许多成人的忏悔心麻木，导致只能惯性行动、错误屡犯，而难以继续成长。

在学习过程中有意识修炼自律自控能力，得到的是一种可迁移的间接收获，它可以迁移到工作、生活、交往的多领域去发挥作用，进而提升人生成就。这种学习过程性价值毫不亚于学习结果性收获。

三、学会自我劝诱和快乐学习

“缘脑”说[①]认为，人的大脑在进化中先后形成脑干、缘脑、皮层。缘脑支配感觉、情绪，负责保持心理动态平衡，保护身心健康和安全，其工作原理是将新信息与已有经验进行对比分析。若同类信息曾带来积极愉快的影响，就会允许新信息传递到大脑皮层去进一步加工处理，并为大脑皮层加工该信息提供心理动力；若同类信息曾有失败、痛苦经历，则缘脑就自动拦截这一新信息，不让它送至皮层有关区域去加工处理，即使送达到皮层相关区域，缘脑也不会为信息加工活动提供动力。弗洛伊德的压抑理论认为，人的大脑存在自我防御机制，它通过阻止不愉快的记忆内容进入意识，以避免再次发生不愉快的情绪体验。

这就是说，人脑中有一个信息“看门人”，只让快乐信息通过，不许痛苦信息通过。人们都讨厌别人的“乌鸦嘴”，这也是信息“看门人”在发威。

尽管学习常常意味着艰辛的劳动，但我们需要劝诱自己的“缘脑”：学习是一件快乐的事情。我们平时应刻意记住学习有收获时的喜悦，漠视且淡化学习的艰辛。在进入学习模式时，告诉“缘脑”，前一模式已经结束且付出了代价，前一阶段的惯性、余兴必须终结了，将开启的下一个学习模式是令自己得到补偿和快乐的活动。学习任务一点也不难，只要为之作好准备并迈出第一步就算成功了，就可证明自己的毅力了。当你迈出了学习的第一步，你就再次劝诱“缘脑”，第一步太好了、太过瘾了，再开始第二步吧。如此自我劝诱“缘脑”批准学习行为，当你开始沉浸于学习模式中时，就发现自己已经完成学习计划，且余兴未了。

---

① ［德］克里斯蒂安·格吕宁．超级快速阅读［M］．赫湉，译．北京：中信出版社，2011：6-9．

我们提倡“快乐学习”，用快乐、积极心态去扭转痛苦感受，达到化苦为乐、以苦为乐，具体是指：一方面，有意告诫自己学习是快乐的、有用的，利用“缘脑”说进行自我劝诱，使“缘脑”接受学习会使自己快乐的意识，减少信息“看门人”阻拦通行，并产生对快乐学习的自我期望；另一方面，将长期的学习目标切割成若干具体可检查的子目标，将学习的子目标切割成按天可完成可检查的学习任务，将每次安排的学习任务，切割成有较大把握可完成的学习步骤，坚持“小步快走”，让每一小步都易胜而不难；学习后选准“强化点”去赞美、犒劳自己，为那份喜悦鼓劲加油。如此下来，可促使学习者在这种自我期望中真的进入快乐学习模式。

四、学会按“客观积极”原则进行学习评价

内心的评价活动，影响着我们的动机和能力发挥水平。因此，学习者应学会用“客观积极”的方式去进行评价。凡是实事求是、正视现实问题并符合实际的，就是客观的。客观的评价结果才会具有可信性。凡是能使自己方向明晰、信心满满、斗志昂扬的，就是积极的。积极的评价才能为自己鼓劲。主观的评价，缺乏对自我的说服力。消极的评价，则会造成自我压抑、自我设限。所以，客观但消极、主观但积极或者又主观又消极的评价方式，都不是好的评价方式。

事后归因，也应遵循“客观积极”原则。每一段学习的结果都会有优劣成败，你对其原因的认识，就是心理学所说的“归因”。许多人归因时，要么从自己努力、注意、能力、心境等内在因素上找原因，要么从他人、环境、障碍、任务难度等外部因素上找原因，以及从运气、手气这种偶然和不可控因素上找原因。如果错误地归因，就会导致不利后果，要么被胜利冲昏头脑，以为自己本事天下无敌，变得狂妄、自满；要么被失败挫伤，认为都是别人的错、环境的错，或者认为自己愚笨不能胜任任务，变得偏执、暴躁、自卑、胆怯。这些错误归因都会损伤新一轮学习的心态。

正确归因，就是既客观又积极地归因。客观归因，就是要找出学习优劣成败的真实原因，准确地认识改变存在问题的前进方向，而不是凭主观感觉的、偏离真相的归因，不能自己骗自己。积极归因，就是归因得出的结论应有正能量，使自己保持热情和干劲，而不是产生消沉、绝望、压抑的情绪。

客观积极归因的方法，是成功时要看到自己的不足，失败时要看到自己的成绩和亮点。优点要归因，缺点也要归因。一次考试不及格令人沮丧，但你要看到你并非什么都不懂，总有做得好的部分。学习的结果不如意，但你在学习过程的表现也可能存在“闪光点”。既要正视缺点和不足，也不要老是盯着缺点看，要看到自己

的成绩和优点。

失败时归因，尤其要从努力不够、方法不佳两个因素上找原因；

成功时归因，应把原因归结于努力大、方法好、有毅力、很细心、有创意、态度好、合作精神强、勇气足、信用好、选择明智等“强化点”。要珍惜自己的学习小成绩，珍惜自己学习成功体验并不断积累这些好体验。尤其在困难的时候，每当学习取得一点小进步，就要对自己的这个“闪光点”自我欣赏，找出其背后的“强化点”自我强化，为自己的进步加油鼓劲。

敢于尝试和折腾，加上客观积极心态，就可助人不断成长和成功。这种心态也是一种思维模式，如果要给这种思维模式起一个名字，美国人卡罗尔·德韦克称它为“成长型思维模式”，我们称它为“客观积极型思维模式”。

五、用积极的心理自我暗示来提高学习质量

明代大学者王阳明，年轻时学习毛笔书法，他采用的办法是，首先用心揣摩字帖上字的结构和运笔方法，做到闭上眼睛时，脑中也能浮现出字帖上的字，然后运笔写出，再将自己写的字与字帖对照，检讨原因，加以改进，每天如此练习。结果，在不足半年的时间中，他的书法水平就在京城青少年中名列前茅，受到专家赞誉。[1]

“期望有多深，结果就有多好”的现象，被称为“皮格马利翁效应”。社会生活中发生的大量真实故事案例，以及现代科学家所进行的一些相关心理实验，证明了自我期望，可产生巨大的实现作用。

这种积极的自我心理暗示，实际上来自自我期望的力量。自我期望，是人根据对自身行为的目标、效果、标准的估量，对于将要发生的自主行为，形成对结果和过程效能的预见以及自我暗示。

一般来说：自我期望值＝目标重要性估值×实现可能性估值。人的潜意识中对目标重要性、实现可能性的评价估值，未必正确和积极，因此，时常需要在理性层面反复多次对目标重要性、实现可能性进行客观积极的评价，来调节自己的自我期望值。越是好事，就越要高估值。学习者应采取“期望先行”的心态调节法，临事先使自己的自我期望清晰、膨胀起来，再投入学习。没有清晰、高昂的自我期望，先不要急于开始学习，先做深呼吸、走动或运动一下、静坐冥想，直至内心期望大改变，再来学习。这样学习质量会更高。通过自我训练，学习者可很快形成“期望先行”的良好自我心理暗示能力。

---

① 方国根. 王阳明评传——心学巨擘［M］. 南宁：广西教育出版社，1996：12.

但人的心理压力，也会造成不良的心理暗示。心理压力，来自动机中对危害、失败等负面价值和时间紧迫性的评估，表现为对可能遭受失败的恐惧、对任务难度、对时间期限的恐慌。压力适宜时，心理压力是动力，也是很好的“压舱石”。在学习中，心理压力过大过沉，就会刻意压缩自己感知和思维的运作时间。当一个人预期自己的实现能力难以保证达到想得到且必须得到的东西时，心理压力往往会突然变大和恶化。一些学习者在大考试、比赛中往往因心理压力过大而失常。考试中遇到一个不适应的情况，都可能使人对自身能力产生怀疑和不自信。心理压力过小，就会失去对自己感知和思维的控制精度、强度，遇到意料之外的困难会有措手不及之感，这也导致学习效果不良。

心理压力过大，往往具有破坏性甚至摧毁性。1967 年，美国心理学家塞利格曼进行了著名的“习得无助”实验。[①] 他们将一条狗关在金属丝笼子里，笼子后面有门但拴紧，只要电铃一响，实验人员就给金属丝笼子通电，狗所接触的金属丝给狗带来电击的剧痛，狗在笼子里无论如何移动挣扎都难逃电击，直至狗被电击得倒地抽搐、口吐白沫。如此反复多次，让狗习得了“无处可逃、无法脱困、无济于事”的无助感。然后，实验人员将笼子后门暗中松开，让电铃发出响声，但不给笼子通电，结果，这条狗一听到电铃响声，反应是，立马倒地抽搐，没有任何之前出现的试图挣扎逃走的行为。人们在分析这个“习得无助”的实验结果时，往往认为，狗在无法摆脱电击痛苦的处境中产生了绝望，绝望导致它放弃了逃脱的本能，动物心理压力恶化到摧垮其本能反应。所谓绝望，其实是自我期望降到了零点，预期不能得到，以致不敢想得到，连必须得到的目标也放弃。

一位研究人员将跳蚤装在倒扣在桌面上的玻璃杯中，拍打桌面，跳蚤受惊吓而本能地跳跃起来，结果撞在玻璃杯底部，显然感到了疼痛。如此，反反复复地拍打桌面，激起跳蚤一次又一次跳起、碰撞、摔下。最后，研究人员换成了更高的玻璃杯，放入这只跳蚤，倒扣在桌面上，又开始拍打桌面，结果这只跳蚤跳起的高度，总是低于以前那个较低的玻璃杯高度。它不再跳得以前那么高了，它设定了自己的跳起限高。这种“自我设限”，其实是一种程度较轻的“习得无助”。

人类也存在“习得无助”和“自我设限”的类似现象，“一回被蛇咬，十年怕井绳”“风声鹤唳，草木皆兵”也是这种心理。其心理机制很可能是：痛苦和失败的经验通过心理压力给人的自我期望带来压抑，并暗示自己降低其行为反应水平。人们常说“你觉得自己行，就真的行；你觉得自己不行，就真的不行”，是有一定道理的。据网络媒体报道，女生伍某 1994 年曾以 692 分的高考高分考入中国人民

① “习得性无助”词条［EB/DL］. 360 百科.

大学，毕业十多年后却成为农村低保户。该生参加研究生考试、公务员考试、大公司员工入职考试均面试失败，便南下打工，在工厂与一男人相识结婚并生一女儿。后发现她男人出轨，便离婚，携子回到自己老家的贫困村。后来又与村里一小学文化的男人结婚，再生五个孩子。她一直在家带孩子，没有工作收入，全家开支靠她男人外出打工的收入远远不够，因此成了村里的低保户。[①] 这位名校毕业女生，因多次遭受失败挫折，人生目标不断“缩水”，最终沦落为低保户，就是“习得无助”“自我设限”的反映。一些成人在儿童和少年的学习经历中，长期受到重大而痛苦的挫伤，每逢考试就没有如意过，被家长骂、被老师和同学瞧不起，几乎没人认为他“会读书”，包括他自己也这样认为，结果他慢慢变成了“习得无助”和“自我设限”，真的变成了“不会读书”，自嘲是“屌丝”，学习目标不断缩水。不通过打几次胜仗来改变这种自我期望，他的学习，就无法改进和取得成功，他必须完成这场自我救赎，才能从根本上走出心理阴影。

一般来说：心理压力值＝后果严重性估值×实现可能性估值×任务紧迫性估值

同样地，越是困难大、挫折大，对它们就越要低估值。这样，学习者可通过训练评价估值的修正方法，找到快捷调节心理压力的办法，在一定程度和范围内抑制不良的自我心理暗示。

六、努力进入“忘我”学习状态

学习者心态调整的最高境界，是把心态调节到“忘我”状态。它是孔子“发愤忘食，乐以忘忧，不知老之将至”的状态，它是心理学家米哈里·契克森米哈顿所讲的“心流效应”。[②] 在这种状态中，人脑自动高度专注、高度活跃，效率奇高，几乎不被干扰。这就等于心态开上了“快车道”。米哈里·契克森米哈顿谈到了达成“心流效应”的各种条件，其中包括只有当任务的挑战性与实际能力相符时，才会出现“心流效应”。他相信只要能力符合任务难度，任何人都可进入理想的心流状态。然而，有的成人，只是在游戏中体验过“忘我”的“心流效应”，在学习中还从未有过类似体验。这意味着，有些成人学习者的学习心态，从未或很少调节到优良水平。解决这个问题，必须先从前态与客态良好匹配入手，再逐步训练和掌握心态调节术。

---

① 王军荣．人大毕业生成低保户再次证明素质培养重要性［EB/DL］．东方网，2017-5-28，10：14：26.

② ［德］克里斯蒂安·格吕宁．超级快速阅读［M］．赫湉，译．北京：中信出版社，2011：75-77.

第二节　学习者前态

学习者前态，指学习者在开始新的学习任务之前所具有的已有知识经验基础条件（前知态）、学习者具有的学习能力（前能态）以及体力生理状态（前体态）的总和。

一、已有知识经验（前知态）的管理与运用

已有知识经验对于学习极为重要。奥苏贝尔说过“如果要我只用一句话说明教育心理学的要义，我认为影响学生学习的首要因素，是他的先备知识”。[①] 学习者所理解到的新知识，总是从他的已有知识经验出发的，甚至他有什么样的已有知识经验，就会有什么样的对新知识的理解。“他已知道什么，就决定他能学到什么”，这是现代学习心理学各流派的共同中心思想和理论精华所在。因此，计划学习的新知识内容，必须处于学习者已有知识经验水平可以容纳、理解的范围之内。

建构主义学习学还认为，学习者已有知识经验及认知结构在学习新知识时，不但具有“脚手架”作用，而且会影响到学习者建构自己独特的新意义。新知识被各人学习的结果如同“橘生淮南则为橘，生于淮北则为枳”。有一个建构主义经典寓言说：“有一条鱼，它很想了解陆地上发生的事，却无法登陆去看。它的青蛙朋友把陆地上的景象告诉它，讲到了人、鸟、牛。于是，鱼根据青蛙的描述形成了对陆地的印象：人是用尾巴走路的鱼，鸟是长着翅膀的鱼，牛是长着乳房的鱼”。[②] 这个寓言形象地表达了“他已知道什么，决定他所学到东西的样式面貌特点”这层意思。我们觉得这个寓言，特能说明已有知识经验对“认知锥”的对象化图式的固化影响。

人只能整合自己原有的知识经验来理解新知识。一个缺乏基础数学知识的学习者在学习高等数学时，有“如读天书”之感，就是源于前知态太差。如果学习者缺乏合适的前知态，其学习就会变成机械学习、低效学习，而不能进行意义学习。

因此，我们的调节前态的学习策略就应是：

（一）注重夯实知识经验基础

应力求依托已有知识经验基础优势开展学习，如果没有基础优势，就应先回到

① 汪凤炎，燕良轼．教育心理学新编［M］．广州：暨南大学出版社，2006．214．

② 汪凤炎，燕良轼．教育心理学新编［M］．广州：暨南大学出版社，2006．231．

基础，来增强已有知识经验的数量和质量，进而增进学习领悟力。如果学习者在新学习过程中感觉吃力，那十有八九是已有知识经验有缺陷，这时，就不要硬着头皮往下学，而应先把前知态的漏洞补好，再继续前进。

可以完全退回到基础，例如，想学高等数学，但连初等数学都不懂，那么强行学高等数学还不如先退下来，重新学习初等数学知识，学成了再去学高等数学。看一部 30 集的电视连续剧，若你从第 15 集开始看，就很难看懂这部电视剧并看出味道，你不妨从第 1 集看起，就容易多了。

可以边学边补，即在按计划正常学习之中，对不理解、不了解的知识概念、不熟悉的技能操作，进行针对性的“恶补”，哪里不懂就补习哪里。互联网提供的各种知识链接服务，为学习者实行边学边补带来了极大便利。例如，阅读一篇英文，很多地方你搞不懂、似懂非懂，怎么办？你应先对不认识或记忆模糊的单词、词组去搜索词典，对不了解或记忆模糊的语法，去链接一下语法教材。这就是边学边补基础。这样，你可以读懂的文本内容就越来越多，而且还在此过程中掌握了一批单词、词组和语法，再往下读也就越来越轻松。不过，如果你英语还没有入门，读此英文文本 90％以上都不认识，那就别勉强往下读，否则，学习就差不多变成研究了。

（二）注重整理、优化和维护自己的知识结构

已有知识经验，不光有数量、质量问题，还有结构问题，它们对知识经验的运用都具有影响。如果不去主动合理整理自己的知识结构，而只凭记忆机能自然组织，则已有知识经验的应用的灵活性就只有自然水平，常常难免出现要用时想不起来、回忆不全、不能灵活运用的“惰性”。

个人知识结构（即认知图式）具有微结构、中结构和宏结构。

微结构，即对知识点由内涵、前提（适用范围）、正反案例（证据）、用途用法构成的“四维”的认知。知识的碎片化，在微结构上，就是只掌握了部分成分，而未掌握全部成分，致使知识点微结构薄弱、畸形。

中结构，包括关于某一门学科的基本结构（即由基本问题、基本概念、基本原理、基本方法为框架）的陈述性知识群；关于解决典型问题的程序性知识群；关于理解、记忆上述知识的策略性知识群。它们涉及“认知锥”中的加工模型、辅助知识、对象化处理和评价控制的认知图式。

宏结构，即各类各种知识的深度、广度和相互辅助关系。专业知识深度不足的，称“扁平型”“低矮型”结构，此结构使人难以成为专业人才和业务骨干；知识“单调型”结构，使人应对多领域事务的能力不足。知识“单调型”结构的人，

很难学好文科，因为文科有“文史哲不分家”的说法。较好的个人知识宏结构，是“王”字形，即上面一横代表哲学知识，中间一横代表方法论知识，下面一横代表各类具体知识技能，中间一竖代表有深度的专业知识。这种宏结构使人的知识素养深、广、活，是知识结构中的“高富帅、白富美”。

经过优化的已有知识经验，比结构混乱无序的知识经验，更能促进新学习中的同化和顺应，并能灵活运用。整理和优化已有知识经验的办法是“盘点、概述、补短板”。查微结构是否具有完整性和多向检索性，能否从多种线索可检索到需用的知识点。查中结构、宏结构是否切中学理（学科知识内在联系）、脉络清晰、高屋建瓴。

遗忘会带来知识的“结构塌陷”，甚至因“年久失修”而残破不堪使用。对付它的办法，有“用时再修”“定期维修”和“预防性维修”等。对于专业领域基本功性质的已有知识，应定期维修、常修不懈、常修常新，如同艺人、武人练功不辍。对非基本功性质且无用武之地的知识，可“不用则不修”。

（三）已有知识经验应与新学习任务的难度水平相适应

有什么水平的已有知识经验，就只能胜任什么水平的学习难度。因此，学习者应量体裁衣确定自己的学习目标和任务，不可好大喜功、贪多求快，每次任务的设定，都应使自己“跳起来可摘到桃子”，学习又好又快的秘诀，就在于一次不要学得太多、太难，坚持“小步快走”。

二、个体学习能力（前能态）的调节与训练

学习除取决于已有知识经验形成的“认知锥”作用之外，也取决于由注意力、观察力、记忆力、运算力、思维力、语言能力等构成的学习能力。

学习能力，是以可塑性为生理基础、以基本智能为心理基础，在态度、动机影响下，在学习活动中掌握所学知识技能的特种能力。在学习过程中，它表现为操控各学习要素的能力；在学习结果上，它表现为掌握所学对象化知识技能的速度和质量。

可塑性，是大脑神经快速形成突触和回路的能力。一般来说，青少年的可塑性比中老年人要好，因而学习更快，这是因为衰老使得人逐步丧失稳定的突触和回路。但在专业领域长期专攻的人，专业学习可塑性受到衰老而萎缩的影响相对要小，有研究发现，演奏家的听觉皮层比无器乐演奏经验的人扩大了25%，扩大的程度与人开始练习器乐演奏的年龄有关。练得越久，听觉皮层越发达，越是衰退慢。

可见，专业学习的可塑性与“用进废退”有关。[①]

基本智能，按照美国心理学家雷蒙德·卡特尔的说法，分为晶体智力和流体智力。晶体智力，是通过学习和经验积累而形成的认知能力，包括语言文字能力、判断力、联想力等，随着人的年龄增长，人的晶体智力处于不断上升状态。流体智力，是生理基础决定的认知能力，包括知觉、记忆、运算速度、推理能力等，人一般在 20 岁～28 岁间流体智力达到顶峰，30 岁之后，流体智力随年龄老化而不断衰退。正如计算机 CPU 功能不行，但通过软件改进亦可有所提速。流体智力一定时，晶体智力的提升，就可提升总智力水平。流体智力除开生理上向顶峰发展期的提升，一般很难提升。流体智力特别高的人，例如，有的人可做到过目不忘、过目成诵，学习起来就自然轻松，还拿高分，一般人只能望其项背。没有这种本事，也不必自惭形秽、妄自菲薄，与其去羡慕嫉妒恨，不如去专心埋头于发展自己的晶体智力，实实在在地把自己这块料打造得更好一点。

当晶体智力的发展量超过了流体智力的衰退量时，人的总智力是提升的。但当晶体智力的发展量低于流体智力的衰退量时，人的总智力是退步的。所以，人的年纪越大，实际上越应多学习。《终身成长》一书的作者卡罗尔·德韦克认为，“相信自己的才能是一成不变的——也就是固定型的思维模式”[②]，而成长型思维模式是“建立在这样一种理念上：你的基本能力是可以通过你的努力来培养的”[③]。唯有成长型思维模式才能助人成长。我们基本认可她的观点，但更主张在唯物主义立场上，理性看待人的智力发展的客观规律，防止落入“只要积极努力，就可使能力无限增长、获得无限成就”的唯心主义误区。人的成长，表现为总智力的发展，这就要求晶体智力的发展量必须超过流体智力的衰退量。

心理学家斯腾伯格则认为，使人成功的智力，仅是分析性、创造性、实践性三种智力处于协调、平衡状态时的总和智力，没有任何单一智力能保证人的成功。与其追求智力提升，不如追求此三种智力均衡。以目标为导向并积极行动、灵活运用已有知识经验，可实现这种均衡，助人达成最大的成功。他所说的智力，近乎智慧。追求智慧当然比追求智力更有意义。坚持理论与实践相结合、学习与创新相结合，直奔成功，反而成长更快、成就更高，还能促使智力发展最充分、最协调。

按照霍华德·加德纳的多元智能理论，基本智能则由语言、逻辑和数学、空间、肢体动作、音乐、人际、内省、自然探索、生存等九种能力构成，不同的人由于基因天赋、幼儿时期的开发训练的差异，而各有优势和不足。人在学习中的认知

---

① 王亚鹏，董奇．基于脑的教育：神经科学研究对教育的启示［J］．教育研究，2010 年第 11 期．

② ［美］卡罗尔·德韦克．终身成长［M］．楚祎楠，译．南昌：江西人民出版社，2017：6．

③ ［美］卡罗尔·德韦克．终身成长［M］．楚祎楠，译．南昌：江西人民出版社，2017：7．

编码方式是按照优势智能所擅长的形式来进行的，人的最大发展空间也在于其优势智能领域。这个理论，启发人们去认识和发扬自己智能的比较优势。

成人对于自己的基本智能，正确的态度和策略是：(1) 正视现实，维护好自己的流体智力。要培养和发展流体智力，几乎不太可能。靠科技手段将人脑结构变为“云脑”结构，或许可以达到此目标，但也会使人异化为怪物。不过，要毁掉基本智能却很容易，一次或数次“习得无助”事件经历、创伤性等神经疾病，就可以使得其基本智能被压抑而长久失常。成人基本智能与其说是发展问题，不如说更现实的是保护和维护问题。(2) 积极发展晶体智力，以弥补流体智力不足，或促进流体智力的配套需求。发展人的晶体智力，必须强调发展的力度和速度。(3) 聚焦于成功，均衡开展分析性、创造性、实践性智力活动，在结合上下功夫，且注意坚持发挥自身的智能优势，补必要的知识技能短板，对自己的智能短板不必心心念念。

心理学家发现，通过训练提升人的元认知能力，也能促进人的学习能力。

元认知，指对认知活动本身进行体验、调控的活动，是对认知的认知。元认知不同于认知。例如，在进行算术心算的过程中，运用运算法则加工操作的活动是认知，而对于这一心算过程各环节“这里算错了吗?”“为什么会出错?”的意识和评价活动则是元认知。认知相当于工作队、战斗队，元认知相当于前者的司令部、监察部。实质上，学习的评价心理机制、“认知锥”的控制模式就是以元认知为核心展开的。Swanson 等人实验了元认知能力的作用，他们将学生按照元认知能力、认知能力高低水平分为四组，即高元认知-高能力倾向组、高元认知-低能力倾向组、低元认知-高能力倾向组、低元认知-低能力倾向组，他们发现，学生学习成绩由高至低的排列顺序正是上述顺序，凡是高元认知的学生均比低元认知的学生的成绩更好，高元认知但认知能力较低的学生，比低元认知但认知能力较高的学生成绩更好。他们由此得出元认知可弥补一般基本智能差距和不足的结论。[①] 这一实验有力地证明了“笨鸟先飞”“勤能补拙”的一个重要原因——通过刻苦勤奋努力，使得元认知能力和控制模式变得敏锐精确，可导致学习成绩极大飞跃。而若元认知的敏锐精确度没有提升，则仍是低元认知与笨拙智能的组合，没法出彩。

如何通过训练元认知，来提升学习能力，在目前，还未探索到科学有效的具体方法。

笔者认为，学习者训练提升元认知能力的方式，可以从以下三个方面入手：

一是形成对自身感知和思维活动的细微观察与监视习惯。每隔一段时间，对自己的某个学习项目的行为和思想过程进行一次记录，逐渐引导自己更加敏锐觉察自

---

① “元认知”词条［EB/DL］. 豆丁网.

身学习的行为特点、规律。

二是扭住心理评价环节，努力发现更多更好的“认知参照物”来改进自己的各种判断标准，增强评价客观准确性、情绪积极性、快捷性，减少“评价失灵”“评价盲区”。经济学家发现口红的销量、用电量可预示经济景气，榨菜的销量可反映一个地区制造业的繁华度。这些是经济学家的“认知参照物”。元认知评价也需要大量的此类“评价参照物”，越是发现更多更新的参照物，越有利于我们建立心理评价标准。汽车司机经过一段时间在高速公路上的高速驾车体验后，开车速度就会自然比平时快，这是心理评价标准更新的“高速公路效应”，我们在学习中也可运用此类效应来改善自己的学习评价标准。此外，坚持自我评价的程序化训练，也有利于增强元认知能力，即时常以“我正在做什么”“我所做对不对（快不快、好不好）、为什么”“我应如何改进做法”三大问题为牵引，使自己有序地进行意识觉察、评价、判断的内心活动，达到元认知习惯化活跃。这 What-Why-How 三大自问似乎是唤醒元认知的魔咒。

三是对自己的学习过程进行检查和反思。通过事后“复盘”、反思，去发现自己当时是怎么想的，为何没有想到另一种思路，如何改进，把改进措施进行验证。要经常浏览自己以前的学习笔记、作业以及所学的材料，将新的知识经验与之前所学知识进行连接，通过发现更多的客态特点规律，也可提升自己对特定客态认知活动的元认知水平。

三、体力精力状态（前体态）的管控

人的体力精力是波动式运动的，体质决定其平均的自然水平。休息、运动对疲劳的消除或引起，决定其特定时刻的具体状态水平。有些学习高手体力精力过人，但有的学习者则多靠毅力才能勉强维持，这是体质上的差别。

如果身体已经疲劳或趋于疲劳，那么就可能连简单的学习任务，都无法胜任。高强度学习对学习者身心能量的消耗非常大，有时超过 2 小时学习时间之后，边际学习效果就开始递减，所以专家建议学习者将学习时间分割多个时间段，例如 20 分钟为一个时间段，各时间段之间穿插一个短暂的小休息或轮换学习方式和内容，以使学习者身心不至于太疲劳。

根据人的生物钟规律，一天之中的各个时段实际上“含金量”不同，精力充沛、学习效率高、不易疲倦的时段是“黄金时间”，依次还有“白银时间”“绿铜时间”。成人学习者应维护好自己的生物钟规律，努力避免它发生紊乱无序的情况，同时应至少做到用好“黄金时间”和“白银时间”，而不浪费这些宝贵时段。高水平学习者，有的将睡眠前、醒眠后的 10～30 分钟，有的将上午 10 点至 12 点之间的时间作为“黄金时间”，来用于重要记忆学习任务或高强度的重要学习任务。同时，保持一天7～7.5小时睡眠、中午短暂小睡的习惯，以维持一天中学习时所需的体力精力。一些习惯不良的学习者，经常通宵达旦地超负荷娱乐或做其他事情，睡眠时间不够，导致学习时，体力精力不佳，支撑不住，学习效率、效果下降。一些成人学习者，一开始学习就很快昏昏欲睡，一离开学习便“满血复活”、生龙活虎，这种现象有兴趣偏好、学习态度等方面的心理原因，也可能有体质不胜任中等强度或高强度学习任务的原因。如果是后一种原因，则最好请教医师，按照其指导自行进行调养。饮食和体育运动，也应注意。多数学习高手具有经常进行体育锻炼的特点，例如古代的孔夫子、当代的钟南山院士等大批学问家都是“体育达人”。而缺乏体育锻炼的人，学习时常久坐而有头脑缺氧感，学习效率难提升。

第三节　学习者行态

学习要实干加巧干。干的样式状态就是行态。学习者行态，指学习者进行新学习的过程中，大脑信息加工行为的状态以及学习行为体现的努力程度、学习策略、学习方法、学习习惯。

学习者行态的作用，一是直接加工，即通过感知、理解、记忆、思维等在脑内加工信息的活动，使外在的学习对象内容内化为学习者自己的知识。二是辅助加工，指通过学习过程中收集、手写、口诵等可外显的动作，使信息加工得以顺利进行。三是调节加工，即组织起各阶段或环节中的检查反馈活动，并根据反馈信息，对信息加工、辅助加工活动的方式方法进行调节和切换，其中包括休息、睡眠活动。

学习行态是在学习情境中展开的。学习情境[①]，是由学习者当场感知接受的对象与背景信息、从自己已有知识经验临场提取的部分信息、思维加工形成的新信息以及当前环境信息（含干扰信息）所共同组成的信息场，伴有情感体验。大脑工作记忆区，是情境展开的主战场，外在场景、情景只是诱因。在情境中，看听到的信息居于主导地位，激活的已有知识经验信息、新想到的信息是情境产物。情境的作用，包括调频、聚焦、屏蔽，使人锁定目标、集聚身心能量、屏蔽无关信息，专心致志高效进行思维加工活动。学习情境杂乱不纯，或偏离目标，都会导致学习低效。

---

① 注：情境，不是情景、场景，而是主客观的交互体，主要是主体心理上对情景、场景的当即反映和反应。

我们将学习行为从多角度划分。按照学习阶段，分为准备行为、知会行为、操习行为，或者准备、预习、解习、复习、整理行为。按照学习功能，分为认知行为、反馈评价行为、辅助行为等。

一般来说，学习行态应：

一、遵循和用好学习规律

学习规律主要包括：

（一）迁移律

学习者先后进行的多种学习之间会产生相互影响。如果这种影响，是促进作用，则称迁移，它包括前面的学习对后面的学习产生促进作用，或者后面的学习对前面的学习产生促进作用。先后进行的学习，也可能产生干扰作用，也可能既无促进也无干扰，这分别称为负迁移、零迁移。产生学习迁移的条件是：掌握知识的原理原则、掌握技能的产生式（即“如果，那么”句型的知识）。[①] 推理、类比、概括思维，尤其是力求掌握“模型”的意识，有利于知识、技能学习的迁移。达到这些条件，迁移能力可大增。

（二）联系律

学习者对于新知识信息的理解和记忆，是通过激活和提取自己已有知识经验中的关联信息、模型信息、策略方法信息、情感态度信息等，与新知识信息相匹配联系，形成自洽性、一致性的脉络而完成，这种脉络即是联系，其中比较稳定的联系称“关系”。活跃的、多样化的主动联想，易较快找到建立自洽性、一致性的脉络通道，能激活记忆所需的编码、理解所需的工作图式。新知识与已有知识之间的联系越多，则新知识越容易被理解和记忆。可以说，这种联系决定理解和记忆水平。它一靠知识信息点数量足够充分，二靠联想思维力的充分发挥。缺其一，联系就建立不起来，就会导致思维常“想不到”、理解不了。学习中，联系多就等于从多方面围攻新知识点，有以多打少的优势。

（三）渐进律

从学习中获得的专业能力，并不随着学习时间的推进而自然直线上升，而是台

① 汪凤炎，燕良轼．教育心理学新编［M］．广州：暨南大学出版社，2006．297．

阶式上升。① 如图4.2所示。在某一时间段，专业能力水平不会随着学习而上升，甚至有时还会略有下降。这段时间，是学习的枯燥、无感期，也是能力的积累期。积累到某个时点，能力便会跳跃性上升。

图4.2　学习者专业能力的发展示意图

学习能力也以相同方式发展。大量台阶期的存在，决定了学习在绝大多数时间，只能以“循序渐进”方式推进。循序渐进，就是一个台阶一个台阶地上升，步步为营地前进，目标任务的设定逐步增加难度，不做超越能力的事情。学习中自然会有各种难度的问题不期而遇，打得赢的就坚决猛打，打不赢的就先去创造好所需条件后再回头打它，这是对循序渐进规律的积极运用。

（四）极限律

在学习过程中，当新信息刺激以及由此导致的新加工信息负荷过多、过强、时间过久，超过学习者可承受的某种极限时，会引起学习者心理情绪烦躁甚至产生逆反心理。这种心理承压极限，即人的学习耐压“阈值”。不同学习者、不同学习项目，“阈值”不同。随着接近“阈值”，学习的边际效率下降，一旦越过该“阈值”极限，学习效率会“断崖式”下降。

学习者的学习“阈值”可通过训练、锻炼而改善和有所提高。“阈值”相对确定时，学习的强度、持续时间不应超过“阈值”，不应超极限、超疲劳、超健康底线地学习，应拒绝“头悬梁，锥刺股”的学习方式，要劳逸结合。

（五）组块与饱和律

大脑思维活动，是在大脑工作记忆区支持帮助下进行的，表现为大脑对工作记忆区的信息进行综合运算、处理和加工。工作记忆区信息容量和呈现信息的质量，决定大脑思维成果的质量。

---

① ［德］克里斯蒂安·格吕宁．超级快速阅读［M］．赫湉，译．北京：中信出版社，2011．4．21．

从工作记忆容量来说，心理学家认为一个人平均的工作记忆容量是 7±2 个信息单位，高者可达 9 个信息单位，低者仅有 5 个信息单位。每个信息加工单位，可以是一个组块、完形。瞬时可加工 9 个信息单位的信息加工能力，显然优于一次瞬时只能对 5 个信息单位进行处理的能力。可认为工作记忆容量大小是由人的智力结构决定的。

从工作记忆区呈现信息的质量来说，各种信息均以组块状呈现，构成思维的浅层。组块，即原先需要作为好几个认知或记忆单位的信息已合并成一个认知或记忆单位，例如，英语单词 the，对于新手是三个信息单位，分别是 t、h、e，在熟练掌握它之后，再去看 the，它整个就是一个信息单位（即一个组块）了，再无须拆解成数个来分别认知。在中国象棋中，“大刀剜心”棋招就是一个表象记忆组块。熟练的标志，是人心理中信息组块的扩大，即浓缩在组块内的信息量更多。

通过巧妙组织形成组块，尤其是借助视觉表象建构组块，并有意扩大组块，可导致学习效率、效果提升。这就是组块律。它说明，熟练了再往下走，是提升学习效率之道。

组块内部，信息逻辑联系合理，不含杂质、空白点、“夹生饭”，则组块质量高，有利于思维活动质量。组块之间，相互促进、较少干扰，则可使信息加工顺畅和高质量。若这些信息块杂乱无章，则信息加工质量较差。可认为工作记忆呈现质量主要是由人一贯形成的知识经验积累、情绪积累和当下努力所决定的。长期专注一个问题的心无杂念的“饱和攻击”式学习，最能取得学习成效。① 在一次学习中，工作记忆区瞬时信息容量越是专一饱和，学习效率、效果越好。这是饱和律。

（六）反馈评价律

学习者对自己当前心态、行态、前态所进行的自我意识、自我监督，是心理内部的自我反馈与评价活动。客态、场态提供的信息反馈评价，是学习者身外的外部反馈评价。内外反馈评价越是及时、准确、积极，越能指导学习者及时正确调节行态，促进学习者的学习效率、效果。

构建内外良好反馈评价系统，是不可忽视的任务。学习高手考试时，能较准确地估计出自己的考试成绩，多门成绩估分误差在十多分甚至几分之内，而学习低手不能准确估计出自己的成绩，多门成绩估分误差几十分甚至一百多分，这是由内在反馈评价能力以及元认知评价能力的高低差别所致。

---

① 杜向阳. 心灵控制术 [M]. 北京：电子工业出版社，2013：061、064、076. 其关于“知识铀块”的概念，表明专注、沉浸、饱和式的学习与思考最有利于学习者成为专家型人才。

二、分清低效努力与有效努力、间歇性努力与间断性努力

努力程度，是反映学习者在学习中的身心投入状态的概念，可用学习持续时间、用于学习的时间、次数、身心卷入程度（专注度、学习强度等）、学习速度等指标来测量。

学习者应当刻苦勤奋地学习，但这种刻苦勤奋是有效努力、间歇性努力时，努力程度才算足够好。

有效努力，是学有所获、学有所成的努力，低效努力则是学无所获、学无所成的努力。自由散漫的学习行为，多导致低效。“假努力”更导致低效。有的学习者连续几小时捧着书不放，看似很是努力，其实“元神出窍”“心不在焉”，翻来覆去地看书自己也不知在学什么，这是低效努力，是自己骗自己或做给他人看的，虽有学习之形，而无学习之质。造成努力低效的原因，是已有知识基础不牢或缺乏，无法领悟对象知识技能的内在脉络，或者缺乏学习的心向，注意力不专注。有效学习者并不是很紧张焦虑的样子，他们学习中适度紧张、又开心轻松。

间歇性努力，是在长期学习中，有张有弛、有节奏或规律的学习努力。表现为根据新学习任务延伸的需要，转换行为模式，或者在几个学习项目之间开展“轮学”的行为，学习启停有序，有时“趁热打铁”，有时“冷处理”，但在目的达到前不会撒手。间断性努力，是时冷时热、启停无序，三天打鱼两天晒网式的努力，不在乎目的能够实现和何时实现。间歇性努力，是达成有效努力的方式；间断性努力，则导致努力低效，无法在学习的马拉松长跑中获胜。

脑科学证明，人类大脑神经元突触工作时伴随有生物电现象，具有四种脑电波状态：一是β波（15～45赫兹），此时人处于清醒至紧张状态。二是α波（8～14赫兹），此时人处于清醒、冥思且放松的状态，或者人处于睡眠中的梦点状态，这个波段存在人的灵感点，容易爆发灵感；三是θ波（4～8赫兹），人处于半醒与睡意蒙眬之间的轻松状态。四是δ（4赫兹以下），人处于深度睡眠或无意识状态。目前，对在θ波状态下人能否学习还在继续探索中，在δ波状态下人能否学习仍不了解。天才人物的大脑工作习惯，往往使得其在α波段中的灵感点附近徘徊时间更长，而普通人大脑工作习惯往往使得其在α波段中灵感点附近徘徊时间短促，甚至一掠而过，患有失眠症、忧郁症的人则即使在α波段也常远离灵感点。[①]

对于β波状态下的学习，我国古代大学者朱熹提出了“着紧用力”原则，[②] 即

① 杜向阳．心灵控制术［M］．北京：电子工业出版社，2013：78．

② 参见本书第六章关于朱熹读书法一节。

正式学习必须快、猛、狠、准，排除干扰、一鼓作气，保持相对快速和较高强度的学习行为姿态。我们认为朱熹的该观点对于β波状态下的学习行为要求是合乎科学的，我们应把“着紧用力”作为快波学习的原则。

心理学家罗杰·斯佩里（Roger Sperry）认为，人脑每秒钟有意识处理的信息量可达到126个神经比特，而一般阅读活动中，学习者大脑仅需平均使用每秒约40神经比特的处理能力，这导致大脑信息处理能力有相当多的闲置。这些闲置的大脑资源就会被大脑自动用于其他地方去，进行与学习无关的胡思乱想，反而干扰了大脑在学习时的信息处理能力。[①] 这就是说，假定学习难度适中，则学习者正式学习的思维加工速度应当且可以达到平时速度的三倍，当没有达到这种三倍速时，学习者不仅损失效率，而且会反受其害。这个观点印证了朱熹关于“着紧用力”学习原则的合理性。

在α波状态下的学习，则需要采取另外一种学习行为策略。朱熹、陆九渊等人所说的“涵泳”的学习方式，即是这种状态下的一种学习方式。古今中外还有许多学者谈到沉思、冥想、静坐、边散步边思考等方式对于认知的好处。一些学者认为，在α波状态下，人的记忆力、专注力、创造力更容易被激发。波鸿鲁大学沃斯（Joachim Wirth）教授关于不设定详细学习目标的实验也证明，有时学习目标太多太明确时，会导致学习者认知负荷加大，无法自由采用多种学习策略去获得高质量的学习收获。[②] 可见，在α波状态下的学习行为应慢速、减少任务负荷。

在α波状态下的学习，若能触发灵感点，就可以成为高效的学习。但有的人在α波状态下学习，很快又离开α波，进入θ波、δ波状态，昏昏入睡，甚至很快深睡。其主要问题出在前态和心态。

学习者应采取快与慢两种打法组合的学习方式。该快时，主要是在预习、解习时，应“着紧用力”，果断干脆、做到快、猛、狠、准；该慢时，主要是在复习、重读时，应“涵泳”，轻松把玩式随意。

三、探索适合自己的有效学习策略和学习方法

学习策略，即学习者策略，是指学习者以“如何学更好”的知识和观念为基础，运用显意识支配、控制学习方法的更高层次的意识。学习策略与学习方法的关系，相当于足球“战术”与“技术”的关系。足球技术包括传球、运球、射门等技巧，学习方法与该技术类似；足球战术则是根据周围情况，选用足球技术或组合各

---

① ［德］克里斯蒂安·格吕宁．超级快速阅读［M］．赫湉，译．北京：中信出版社，2011：35.

② Admin．别搞太详细的计划［EB/DL］．道客巴巴 DOC88．com，2011-7-12 18：00.

种足球技术的方法，学习策略与该战术类似。也可以说，学习策略实质是学习方法的组合组织术（或意识）。策略的运用因事因人而异。

我们认为，学习策略，应根据学习要素划分为：心态类调控策略、前态类调控策略、行态类调控策略、客态类调控策略和场态类调控策略。

有以下四个关于学习行态策略和方法值得高度注意：

（一）反馈评价策略

反馈评价，是将已发生的学习行为结果信息，采集到评价中心，评价中心根据某种标准给出对学习行为的偏差予以评价，指导行为者调整行为的过程。凡是学习，都必须有反馈评价，而且反馈评价的及时性、准确性、积极性质量越高越好。"评价中心"有时由老师、教练等人承担，有时由学习者自行承担。反馈评价常常需要借助特殊仪器、设备等工具，有时仅借助经验和感官观察。试想一下，学习射击技能的人，如果他一枪打出去，但不知道是打准还是打偏，这样的无反馈评价的盲目学习，再多也不会有什么成效。有人告诉他"八环，偏左上""十环，正中"，他才能通过调整掌握射击要领。学习系统的反馈评价机制极为重要，凡是无反馈评价或者反馈评价质量低劣，都不构成良好学习系统。反馈评价，常常需要借助老师、教练等人的帮助，学习者的反馈评价策略包括主动争取、组织和利用高手、专家的反馈评价帮助的策略，是学习的基础性策略。

（二）合作学习行为策略

信息加工的渠道，有三种方式。第一种是脑内加工方式，即凭借人个体的思维加工能力、信息储藏能力和图式化的已有知识经验来进行加工。第二种是脑内加工与体外加工联合方式，即利用人的肢体动作、笔记、信息外在呈现和外在信息设备工具来配合信息加工活动。第三种是人际间联合加工，即通过合作学习，超越个体已有知识经验的不足，发挥群体各自的已有知识经验和思维能力优势，相互启发激发，取得更好的认知成果。尤其在复杂知识项目的学习上，更应发挥合作学习的优势。但合作学习的有效组织不易，容易偏题、低效，这就需要学习者具有合作学习的行为策略，善于提出问题、发现问题、取长补短、营造气氛、促进深入探讨。这种学习策略，超越了局限于个人的学习世界，在现代社会和当代技术条件下，已成为一种学习利器，值得学习者探索和揣摩。

（三）掌握新的有效学习方法

对于新的学习方法，既要抱有开放和虚心的态度，又不能盲目照搬，应在自己试用验证成功的基础上，吸收和改进这些新学习方法，使之为我所用。一般来说，不同的学习项目有不同的学习方法，不同的学习目的和标准有不同的学习方法，这需要学习者在进入新学习项目之时，同时注意向相关高手取真经、学方法，不可自以为是。成功者大多虚心学习和使用别人成功的方法，而不固执于自己的经验方法，不成功者则相反。好的学习方法，必然既有符合特定学习规律，又符合自己身心条件的“双符合”特点。别人的成功学习方法，如果自己不适应，这些方法就只能学到其表面，而不能学到其精髓。一些方法，只有具有相应基础功力，才可能真正掌握，这时，应注意先练好基本功，再学其方法，切忌在功力不足情况下，轻率否定好方法的先进性。掌握新的好学习方法，往往是与摈弃旧的落后方法、重新训练基本功相联系的，正因为一些成人学习者缺乏这些思想准备，所以，他们新方法学不会、学不好、也不习惯适应新方法。例如，一些中老年人擅长传统学习方法，但不善于运用电脑和互联网时代的学习技术及方法学习，难以与时俱进地改进自己的学习。

例如，据报刊报道，美国研究者从一项对小鼠跑步的研究得出猜想，学习前稍微运动一下，很可能提高学习效率；一周一次 4000 步的运动量或一次非正式的篮球赛，可促进海马体（负责学习和记忆的部位）中神经突触的增加。中国科学家尧德中等人以实验证明，莫扎特钢琴奏鸣曲 K448 可使听者（包括大鼠）的空间推理和记忆能力有所改善，可能是该曲节奏具有某种神奇力量，此称为“莫扎特效应”。[①] 这就产生了学习前先做简短激烈运动的准备行为方法，学习中听听莫扎特钢琴奏鸣曲 K448 的过程学习方法，它们是否灵验，各学习者可以自己试验并判断。

在大城市里、学校里，到处都有戴近视眼镜的人。很多学习者在长年学习中变得高度近视，眼镜片厚如酒瓶底，而学习并不怎么样。这种情况使得很多职业所需的合格从业者大为减少，是一种社会损伤。产生近视的根源，除了个体基因遗传问题外，主要是缺少室外自然光照和远眺活动。一些学习者眼卫生习惯不良，例如走路、乘车时埋头长时间看手机，有的学习方法不良，违反眼睛疲劳极限律。书能读得好、视力也能保护好的学习方法，当然是有的，就是每次用眼时，注意提升信息“采集效率”，眼到必心到，看一眼就记住重要的信息，避免重复多次的低效信息采集导致眼强迫疲劳，读书每隔一小时就到室外远眺 5 分钟。成人学习者应积极探索自己的“高效用眼学习法”。

---

① 张蕾. 行为科学研究表明：“莫扎特效应”可能藏在节奏中 [N]. 光明日报，2016-01-22.

（四）运用好迁移律的基本策略

学习迁移是知识技能“活性”（灵活运用性）的表现。例如，英语好的人去学法语比较容易，会开汽车的人学开三轮机动车也很快。人们所说的“以一知十”“触类旁通”也是一种学习迁移现象。优秀学习者学习迁移敏捷，差的学习者学习迁移很慢。根据“认知锥”理论，迁移主要取决于“模型意识”，找到了好的学习模型，就可大大增加人的学习迁移能力。要注意敏锐地发现学习和认知模型，花时间琢磨和研究模型，学习毛泽东那种从“只唱一出香山记”一语都能挖掘出工作方法（模型）的本领。

（五）培育良好的学习行为基础习惯

习惯的重要性众人皆知，习惯尤其影响适应和接受新的有效学习方法的能力，影响学习认知的速度和质量。良好的学习行为基础习惯是学习基本功的一项重要内容。我们列举十项成人良好学习行为基础习惯，供学习者参考：

（1）尊师习惯，保持较好师从之心，尊师但不迷信。

（2）计划习惯，善于安排资源并自律自控。

（3）准备习惯，越是重要的学习活动越是准备精心。

（4）倾听习惯，听、记、思协同作业，提升“理解率”和“记住率”。

（5）善问习惯，不懂就问、不耻下问、尽力发现和提出价值较高的问题。

（6）记录习惯，常做观察（包括自我观察）记录和统计。

（7）复习习惯，对以前所学内容常温故知新。

（8）质疑与验证习惯，竭己所能地思透、验证再确信新知识，抛弃错误的观念，坚持正确的观点。

（9）阅读习惯，保持经常、适度的知识、信息文本阅读量。

（10）整理和反思的习惯，井井有条地梳理知识，自行识错、纠错。

有一则寓言说：“一根铁杆费了九牛二虎之力也无法撬开门上的一把坚实的大锁，钥匙来了，钻进锁孔，只轻轻一转身，门锁就应声而开了。铁杆问：‘为什么我费了那么大的力气也开不了这门锁，而你却能轻而易举地把它打开？’钥匙回答说：‘因为我最了解它的心’”。什么是学习的“开锁的钥匙”？在一次学习中，“开锁的钥匙”是有效的学习策略与方法。而在长期学习中，“开锁的钥匙”则是良好学习习惯。哪些以错误的策略方法和不良的学习习惯进行学习的人，即使也曾流大汗、费大力地学，但都是“拿铁杆撬门”，甚至是拿插不进门锁的木棍去“撬门”，焉有不败之理。

第四节 学习客态

学习客态，例如老师、教科书等，是学习者打算效法的对象内容及其载体，是学习者“师从之心”所指向的对象的信息整体，也可称为“师”态。客态好不好，既取决于外部机遇，又取决于学习者自建。

学习客态是对象内容与载体的统一体，它如同“俄罗斯套娃”那样，外面的套娃是载体，装着里面的内容，里面的套娃又是一个载体，装着更里面的内容。例如，如果你今年只打算学高等数学，教师是数学老师老王，教材是李教授编写的《高等数学基础》，那么，在一次学习中，王老师讲的一堂课，该教材上的某个单元，就是你此次学习的客态。在中期学习中，“王老师的课＋李教授的《高等数学基础》教材”，就是你今年的学习客态。而在长期学习中，你的学习客态却是“高等数学”，“王老师的课＋李教授的《高等数学基础》教材”又只是这个客态的载体之一。王老师也可能还精通英语和绘画，但这些不是作为数学学习者的你想要的学习客态。

一、选好学习客态

如果老师、教材、学材可以由学习者自由选择，那么你应该按下列要点来选择客态。

（一）看水平和作用

要看客态能否提供好的效仿模板。

常言道“名师出高徒”，这是因为名师给学生提供的是一流的效法模板——高水平的、正确的知识技能和思想。好的老师、书籍等能使学习者少走弯路、更快更深掌握学习内容，良师常常是学习中的稀缺资源。不良的教师、书籍往往误人子弟，甚至害人不浅，是因为他们给学生提供的是三流的甚至错误的效法模板，跟他们学，今后再想改过来都难。老师和教材的专业水平、学术水平是否足够好、足够高，对学习具有决定性、源头性的影响。即使是自学者，也需要寻找和选择好的教材、榜样，它们也就是自学者的“老师”。

不仅要看客态的绝对水平，还要看客态是否与学习者的前态相匹配。“客态与前态必须相适应”是一条重要的学习规则，违反此规则，往往劳而无功。以数学教育为例，我国已故著名数学家陈景润的数学专业水平无疑是世界一流的，但若请陈景润先生去教中小学生，中小学生未必学得懂，未必会喜欢他当老师，他们会更喜欢普通水平的数学老师一些。若请陈先生去教研究生，那些研究生们就真是遇到了好老师、大名师了。清华北大的名师到幼儿园教小朋友，他们会是最棒的幼儿教师吗？八成不是。好老师只是相对于特定学习者前态水平而言的。

要看客态能否提供好的学习过程“脚手架”。

学习的过程是学习者掌握效法模板的理解、记忆过程。好老师应是最能引导学习者有效推进学习过程的人。如果老师循循善诱、耐心答疑解惑、教材通俗易懂，那么学起来就可又快又轻松。反之，学习就太劳神费力。有位教师学术水平不错，但就是操一口难懂古怪的乡音，许多学生听他讲“鸟语”要连猜带蒙，自然叫苦连天。这位老师肯定不是好的“脚手架”。看老师的教学方法、风格和能力，看教材的可读性，就可评估出是不是好客态。

要看客态能否提供好的全程反馈强化功能。

教材的反馈强化功能弱，有的只能提供习题标准答案这种级别的反馈强化功能，有的毫无这种功能。教师的这个功能可大可小。教书育人的好教师往往关心学生学习的全过程，检查学生的进展，指出学生的错误，表扬学生的进步，跟这样的教师学，就等于师傅耳提面命地教徒弟，徒弟能学得又快又好。若教师下课就夹包走人，一年到头认不出学生、记不住名字，不管学生情绪只管照本宣科，这样的老师就不会给你及时的反馈评价，你学起来自然寡趣低效。

（二）让好老师选你

“师从之心”是学习者获得学习的稀缺资源的一项关键素质或能力。学生的“师从之心”太差，好老师就不会接纳你当他的学生。名师一般不会将绝技传给他不信任的人。要想得到好的老师，学习者先要有虚心诚恳心态和追求真知的执着精神。优秀学习者往往求师若渴，甚至不惜千里迢迢去拜师学艺，而且还能以友为师、以对手为师、以敌为师、以学生为师、以平凡百姓为师，以能者为师，不耻下问。学习者如果拥有良好的“师从之心”，一般总会寻找到又多又好的老师。

从书籍中学习，也需要有强烈、敏锐、顽强、虚心“师从之心”。当学习者丧失这种“求”的精神和心态，书籍的精华就难以学到，还会在学习上走下坡路，发展水平停滞不前。

二、用好学习客态

客态的呈现方式，极大影响学习效率与质量。呈现方式，包括教师讲话的口音、表达方式、板书方式，书籍编排的条理、字体大小，选用案例的合理性等将知识技能展现于学习者面前的一切方式。例如，英语初学者练习听力时，听力材料以慢速呈现最佳，快速呈现则使初学者易疲劳甚至无法辨认。在书籍教材的长篇文本中，有时只有其中的某个部分才是我们的学习对象，学习者希望将它单独凸显呈现，于是采取作摘要、卡片等方式，以方便其或单独或组合、或慢速或快速、或缩小或放大、或具体形象化或归纳概括化地呈现。我们的很多学习劳动，花费在动手改造学习客态的呈现方式上，但在传统技术下，这些劳动累人且常不能令人满意。只有等到未来人工智能学习技术手段发展成熟时，自由按需操控客态呈现方式才可能实现，那时学习者的学习效率和质量可以成倍提升。

要用好学习客态呈现方式的控制权，使学习客态“为我所用”。单一的学习客态往往存在许多不足，但是复合性的学习客态可以大大减少这种缺陷。有的学习者通过阅读不同作者编著的关于同一内容的书籍，对某种知识技能有了更深刻准确的理解，这就是把不同作者、不同版本的相同内容的书籍组成复合性学习客态，克服单一客态的不足。有的学习者买书时，同样的书买两本，一本书用于反复阅读，把另一本书拆解为一页页携带于身，以便于随时阅读或记忆；有的学习者将学习材料中的一段文字摘抄下来、制成自用的学习卡片，有的学习者把学习材料的字体放大成大字本。这些读书好方法，好就好在创造性地把学习客态的呈现方式，变为适合于自己各种情况下学习的方式，使之为我所用。

三、区别对待不同客态

有相当多的客态内容属于知识，这称为知识客态。根据学习者的期望、需要和能力来分，知识客态可分为三种：

一是内化知识，即学习者打算深刻理解、熟练运用并加入了自己创造性见解的知识，使之成为学习者信念、习惯、潜意识的一部分，随时可调用。二是内存知识，即学习者期望至少能机械记忆所学内容的知识，它们在需用时，通过回忆或提示而可以调出来使用。三是外存知识，即学习者不在乎记得其内容，但在乎记得在哪本书哪个部分上可查到的知识，它们在用时，需通过在图书馆、笔记、收藏书中查找和简单复习后，才能调用，这包括 Know-where 知识和 Know-who 知识。

内化知识的学习，需要花费大量时间精力，需达到熟练掌握并能灵活迁移的程度。

内存知识的学习，应达到理解并记忆巩固的程度。

外存知识，有所了解即可，但关键是能做到需急用某知识时，不会因一时找不到而误事，故外存知识学习还应善于做出索引。

对于知识客态，如果学习标准定得太高，则易造成时间精力的不必要浪费；如果学习标准定得太低，则易造成学习质量不符合使用需要。学习者不应强行用一种固定的学习标准来对待不同等级的知识客态，也不应发生标准错位的情况。

四、自主改造学习客态

应自主合理确定学习任务单元及其组合，使之确信可较易完成。学习任务单元，是一个单位时间中或一次学习时间中的学习任务内容及数量。学习者在制订中短期学习计划时，往往会规定自己每天、每周、每月的学习任务量、目标和进度，其中计划每天的学习任务量就构成该计划期的学习任务单元，例如“每天阅读某书20页”就是一个日阅读单元。在一次学习中，学习者对当下自己学习活动也往往会规定这次学习的任务量、目标，这是当次学习的任务单元。学习任务单元之间可安排休息时间或进行其他任务的穿插，学习任务单元的划分和各种任务单元的组合安排，有利于有计划地组织和管理学习活动，促进学习有序有效展开。不要等老师布置任务单元才去学习，也不应自行规定太多、太难的学习任务单元，导致学习难以坚持或效果不良。应从自身实际出发，使学习任务与自己的学习能力、学习条件和时间资源相适应。

对自己的大块学习时间和典型的零碎时间，应分别确定学习任务单元，例如对15分钟左右的典型零碎时段，学习什么、多少以及方式，应作出自我规定，并为此做好相应的客态准备；对1小时以上大块时间的学习，更应规定明确的客态、任务、场所、工具，并做好“学习包”等条件准备。各种任务单元的安排也应合理组织“轮学”。

应建立客态的“批量”概念。批量，指经历同一批次加工全程的主要加工对象的数量。在全流程中，瓶颈性环节会限制批量。学习存在准备、知会、操习三个加工阶段，具体来说有“准备、预习、解习、复习、整理”五个环节，每个学习批量只有完整经历这些阶段和环节的加工活动才能有足够好的质量。对于某些学习者，在知会阶段，识记200个英语新单词、词组或许只需要60～120分钟，但真正牢固理解和熟记这200个单词词组，在操习阶段时间，可能就需要多次复习，累计用时可能达到四五个小时。如果你每天只能腾出1小时学英语，你把学习任务单元设定为每天记200个单词、词组，那就完全是记不住的。因此，你的批量不妨设为每天40～50个单词和词组，以保证在每天1小时的学习模式下，有能力对它们进行1次详记、3～4次复习的加工劳动。把任务单元定得低一点，往往合理有效得多，当然，定得太低也不行。以你自己实测验证为准。

五、利用好反面教材

反面教材，不是劣质教材，例如网络上的错别字多、文不达意、张冠李戴、基本观点错误等问题的材料。劣质教材，让人读得累且有莫名其妙之感，应将其果断抛弃，以免被误。反面教材是对立性的、“有反面教育意义”的学习材料。例如，对于学习汽车驾驶的成人，从学习“误把油门当作刹车踩”的反面事例中，可以更加懂得预先观察、预判路况的意义、保持驾驶心态冷静的意义，和正对脚刹固定脚跟着地点的意义，进而高标准地形成“右脚意识”——“预判、备刹、知脚位”。仅有正面材料的呈现，而无反面材料的呈现，学习客态反而不够丰满，不能导致认识深刻。

第五节 学习场态

学习场态是影响学习活动的周边时空环境因素的总和，是各学习要素共存的环境。可从学习工具、学习反馈评价、学习资源及生活辅助、环境和干扰因素等角度，来分析场态。

一、学习工具

学习工具指学习者在学习过程中可以利用的器具，例如电脑、录放机、笔、纸张、作图工具、工具书、试验仪器等直接帮助学习的器具，以及如桌椅、台灯等间接帮助学习的器具。有的学习者对不合适、不合手的学习工具有不适应感，这可能影响学习者情绪。有时，学习工具的缺乏，可导致学习无法正常进行，例如学开汽车却没有汽车可用、学习深度潜水却没有潜水器，就没法顺利达成学习目标。工具功能过于丰富，也可能成为干扰因素，分散学习者的注意力。

二、学习反馈评价

这是指引学习者试错-改进过程的关键条件。学数学时，习题、试题是做对还是做错；学外语时，发音、理解、造句是否正确；写作学位论文时，论点、论据是否成立以及水平高低，这些都需要有人提供及时准确的反馈甚至评价。教师、同学可以提供这种反馈，学习者自己有时也可有限地自行组织反馈和评价。在当前条件下，学习的最大困难之一，仍在于常常缺乏及时准确的客观反馈评价，而且反馈评价质量不高。有时学习者得到的反馈评价是不正确或不精确的，尤其在文科和艺术类学习中。怎样争取得到最好的外部反馈评价来帮助学习，是成人学习者的一项重要技能。

三、学习资源及生活辅助

学习资源及生活辅助是学习者可以借助和利用的各种学习条件，包括：(1) 人力资源。如答疑老师、学习伙伴、知心朋友、家人等。常言道“一个人能走得多快，看自己的能力；能走得多远，看与谁同行”。“良师益友”是学习至宝，可以说，最重要的场态是“人圈”。人才成长，常有成群共同发展的群体效应现象，例如，有的家庭兄弟姊妹、有的大学寝室同学、有的研究团队和创业团体成员常常“一窝窝”地成才成功。因此，学习者最重要的场态策略，就是对于“优质人圈”就粘上去、钻进去，取得“优质人圈”的信任和接纳，对于嫉妒心重、溜须拍马、不思进取等损友的“劣质人圈”，则应赶紧远远避开。(2) 信息资源。如图书馆、资料室、博物馆、书店等；(3) 机会资源，如参观考察、出国留学、讲座的机会；(4) 时间资源。包括可用于连续学习、自由安排的大块时间以及各种可支配的零碎时间；(5) 财力资源，如支付报名培训班、课程教学的学费来源；(6) 激励资源，如各种学习奖励、表扬；(7) 场地资源。如体育学习者所需练习用的网球场、健身房等。(8) 生活辅助条件。指对学习者专心于学习的衣食住行的保证条件。

资源及辅助匮乏以致读不起书、读不好书，是一种人生悲哀；但更可悲的却是把本可以用于学习的资源挪用于其他事务，导致学习资源及辅助贫乏、学习荒废。优秀学习者，大多具备获取优质学习资源的能力，即开源能力。他们舍得在开源上花钱，他们拥有的学习资源，不说是一流的，至少也是够用和不短缺的。有的人家有唱歌房、麻将室，却唯独没有书房，也没有几本好书，这样的家庭很难产生优秀学习者。

四、学习环境及干扰因素

包括物理环境、文化环境、心理环境、事务环境及其因素。(1) 物理环境。指学习者周围的光线、声音、色彩、温度、空间、时间、地点、气味、信息、人为的或动物干扰源等外在因素的总和。没有一个学习者能在任何物理信息环境中正常学习，即使有的学习者抗干扰能力强，可适应多种相差悬殊的外在环境，其抗干扰能力也是有极限的。外在物理信息环境，对于学习者集中注意力、调适情绪、激励与暗示均有影响。(2) 文化环境。包括周围人群的学习氛围、风气。(3) 心理环境。指学习者对物理环境的感知感觉形成的心理上的环境。例如，适度的心理舒适的环境，使人学习效率高，而感觉缺乏安全感的环境，例如感觉“有鬼”，则使人压抑、紧张，难以坚持正常学习。（4）事务环境。即向人施加责任的外在环境。责任压力大、事务不确定性高的环境，可能导致学习者无法按计划正常学习。

人往往受环境驱动和熏染。一般来说，学习环境条件良好能促进学习，不良环境阻碍学习，可谓“环境如染缸”。“孟母三迁”就是一位好母亲为孩子主动选择有利成长和学习环境的故事。在同一个环境中待久了也不利。清华大学原教授颜宁说：“我生怕自己在一个环境里待久了，可能故步自封而不自知。换一种环境，是为了给自己一些新的压力，刺激自己获得灵感，希望能够在科学上取得新的突破”。人对环境的长期习惯性适应，最容易出现“方位感丧失”和“紧迫感消失”问题。温水煮青蛙效应，本质是知觉麻木钝化，意识不到危险下场。当然，环境急剧变动也对学习者不利，会导致无法静下心来学习。

我们赞美“孟母三迁”的选择环境的睿智，赞美“出淤泥而不染”的与不良环境抗争的精神，更应懂得：环境熏染人，人也可选择、建设、改造、切换大小环境，在环境支配人与人支配环境的较量中，敢于斗争、善于斗争的人也可以“胜天半子”。

小结：

要素的质量以及相互匹配协调的质量，决定了学习的整个状态和水平。要素的低质和不相匹配，即是“学习病”。改造自己的学习，关键是在学习诊断基础上，优化自己的学习要素以适合特定学习要求，使“认知锥”变得坚固锋利。

在长期学习中，学习者的自适应性，会导致其学习系统形成“良性循环”“恶性循环”和“惯性循环”。良性循环，例如前态改善-学习成绩提升-心态、行态、前态再改善-学习成绩再提升的循环。恶性循环，例如心态退步-行态退化-前态变差-学习成绩下降-心态再退步-再下降的循环。惯性循环，即处于相对稳定水平的循环，没有新的明显上升或下降起伏。通过针对性地改善学习要素以及相互匹配关系，实现循环链条全线维护，人人都可以提升学习能力、学习效率和效果，进入到良好的学习循环状态中。

第五章　学习的基本方式与方法

学习的一般环节，是“准备（含计划）-预习-解习-复习（含作业）-整理”五步。这可称为“学习轮”或“五叶学习轮”，如同车轮滚动推车前进。一些学习者的失败在于“学习轮”不完整，惯常开动的只是“一叶轮”“二叶轮”等。

第一节　学习准备与计划

学习准备是确保学习过程顺利推进所需的各种条件的预配备。准备水平是人的学习态度的反映。良好的准备是保障学习效率的一项条件。对每一次学习都要做好准备，对于陌生环境下的重要学习活动更要精心准备。这些准备包括物质准备、辅助事务准备和思想心理准备。物质准备指配备好各种学习工具、书籍、乘车卡、出入证等物品，并放入自己的“学习包”　“学习室”。其中不可忽视“脚手架工具”——预习本、笔记本、复习本、作业本、错题本、典例本、草稿本、后记本、计划表、统计表等。辅助事务准备，例如请假、预约时间地点等。思想心理准备的核心是做好学习计划。

学习的计划管理一般有如下流程：

一、完成学习设计和准备

去远方旅行的人们常会制订“旅游攻略”。开展学习尤其是开展长期学习项目的人，也应制订好学习计划。而制订学习计划，有时又要先进行学习设计——对何时、何地、学什么、怎么学的若干典型样式（称学习样式）加以设想和规定。

成人在复杂、繁重、多变的生活环境中，要想持久开动学习的“五叶轮”，就得解决“没有资源学不了、难度太大做不到、效果不灵不想做”等问题，找到能达到学习标准又可行有效的若干学习样式。如果学习样式不明确或不合理，那么基于这种学习样式的学习计划就一定会行不通或实效差。学习设计做好了，可预防一些计划不能落到实处的毛病，学习计划也可做得又快又好。

学习设计的一般方式，具体见表5.1：

表5.1　学习设计分析表

指标	情况分析	学习轮运作措施	备注
客态	项目有哪些？老师、教材和参考书？难点、特点？	预习、解习、复习客态如何自建？单元划分办法？批量安排？	项目内容目录？各项目耗时估计？
场态	地点？可用时间？可用援助？	预习、解习、复习的地点、时间、资源如何安排？	紧缺什么？
心态	主攻目标？目标顺序？期望？	预习、解习、复习、整理各环节心态办法？	各项目掌握水平？
前态	已有基础、已有能力、体力精力的优势与不足？	补习哪些？哪些用巩固式、哪些用深化式，哪些突击解习？如何整理？	恶补、大修、小补、不补等策略应分别用于什么项目？
行态	主要困难？主要对策？	预习、解习、复习的时间比例安排？方式方法？	戒除哪些陋习？形成哪些新规？如何集中利用大块时间？零碎时间如何用？

对照上表，尽量充分了解情况，反复澄清自己的学习目标、要求，尤其要估计整个学习项目所需要花费的时间和学习时间保障办法，将你自己思考的结果填空并修正整理，你就可以描画出自己长期学习项目的最佳和可行的相应学习样式——在各种情况下（例如各大块时间段、各零碎时间段）学什么、怎么学的情景剧本，这就是设计成果。在典型的、稳定的学习环境中如何利用好大块时间的样式，是主力样式；像古代学者利用“马背上、枕头上、厕座上”的零碎时间的样式，是辅助样式。

学习不上心的人能够想到的学习样式，只是他们经历过的哪些“惯性式”学习样式，根本想不到学习还可以有更好的样式。一些学习者频频挂科，首先就输在不知这些学习科目必要的学习样式是什么，也没打算去适应这种样式，稀里糊涂混日子，到学习结束时都还没有进入角色。学习上很自负的人，当然能想到各种新颖巧妙的学习样式，但难免会出现脱离自身实际的样式幻想，其样式的实际效果往往低于预期。借助上表，可较大避免这些问题。用上表分析自己以前的学习样式，还能找出改进学习样式的途径。

例如，再过30天，你就要参加研究生考试（学校笔试和面试）了，你采取什么样的学习样式并以此为基础安排学习计划？

若你是在职工作者，你要不要全脱产或半脱产？如何保证这段时间中的生活、学习条件？到哪里找复习、模考资源？先学什么后学什么？操习记忆如何进行？遇到各种典型问题用什么办法对付、如何寻找帮助？如果你对这些没有去想，应考备战样式模糊不清，应考的胜算就不大。

学习设计不应闭门造车，应听取有相关经验的老师和学习者的经验或意见，还要尽可能验证，直至自己确信所设计的学习样式可行有效。

一旦学习设计确定，学习者就可开始进行相关准备，例如，报名入学、办请假手续、采购学习资料，为自己的学习准备工具、布置学习环境、配备自己的标准“学习包”（内含资料、纸笔等学习用品）和临时备用的“学习包”，安排好工作、生活、交往的事务，逐步习惯适应所定的学习样式。

例如：成人大学公共基础课，如何进行学习设计？

国内大学公共基础课，是大学各专业学生的共同必修课程，一般分为自然科学公共基础课（例如高等数学、计算机基础或概论）、社会科学公共基础课（例如中国近代史、马克思主义基本原理、思想道德与修养、形势与政策、体育、大学英语）、实践环节公共基础课（例如军训和军事理论）。各类学校根据学制、办学定位而开设的公共基础课科目及侧重点略有不同。这类课程知识，实际上是“通识”。无论是开设三门或八门这类科目，相对于成人全面发展所需的通识要求而言，这其实远远不够。但各大学由于各种原因只能开设有限的几科。公共基础课科目的教育目标，是培养德智体全面发展的社会主义事业接班人，并为学生提供方法论指导。

成人学生可通过搜索所在大学网站或咨询其有关部门老师和学长，了解公共基础课的课程标准。课程标准对学生应达到的预期教育教学效果作出了具体描述，对学习阶段作出了安排。然后，可根据自身情况，借助学习设计分析表来进行公共基础课学习设计。

二、学习计划制订

计划，是指工作或行动之前拟定的具体任务和步骤。

（一）计划的作用与分类

计划的作用，一是在行动之前，促进行动者深入思考、整理头绪，找准实现目标的好办法。二是在行动之中，指导行动者按预定办法、方式步骤行事，有意防范和克服各种干扰、困难，引导行动者专注于任务的完成效率和质量。三是在行动之后，在反思反省时，将行动结果与计划相对比，从而进行自我评价以及分析原因、总结经验。

计划按时间划分，一般可分为中长期计划、阶段性周期计划、日计划；按任务内容划分，可分为专项计划与综合计划；按适用时段，可分为固定计划与临时计划。

按计划的功能来分，计划分为对策性计划与责任状计划。前者规定遇到某种情况时做什么和如何做，适用于突发情况较多的复杂多变环境。后者规定在什么时间段完成什么任务，适用于生活比较有规律的较稳定环境中。已故老革命家陈云说："要订出一个切实的读书计划，照着去办，坚持不懈。要与懒惰作斗争"。[①] 这样的学习计划，大多是"责任状计划"。魏书生先生说："在诸多的学法指导中，指导学生制订学习计划是基础的一步，是学习中根本的东西"。[②] 魏书生所说的学习计划，既是"责任状"性质的计划，又是对策性计划。

计划一般包含情况、任务、方式（时间）、标准、评价方法五要素。

（二）制订学习计划的原则

1. 统筹兼顾、扭住关键。应围绕"学习轮"的推进，考虑各个学习项目的交织安排，考虑生活、工作、休息、交往、学习等事务的综合安排，统筹以减少它们之间的相互冲突，力求最好地推进"学习轮"。充分了解、尽量预见各方面问题，才能在统筹时作出合理可行的安排。

当要做的事太多、资源却有限时，就要分清轻重缓急，在统筹中优先抓好主要任务，坚持"大事如山，只抓三件"。

问题：多个学习项目的统筹中，应如何合理组织"轮学"安排？若以每个项目1小时计，那么每天计划的"轮学"几个项目较好？

轮学，指一个计划期内多个学习项目任务分散到每天轮番进行的安排方式。例如，如果三天中要进行语文、数学、外语项目的学习，可以有两种安排方式，一种是该三个项目各安排一天时间学，这是"集中式安排"。另一种是使这三个项目分散到每天，都轮流进行，这是"轮学"。集中式安排，好处是注意力集中，便于深度学习，不利之处是，一天单纯学一个项目内容，容易倦怠，且有"此起彼伏"效应，前面学过的东西不能及时复习，容易遗忘。轮学与之相反，不易倦怠、不易遗忘，但不利于集中精力"饱和攻击"高难度内容的需要。一般来说，在需要集中大量精力突破难点时，应在计划中集中式安排攻坚项目，其他情况下，以轮学方式安

---

① 陈云．学习是共产党员的责任（1939．12）［J］．陈云文选．北京：人民出版社，1986.

② 项香女．魏书生指导学生制订学习计划［EB/DL］．百度文库，2011-07-31.

排较为有利。

但轮学也需要合理安排，否则效果很糟。第一，轮学的项目不能太多，一天之中轮学项目一般不应超过 4～5 种。否则，模式切换太频繁，使人难以适应。轮学项目太多会不必要地消耗不少时间。第二，一个轮学项目计划持续的时间不宜太长或太短，一般以 1～2 小时为佳。持续时间过长，易疲倦，导致边际学习效率显著下降。持续时间短，易导致刚刚升温进入状态，劲头正酣，又要转移到新任务，会干扰学习。第三，轮学项目的安排顺序，应防止前摄抑制（前面项目干扰后面项目）和后摄抑制（后面项目干扰前面项目）的心理效应，尽量把重要学习项目安排在第一顺序或最后顺序位，一天之内进行的两个相似性高的项目应尽量拉开时间间隔来安排。第四，轮学计划要将新学任务与复习旧的项目统筹兼顾，不可只顾新学东西，不顾复习已学东西的需要。

有的学校课程表，有时安排的科目超过了一天 4～5 个的限度，这一般不利于学生的高效学习。

2. 积极可行、留有余地。学习计划中的任务量，应确保“跳起来可摘桃子”，稍加努力即可完成。任务量定得相对低一点，使得执行时常常能较易超额完成计划，更利于长期持久执行计划。如果任务量规定得太高，或许一两次可以做到，但遇上外部环境出现变数，导致计划实施不了或任务完不成，就会使人滋生挫折感，甚至产生对计划的逆反心理，计划的自我约束作用，就会逐渐削弱。合理的计划，必须能经受执行的检验和考试考察的检验，为此，学习者对新计划可以规定一个试用期，以初步验证其合理性。盲目制订一个自己不能确信肯定做得到的计划，不是明智之举，不能产生期望效应。不要试图做数年不变的学习计划。一个学习计划能管三个月就算不错了，因为三个月学习之后，学习者的前态、客态和场态往往会发生很大变化，需要另行制订或修订计划。

3. 尽量简便、可具体检查评价。对于一切计划，应规定可具体检查的标准，使得是否完成任务能够明确可查。难以检查评价的计划，都易流于形式。对于大型计划，当然值得我们花数天、数周时间去做计划，但对于日计划，如果还要花费数小时去做计划，那就很不合算、也不必要了。对于小型计划，最好是数分钟之内就可制订出来，数分钟就可完成检查评价。

要想计划制订质量好又花费时间少，就必须在学习设计和准备环节打好基础，不用临时一边计划、一边设计和准备。据说，我国近代大学者康有为先生，每天读书前，拿出一本书，用一个小铁锥用力朝书上一扎，铁锥扎出痕迹的书页面，就是当天必须看完的学习任务。学习时间充足，他扎的力度就大一点，学习时间不足，他扎的力度就小一点。康先生这种做学习计划的方式，很是简便。

4. 学习计划的制订应遵守学习规律。计划只规定新学的进度指标，不规定复习、练习的任务指标，或仅在考试前才安排复习，这是违反学习规律的。正确做法是安排每天在新学任务之外，还应保证25%～30%的时间用于当天、以前所学内容的复习、练习。也可将新学、复习及练习安排进同一个学习单元，即一个1小时的学习单元中，将10～15分钟规定为复习及练习活动（其中三分之一时间用于复习及练习以前所学内容，三分之二时间用于复习及练习当次所新学内容）。每个学习批次，都要按“五叶轮”的要求推进。在应考前期，还应安排专门的复习，做到平时及时复习与考前集中复习相结合。

学习计划应规定任务完成的最后期限，因为期限给人压力，有“最后通牒效应”，可防止拖延。学习计划应按照时间顺序或价值顺序编排，应尽量书面制订，以便自己方便地看到它、对照它，提醒、暗示自己尽早完成计划。

三、学习计划执行

一些学习者的学习计划常常难以持久执行，原因主要有三：一是兴趣、目标多变，今天对某学习项目来了兴趣，就制订学习计划，明天遇到一个新诱惑，马上就转移兴趣和目标，将原计划抛于脑后、束之高阁。二是计划制订不合理，或者规定的任务量太高、任务内容太多，或者规定的学习方式没太大作用，或者难以检查。三是个人自律自控能力较差，迁就自己不完成计划的行为，自己找各种借口哄自己，其中一种借口就是“计划不合理”。计划执行存在“破窗效应”——只要有一次打破计划，以后就再难以坚持该计划。

提高学习者自己的计划执行力，一般有如下要点：

（1）要养成在每天预定的时间内按计划、有规律地学习的习惯。这种习惯使得学习者自动进入执行计划状态，可减少刻意自控的精力消耗。

（2）要养成提前判断的习惯。有的学习计划是可以在不固定的时间、地点和条件下来执行的，甚至在做某事的过程中或刚结束时就可以开始执行既定计划，这时，学习者只需自问：“现在、在这里可以按学习计划行动了吗?”“我的学习计划最早可以在什么时候、什么地点动手实施?”并进行判断，就可成倍地提高学习者的尽快行动的意识和计划的执行成功率，还可提高学习者执行学习计划的兴奋感和自豪感。

（3）在执行中，要区分任务改进和任务偏离。任务改进，是在学习计划执行过程中，基于新的发现、感悟，而给自己追加新任务、组合调节各种任务的行为。任务偏离，是在学习中，由于挫折失败而怀疑自己预设的学习任务设定不对、不合理，而导致原计划任务放弃、降低和转向另一些无关任务的行为，或因倦怠、诱惑而改做他事的行为。任务改进是合理的，有时任务改进能使人抓住灵感，乘胜追击，扩大战果。若不允许任务改进，那么计划执行就是僵化的，难有意外之获。任务偏离是不合理的，其实质就是拒不执行既定计划，必须坚决克服。区分任务改进和任务偏离，一是从心态上自我觉察，伴随积极情绪的是任务改进，伴随消极情绪的是任务偏离；二是从效果上觉察，能使自己增加获得感的是任务改进，不能增加获得感的是任务偏离。

四、学习计划的自查、评估、总结与反思

学习计划期结束，就应马上开始对学习计划制订、执行情况，进行自查、评估、总结与反思，而且还要定期进行自查反思工作。内容包括：查计划执行率、完成率、成功率是否达标，评自我学习计划制订和执行的质量、优缺点；问计划未执行、未完成、未成功的原因以及成功的经验；思学习计划调整改进、学习设计与准备调整改进的可能办法。

为方便自己自查、评估、总结与反思，就需要做好计划执行过程记录和量化统计表，这被有的学习者称为“手账”。在学习准备阶段，可自行设计和配备这种“手账”，它一般是关于每日完成学习任务名称、时间、成绩等情况的标准化空白笔记本，每日只需花几分钟简单填写。

第二节　学习时间管理

时间管理，是一个人对自己的时间资源及价值进行记录、监控、规划、计划、反思等活动的总称。人们常常在有些事情上浪费时间，又在有些事情上深感时间稀缺。每个人每天都有 24 小时，但每个人利用时间资源的本领可能天差地别。单靠“勤劳吃苦”，未必就能达成时间收益最大化。时间管理应此需要而生。

时间管理从时间规划运筹、时间利用效率提升方法、时间效价评估三方面内容入手，以谋取时间运用的最大价值和做事的高效率为目标。

成人的时间，分为可支配时间、有向时间、不可支配时间三种。可支配时间，是自己可自由地用于自己需要的任何事项的时间。有向时间，是虽可自行支配，但必须用于特定事项而不能挪用于其他事项的时间，例如吃饭、睡眠、交通、应约的时间，它若被挪用于其他事项，就会使人付出沉重代价。它可压榨，但只能有限地压榨；它可兼用，例如吃饭的同时收看电视，但也只可有限地兼用。不可支配时间，是只能用于他人和社会需要的事项的时间，例如上班和加班时间，是老板支配

你干这干那。个人可进行规划运筹的时间段，基本上只是可支配时间。向有向时间、不可支配时间打主意，有时风险成本极高，得不偿失。

时间与时间价值的关系极为复杂，不同的人做不同的事、用不同的工具方法、遇到不同的外部条件，其投入时间与产出价值的函数曲线就大不一样。一般来说，投入时间越多，产出价值总和就越大。时间价值曲线大多呈现“三时段”现象：一是低值时段，例如做一件事的准备、结束时段，不会产生很大的直接价值。低值时段一般分布于做事时间的前后两端。二是高效时段，效率上升，产出的价值很高。三是降效时段，产出的价值不一定小，但边际效率明显下降。

例如，你从家里出发，到游泳馆游泳锻炼，再回到家中，总耗时为 2 小时，这 120 分钟中，往返、准备、整理时间就占去了 40 分钟，这是低值时段；你真正游泳的时间只是 80 分钟，其中的 60 分钟是你全力达到运动效果的时段，是高效时段，另 20 分钟是休息疲劳和放缓运动节奏的时段，是降效时段。

时间规划运筹，是先确定一个任务清单，再给清单上的各事项安排一个价值产出最大化的时间资源分配方案。这种规划运筹的一个简便方法是，在众多应做的事项中先选出最有价值的三件事，优先保证它们有充裕时间来完成，有节余时间再考虑其他事项的安排。尽量用重要事项实施的低值阶段、降效阶段去兼做不太重要和急迫的事项。

提升时间利用效率和进行时间效价评估的要诀，可用“预、定、感、抢、查”五字概括。

（1）预，就是要尽可能预见应做且可做的事、预见可行动的时机，以保持抢先发现先机的心态。对应做且可做的事，要形成“任务清单”，予以计划。成人的生活总是充满太多的不确定性，例如活动地点、环境、任务内容、时点常不确定，这种不确定性最易导致时间安排不合理和时间浪费现象。预见可行动时机，就是分析和以经验估计哪个时间段中可以挤出时间来完成自己计划的哪项学习任务。预见，可以部分遏制不确定性对学习时间的损害，使得行动的心理准备更为充分，进而促进落实计划、减少时间浪费。

（2）定，就是定计划、定时间作息表、定用时标准。时间作息表，是用于在一定时期内处理日常重复性事项的时间安排方案，按表作息有利于成人维护自身良好的生物钟习惯，有规律地生活。一些成人因环境多变和不确定性太多，而不去制订自己的时间作息表，或者有表却不严格执行，结果生活节律紊乱，后患无穷。其实，日常重复性事项可稳定五天以上者，就应制订自己的时间作息表。在作息表中，应规定自己的“时间号令”——某个时点必须开始或结束某项学习活动的铁规定。时点一到，就如同自我行动号令下达，行动必须马上就位。一般只需规定 6～9

个关键时点，例如起床、上下班、午休、运动锻炼、学习、晚休等时点，若作息表规定太细，会导致缺乏弹性、过于机械，反而常难执行。学习者可从每天自设三五个时间号令（例如“阅读令”“背诵令”等）入手来建立习惯。定用时标准，就是对重复发生的典型事务处理的用时标准作出自我规定，示例见表 5.2。

表 5.2 用时标准定额表（示例）

序号	事项	用时实测	时间定额
1	从家开车至单位，往返单程	35 分 17 秒	37 分 30 秒
2	洗漱	2 分 10 秒	3 分钟以内
3	中餐	15 分 20 秒	16 分钟
4	从一楼至四楼，上楼、下楼	上楼 27 秒、下楼 23 秒	上下楼梯 30 秒

每天的时间应合理分配给工作、生活、学习、交往、家务、休息及睡眠、交通等经常项目。成人在职学习者，应保证自己正规学习时间在正常工作日不低于 1 或 2 小时、在周末周日不低于 4 小时左右。职业学习者（如学生）应确保每天学习时间不低于 8 小时。大块时间使得学习等事务可以连续地进行，利用效率最高。成人学习者应为自己集中起可以连续作业的大块时间，尽量定时开展学习。应尽量避免压榨睡眠等有向时间的拙劣之举。建议每天保持“730”的睡眠时间，即夜睡 7 小时、中午休息 30 分钟。

（3）感，即经常训练自己的时间紧迫感和价值感。生活在快节奏城市的人，往往比生活在慢节奏的城镇的人，有更强的时间紧迫感和价值感。这种快节奏感触发追求更高效率的自觉行动。有人认为快节奏城市的生活太紧张，使人失去幸福感，他们向往慢生活的“宜居城市”生活。但较强的时间紧迫感和价值感，有利于获得更多成就感，这种成就感也是另一种幸福感。缺乏成就感的幸福，档次不太高。有人提出要确定自己的“时间颗粒度”，即时间价值评估的基本单元。这的确是一个好建议。若以 15 分钟作为一个时间颗粒，借助一个相应时长的沙漏来经常练习，你用 15 分钟可以办好的某件事作为一个时间颗粒价值标准，当你已能时时注意提醒自己不要白白浪费每个时间颗粒，对没有利用好的每个 15 分钟、对每小时没有做完相当于 4 件标准工作量的事，心怀愧疚，这时你的“时间颗粒度”就已形成。这种时间紧迫感和价值感，使你抱着“颗颗计较”的心态看待时间及价值，比“斤斤计较”还要仔细。正如市场上论克卖的东西，总比论斤卖的东西让人珍惜，你的时间颗粒感会使你潜意识地珍惜时间，整个人就会如同上了发条，自动清晰有序地管理起时间。

你的时间感和时间价值感，还应能分辨出“黄金颗粒”“白银颗粒”和“绿铜颗粒”，在成人一天的可支配时间中，它们分别至多只有 10 颗、16 颗和 34 颗左右(以 15 分钟为颗粒)，应分别用于最重要、次重要和不重要的事务。

(4) 抢，即全力以赴地赶早、尽快、挤时间。赶早比赶晚更有主动权。在能降低返工率的情况下，做事可快就应快，手脚麻利，内心自信，不容内心杂念干扰。对没有明确目标任务的时间段要抢时间。不仅要抢零碎时间，更要抢大块时间。抢时间固然费力劳心，但时间效益高，很是值得。

有若干抢时间的小技巧，例如“穿插术”，也就是在自己所进行一件事的不需操心的空隙时间、平行时间内顺带做完另一件事，做到“两不误”。例如，你将笔记本电脑启动准备上网阅读，在开机的 1 分多钟时间里，你不应在电脑前傻等，而可以利用这个时间复习几个单词、做几个体操动作，这就是将复习单词、运动穿插进入了等待电脑开机时间中。在家务中，在等待电开水壶烧沸水的空隙时间，你也可以“穿插”，“两不误”地利用这个时间。

(5) 查，即自我检查时间利用情况。

应每隔一定时间，花一天工夫，自己拿着秒表等计时器做一做自己的时间统计记录和分析，也可请人帮你测量记录你一天的习惯活动的用时情况。你可以在统计表上划分出工作、生活、学习、交往、家务、休息及睡眠、交通、娱乐等栏目，在测试期中，用计时器观察并进行填写时间使用表格，描绘出你日常的时间利用状态，然后分析浪费的时间存在在什么项目和事务上，有什么办法可以改变时间浪费的现象。如果你喜欢与人打麻将，你可以记录一下，打麻将耗费了多少时间颗粒。对发呆、失控时间也可估计性记录。时间记录与分析，做不做大不一样，从未做过自己的时间利用观测记录的人，很难体验到时间管理的“高速公路效应”。“时间都到哪里去了?”“白白溜走了多少时间?”，你做的时间观测记录，必会让你感悟极多，催你产生改进意识。

一些成人喜欢随意的生活，厌恶时间与计划管理的约束。他们有的是因为承受不了艰辛奋斗之苦，有的虽能征善战但只愿做“野马”。时间管理，根本上还是靠严格的自律自控能力来维系。一位哲人曾说：“人若想辉煌些，就只能艰辛些。人若想潇洒些，就只能平庸些”。数学家华罗庚说：“凡是较有成就的科学工作者，毫无例外地都是利用时间的能手，也都是决心在大量时间中投入大量劳动的人”。[①] 不作时间管理的“野马”，终究难以变成事业征途上的“千里马”。

---

① 华罗庚名言名句大全 [EB/DL]. 第一范文网 (DIYIFANWEN. com)，第 36 条.

第三节　学习过程一般环节的学习方法

一、预习-浏览

预习，是正式学习之前学习者的自主预先学习。它的方式包括浏览、查找、预演、预补习等。浏览可作为收集学习材料、预习、复习的形式和手段。这里谈的浏览，主要指预习中的快速阅读。预习与浏览的作用，一是获取“认知地图”，使得解习时，自觉地按照新内容的全局概貌和重点，去合理分配时间、精力和注意力。二是减轻解习中的认知负荷，使得认知能量从一般问题上解放出来，集中用于攻克难点，帮助提升解习的“理解率”“记住率”。三是引导自我预期激发，为解习提供一种内在的自我暗示和自设“悬念”。

如同战斗前的火力侦察，可提高战斗胜利的把握，预习与浏览可显著提升解习的质量和效率，因此，凡对于具有较高难度的学习，应当安排预习与浏览。有人常高估自己的学习能力，以为无须预习与浏览环节也可一蹴而就，这难免不跌跟头。

“认知地图”，指关于客态内容的概貌和结构，包括知识点及其相关关系、结构。该词（cognitive map）为美国著名心理学家爱德华·托尔曼首创，最初用于表示实验室白鼠在迷宫习得的空间布局。[①] 好比你初次到外地游玩一个景点，景点门口有一个景区景点分布地图，你看完再进去游玩时，就知道该看哪几处景观，走什么路线，这样去游下来，你的收获，一般就比不看景区景点分布地图而随意游的人大得多，时间安排更合理有效。那个景区景点分布地图留给你的印象，是事先的“认知地图”，你游玩一圈下来获得的景区印象，是事后的“认知地图”。事先就有“认知地图”的人，认知效率效果要好得多。当你学习一门新课程或者新读一本书时，通过浏览、请相关人士简介，你就可以在正式学习之前，获得自己的“认知地图”，用它可帮助你学得又快又好。

预习的力度，取决于你自己对减轻解习中的认知负荷的需要。如果正式学习强度较大，则预习就需要更仔细些，反之则可以粗略些。如果预习所减轻正式学习强度不够充分，则解习仍会艰难。如果预习可使得解习毫无难度，则也会使得学习者在正式学习时，失去紧张兴奋感，不再专注听课。预习应限时完成，用时一般不超解习用时的四分之一。

---

① 施良方．学习论［M］．北京：人民教育出版社，2001。286。

预习时，应为正式学习准备好问题清单，有针对性地补习在预习中所觉察到的相关薄弱基础知识，以便带着问题和期望进课堂，且具备与教师进行同一“频道”层次上的“思维对话”的能力。问题清单，可为正式学习创造“悬念”，“悬念”可引导正式学习的注意力合理调配。预先补习相关薄弱基础知识，可避免正式学习中全听不懂、辨不明的“牛听弹琴”式尴尬。

浏览，同样需要梳理阅读印象或问题思路。有的学者在浏览书籍后，会沉思“假如我是作者，对这些问题，我会这么写”的问题，把自己的表述观点写下来，在正式学习时再进行对照，发现自己思考与作者相比的优劣之处，化别人之强项为己有。如果学习者浏览之后，对书籍没留下一点印象，则主要问题可能是浏览质量差，这时你需要重新浏览并改变浏览方式。

浏览中有“跳读”。浅阅读中的跳读，可“按需取舍”，即在阅读材料中挑选出自己所需要的章节、段落或所需要的问题来读，或只看标题。这种阅读方法又称“搜索性阅读”。跳读是日常学习中常用的一种阅读方式，尤其适合阅读不重要认知材料，以及收集正式阅读素材。预习中的浏览跳读，必须服务于正式学习之需，把握全貌和重点，不可完全“率性而为”。

运用跳读法，关键是有明确的目的。从目的迅速地对读物做出判断，确定它们有无价值。人们常把与阅读目的无关的内容跳过去，使注意力集中到需要精读或略读的内容上来。有的人是用直觉来判断，有些人却要通过分析、概括等思维活动作出判断。无论何种方式，跳读前都应先形成“认知地图”。跳读，在获取所需要的东西时，不仅占用时间少，而且可锻炼思维的敏捷性和分析、理解的精确性。

现在，一些人在提倡“快速阅读法”。我们认为，除开“量子波动速读”这类骗术，各种速读法还是有一定作用的，但只适合于预习或浅阅读，而不适合理论抽象性、逻辑性较强的读物材料的学习。“快速阅读法”的原理和办法是：

（1）克服“音读”现象，即人所形成的边辨认字符，边在心里将该字符的声音默读出来的习惯。这种“音读”习惯限制了阅读速度。

（2）克服喜动不喜静的眼视习惯，每次眼睛注视时，要一个语义单元再一个单元地快速推进和扫视。训练初期，语义单元一般为3～5个字符的整体，阅读能力提升后，语义单元一般达到10多个字符的整体，甚至一行文字或两三行文字作为一个感知整体（单元）。

（3）克服视线常回到已阅读过的文字上的“回溯”习惯，注意力集中地使视线运动轨迹习惯于自上而下地“S”或直线运动，训练开始时，可用左手食指在书页中央线自上而下地移动，眼球跟随手指的移动而扫描各行的语义单元，反复练习直至无须手指在书页上指引，也能视线快速自上而下地“S”或直线运动。

（4）反复练习，直至“音读”和不规范的眼动习惯改变。快速阅读，懂其方法容易，练出功力则较难，往往需要数月至大半年的递增强度训练，才能养成习惯性快速阅读的能力。

二、解习——正式学习，例如听课与深阅读

介于预习、复习之间的正式学习，一直没有一个专门的名称，这是以往学习学理论的一个漏洞。现在，我们把介于预习、复习之间的正式学习，命名为“解习”。解习相当于主力总攻，必须有一股“缠斗”精神，提高思维敏捷度，敏于发现，力求一举拿下目标，并达到预定的学习标准（例如，足够好的“记住率”和“理解率”）。

“理解率”，不是一个用于量化的指标，而是指全面、准确、深刻、灵活且有创造性地掌握所学知识技能的趋向。它提醒我们，注意防止望文生义、张冠李戴、一知半解、自以为是等不良理解，要像“侦探”一样力求有所发现。提升“理解率”的要诀，一是多疑并坚持在验证合格后再加以确信，二是注意知识的“点与面、线与体”是否搞清，“点与面”是个别重点与全部知识内容，“线与体”是知识点之间的内在联系与知识点本身的“四维”。否则，你自以为很高“理解率”，实际上很可能难以及格，例如掌握了“面”，但一些“点”没有搞懂，或者一些“点”弄懂了，“面”的一些内容又忽视了；知识点的“四维”所知不全，知识点之间的微妙关系你并未发现。

（一）听课

课堂教学的方式安排，一般有授课、当堂练习、交流互动等形式。其中的授课，是教师将课程内容连续呈现的活动，对于学习者最有难度。

听课，对于预习不足和前态较差的学习者而言，常常是一种高难度、高强度的学习活动。这是因为，听课时必须边听、边看、边思、边记，达到“注意了”“理解了”“记住了”“有想法了”的状态，这涉及注意力集中与转移的高频切换，眼耳脑手的联合协调，一步跟不上，就可能影响听课质量，尤其是“满堂灌”式的授课，带来的认知负荷更大、紧张感更高。一般来说，前态较差的学习者，听课撑到5分钟之后就已困难，而前态优良的学习者，由于认知负荷高，在40分钟后也难维持注意力。

听课时，听与看，目的是将教师通过语音、动作、图表、板书及PPT呈现的知识内容信息尽量捕捉到，其最大困难是“走神”。当教师连续呈现的信息较多、生僻、含义多时，学习者往往有目不暇接、耳不暇听之感，逐渐疲劳走神。解决此

问题的办法，最好是听看时加入内心复述，用自己的语言进行翻译式复述、概要式复述。

听课时，思与记，目的是将教师传授的知识信息进行识别分辨、联想、理解、记忆。其中，思维活动有两种，一是围绕理解教师思想意图展开的思维活动，以确保“理解了”，这种思维活动必须与教师呈现知识的进度保持同步。二是围绕学习者自身视角与需要展开的思维活动，以提出问题和设想，“有自己的想法”。这种思维活动既可以在客态呈现时同步激发响应，也可延后继续深化，以“异步”方式进行。记的活动，也分为记录、记忆两种活动，记录是指做笔记、录音、录像等活动，记忆指内心刻意默记。积极思维，可指导听、看、记活动有意去忽视无关信息，判断关键点并锁定关键对象信息。笔记式记录活动，有利于“反刍”，也有利于引导当堂整理思维，但也可使人忙于笔记而无暇于学与思，干扰当堂听懂。

听课中，容易出现听、看、思、记活动顾此失彼、手忙脚乱的情况，进而易导致学习者无意识地躲避认知负荷，自动向“元神出窍”状态退却。

解决问题的根本办法，是采用抓大放小、量力而行、保持跟进的自我调节策略，以保持津津有味、精神抖擞的听课状态。

抓大放小策略，就是学习者在由于已有基础知识、体力精力、学习能力不足，做不到将每个知识点充分听懂、记住的情况下，可选择价值最为重大、关键的知识点去集中注意力，死死咬住不放，暂时放过一些次要的知识点，留待课后复习中再去攻克其余未懂的知识点。

量力而行策略，就是从自己的学习前态水平出发，合理确定自己的听课目标要求，立足于将自己的学习能力用好用足。70 分的前态和学习能力，就全力以赴地力争 70 分不丢，而不贪 100 分的听课水平。

保持跟进策略，就是无论怎样思绪凌乱，都保持一个底线，就是注意力不偏离当堂授课内容主线，绝不跟丢，即使有某种灵感忽至，也只草草记下这个灵感的标题线索，留待课后再去深思，而不游离于当堂授课内容主线之外，放纵无关的思绪。

（二）深阅读

本节所谈的深阅读，是专指“解习”意义上的较大深度的精心阅读活动，是在初级阅读（以识字句为主的阅读）、检视阅读（以浏览目录及大体结构为主的阅读）基础上，进行的分析阅读（完整理解性阅读）和主题阅读（多书比较阅读）①。

---

① ［美］莫提默 J 艾德勒查尔斯. 范多伦. 如何阅读一本书［M］. 北京：商务印书馆，2014：17-27.

不同于听课的是，深阅读可以由学习者自行控制对内容呈现的感知进度和节奏，因而深阅读时的身心协调难度不会有听课那样高。但深阅读并不总是比听课更有学习效率。好老师授课，常常带给学习者远高于自学教材的那种学习效率。因为，传授一些复杂的操作知识时，教师通过动作演示，比书本上文字符号表述可以简便生动直观得多。传授一般知识时，除开照本宣科的教师，一般教师都会在讲授中加入自己的理解和收集的案例，对理解中的难点加以详细说明，对理解的过程逐步展开呈现，并且根据学习者反应而调节气氛、调整授课方法，给学习者理解知识带来便利。

正确的深阅读，首先是确定学习标准。确定阅读的基本要求、重心和投入力度，例如“此处摘抄、此处背诵、此处搞懂、此处暂略过”等。深阅读一般用于内化知识、内存知识的学习，深阅读的学习标准一般是理解或熟练（3 级）至创新级（5 级），需采用反复多次、快慢结合的基本方式，甚至安排实践、观察、反思等活动助攻。精力不够时，也可只对相关专题内容进行深阅读。

深阅读，不只是为读懂一本书，而应是为弄懂一个相关主题的知识。对一本书，在浏览、预习获得“认知地图”的基础上，选择必要重点章节、段落进行逐字逐句的“抠字眼”式思考，是深阅读的基本方式。收集相关资料，形成主书、副书，你当下计划要读的书，称为主书；为读好主书而延伸涉及的其他学习资料，称为副书。开展主书、副书联合阅读或交叉阅读，以促进对专题的深度思考，是深阅读的高级形式。其好处，一是可以通过正反观点的比较，激发辨别力、批判性思维和创意，深化对主题的理解。二是可以通过以主书关键词为索引，从工具书、参考书、基础书等副书中寻求解释，对重要知识点了解更深，还能“搂草打兔子”附带学到有用知识。但联合阅读或交叉阅读往往太杂乱，也可导致战线拉得太长，精力顾不过来，甚至导致学习迷航，偏离主攻方向。

深阅读，相当于战斗中的总攻或强攻，应力求一举取胜。若反复强攻仍不能得手，就需要思考原因，若是基础知识不良，就需要暂时撤退，转向先补基础，基础补好再反攻主书。若有条件向良师益友寻求帮助，则可能受到启发而因此开窍，达成理解的成功。当学习者对困惑之处有所顿悟，也能完成对主书难点问题的清晰理解。

（三）解习的基本方法

做标记、旁注、摘要、索引、笔记，是解习的重要方法。

做标记及旁注，是在书上划记符号、写下提示或问题，以使自己再次重读该书时，可及时方便找到关键点位置、引导自己沿着提示线索，继续深思研究。做标记及旁注，等于是学习者为促进自己理解、记忆而创制的工具，工具好，则促进理解；工具不良，甚至可能妨碍后续阅读。

标记的符号，诸如下划线、重点号、方框、Q、G、□、☆、▽等符号，均可由学习者自行规定符号样式与含义。其中常用符号往往分别用于表示关键字眼、重点、精彩、可疑、问题等含义，只需符号醒目即可。学习者做标记符号的方式，不宜边看边随手划记，而应确信自己真正理解了文本内容之后，看准之后，才正式划记，以免误导重读时的注意力指向。有的学习者准备了红黑铅笔、墨水笔、橡皮擦，先用黑铅笔做标记，后发现标记不妥时再擦去，正式用墨水笔、红笔做出标记，这样做更好。标记及旁注，只应在自己的书上做，不应在借书、他人书上做，这会引起他人反感和不悦。

书签与插纸页。最好的办法是在书上制作自己的“彩线书签”，即到商店买来刺绣用的彩色丝线，赤黄蓝绿黑橙紫等色线皆可，将数根选定颜色的线剪成相当于书页长度的 1.3～1.5 倍的长度，把彩色丝线的一端用玻璃纸贴在书背上，把丝线放在某页书里。每次使用时，例如用红色线表示在读页的位置，用黄色线表示重要页的位置，用蓝色线表示计划到达的页位等，阅读时一打开书就马上可找到需接着读的位置，无须再翻找，提高了效率。

做摘要，是将书中精彩、重要且自己今后将使用的论述、话语、精彩案例及分析摘抄到卡片上。摘抄应原话照抄，不得增减字词，并应注明作者、书目、页码。摘要是为了以后方便、准确引用，摘要卡可便于分类存放，在必要时用于背诵复习，或引用于论文、演讲中引经据典地增强表达的说服力。有的学习者将摘要抄写在笔记本上，这种做法效果不太好，因为使用时不能快速找出需要引用的东西。而单独的摘要卡集，则可临时从中取出需用的，进行组合，这可启发帮助学习者准备发言、写作提纲。

电子书籍、在线文章，可以轻松复制保存其中精彩之处，但由于这种摘抄太过轻松，常导致学习者随意摘抄，以致将并不精彩的地方也一同不假思索地摘抄下来，使得摘抄的“含金量”大大下降，自己也不愿再读。

做索引，就是将书籍的书名、作者、译者、出版社、书号等信息以及书籍中的主题词、主要内容简介记录在纸质或电子卡片上，以便在需要使用相关资料和知识时，可很快找到。这种方法，过去是做学术研究的人所多用，一般是阅读之后，对书中内容感到今后可能有用但使用次数不多，才做该书索引。即使是不从事学术研究工作的学习者，也需要标识外存知识的查找处，解决书到用时如何快速找到的问题。借助计算机及互联网，也可方便地建立自己的索引库。做索引，是人们常忽视但实际上应当高度重视的学习方法，因为管理自己的外存知识与获取内化知识、内存知识同样重要，它在现代快速变化的时代和社会中更显重要。不注意这个问题，将会损失学习者很多本可获得的学习效果。索引库的自行创建办法，可以用书名、作者、内容主题词、方法关键词、观点或知识关键词、案例关键词、文采特色关键词、评价等级号作为栏目格式，逐一填写而成，一定应确保对于记不清某个知识点的详细内容，在需用时仍能根据索引很快找来它。

笔记，包括过程性笔记、整理性笔记和创新性笔记。过程性笔记的作用是促进在学习过程中理解、消化和记忆，整理性笔记的作用主要是清晰归类，帮助缩短复习时间和减少不必要的重复劳动。创新性笔记，就是消化了读书的“输入”后，自己动手“输出”有新意的一些文字成果。有些学者“每天读1万字，写500字”，以读促写、以写促读，读书与创造成果双丰收。

前人说：“不动笔墨不读书”，我们还要加一句“不想明白不动笔墨”。所谓“动笔墨”，就是指阅读过程中做标记、旁注和笔记，这是符合科学原理的有效阅读经验。做笔记与不做笔记，造成的阅读或听课质量大不相同。人的大脑工作记忆区瞬时呈现的信息容量有限，导致思维活动只能在这些有限的信息范围内进行加工，因而思维加工运算的瞬时质量受限，而借助外存信息同步呈现，可以弥补大脑工作记忆固定容量的不足，促进提升思维工作的瞬时质量。一位著名作家曾说：“作家是用笔来思考的”，人在写作过程中往往产生孤立思考所想不到的点子，就是因为，外存信息与工作记忆区内现信息同步联合提供给思维进行加工，可导致思维瞬时质量提升。做笔记，不仅促进学习中的思维活动能力，而且还更容易留下记忆痕迹。不过，不动脑筋、光忙着机械抄写的做笔记方式，效果会极糟。

一些学习者不愿在听课时做笔记，常用手机拍照、拍视频代替笔记，一般有三个原因：一是不懂或不相信做笔记的作用，认为笔记只是为了记录信息。二是承受不了听课的认知负荷，做不到耳听、眼看、心想、手记的同步协调。三是学习态度和学习标准问题，认为不需要太认真对待听课。放弃笔记而采用以录音、手机拍照和拍视频的替代记录方式，不仅会导致复习时耗费更多时间，而且会得不到笔记的促进当堂思维的好处。也有人问，如果使用速记技术做笔记，听课效果是否更好？我们认为，速记笔记除了记得全的作用，其余效果并不佳。综合来看，听课笔记的方式，以思维导图式最好。

做课堂笔记，是在边听边看边思边记的状态下进行的“流水账”式笔记，因此它与阅读笔记的方法有所不同。其要求是，只记关键词、关键语句，确保复习、回看时线索明确即可。教师讲一句，就一字不漏地做笔记的方法，是不可取的。因为在笔记上写字的速度总是赶不上教师口头语言传输的速度，不仅记录难跟上，而且即使你掌握速记技能能勉强跟上，也可能消耗听课中必需同步思考的精力资源。工工整整的听课笔记，只应在听课后补做，而在当堂做工整的笔记不是好的听课方法。过程性听课笔记不要求工整，但要求线索明确，不至于自己相隔一段时间回看笔记时，会有云里雾里、不知所云的感觉。所以，做这种过程性笔记，应坚持听懂了意思之后再延后当堂补记，经迅速概括、分清条理线索后再记录，尽量用少量的关键词、短语进行记录。只对重要的原话、板书进行详细记录，记录不及时，还可请求教师延长板书呈现时间或重复陈述。应注意区分听课重点，将更多精力放在听课的重点问题上，应尽量为当堂理解记忆的思维活动腾出时间精力。

课堂笔记一般格式见表5.3：

表5.3　课堂笔记一般格式

页眉区：课程名称、授课人、时间、地点		
目录区：记录顺序要点	关键词区：记录各要点中的关键词	整理区：课后补充要点词和关键词

课后的学习笔记，则要在复习时，经参考阅读教材、参考书，对照课堂笔记进行回忆与思考，对所学内容，用自己的语言进行重新书面表述。

有的学习者将笔记本的页面折为上下或左右两部分，一部分用于整理课堂笔记以及课后补充，另一部分先留白，待课后再填写工整的学习笔记，或整理出思维导图形的笔记。这也是可行的较好做笔记方法。

凡是深阅读，就应先把笔记本以及各种卡片准备好，随时准备记录。做深阅读笔记，主要是记录要点、编制小索引或小档案、提出问题、写下感悟，主要目的是以笔记促思考和理解。编制小索引或小档案，指为帮助后续阅读，而将书中初次提到并随后反复多次出现的人物身份、概念编制出解释、说明、简介。例如，在阅读长篇小说、外国文学作品、少数民族文学作品时，其中提到许多人名、地名、历史名词、做物名称等，一般学习者难以记住、容易混淆人名等，这易造成后续阅读理解不了作品叙事情境和问题线索，所以，一些读者往往边阅读边将人名、地名、历史名词、做物名称列出一个汇表，这个汇表就是该书的小索引，可帮助后续阅读一目了然地知道这些名称背后的信息和相互关系。在阅读理工农医等书籍时，有时同样地根据书中所述，汇总各种概念的描述，形成小索引或小档案，也可帮助后续理解。有的书籍不是一次性地把这些名称、概念就讲清楚，而是陆陆续续展开信息，因此，编制其小索引或小档案，也需要在阅读中不断补充、添加或重新表述，当读者读完全书时，几乎就可以对小说中的主要人物、重要事件形成“小档案”，对次要人物形成“小索引”，可写出人物记。但小说含有艺术虚构，这种“小索引或小档案”的价值，仅仅是帮助学习者理解书中的复杂故事情节或述说结构，有时并不具有知识性。

可将阅读笔记分为初读笔记区与复读笔记区两部分，初读笔记区记载阅读中的发现、疑问及其分析与思考，允许凌乱，但不应将这种笔记当作演算、涂鸦的草稿纸。初读笔记留下的东西，反映的是学习者初次阅读时的理解水平，是阅读“童年时代”的痕迹，自然可以体现学习者分析所学对象内容的理解过程，可允许展露未理解知识点之前的幼稚状态。复读笔记区记载的东西，应是经准确清晰地归纳和整理而成的东西，字体应尽量工整，使得以后复习时，能用很短时间、很快速度完成，该笔记内容，实质是对所学书本进行去粗取精式加工后形成的浓缩品。有的学习者读书，也做了详细深入的阅读笔记，但这种笔记连本人都不愿再翻看，没有起到笔记的应有作用。其原因往往是笔记内容等于大杂烩，相当于废品垃圾与精品共存，而且字迹难辨，整理质量不高。有的学习者只做了过程性笔记，而没有重写整理笔记，这不利于复习。

学习者必须明确，学习时应当随时做笔记，并习惯随后整理重写、补写学习笔记。笔记是用来给自己看、自己用的，不是用来“秀”的。它既是学习的收获表现，又是学习的“脚手架”性的工具。

思维导图是人将自己脑中的知识或想到的点子，用图形表示出来，以图形修改、修正来帮助思维深化过程，以图形表象来帮助记忆的视觉化思维方式。

思维导图式笔记方法的原理和技术是：

1. 用要素、关系、结构组成图形。要素，指一个单独的概念，以框图及其名词来表示；关系，指要素之间的关系，以线条、箭线及其线上旁注文字来表示；结构，指概念关系之间呈现的组织特征，以并联、串联、混联等样式的图形或次序来表示。例如，类别树状图，就是一种思维导图。鱼刺图是表达因果关系结构的一种思维导图。思维导图的含义，只要制图人自己能懂就行，但要展示于他人时，则需帮助他人理解图形含义。图形的文字、线条、结构，反映制图人思维活动状况，它们混乱，代表思维不清和思维盲区的存在；它们清晰，说明思维已达到清晰明确的状态。

2. 步骤：在图纸上，先写下主题词（图的标题词）；再写下各要素词，画上框图，并用各种线条描述它们之间的关系，线条上可用文字或形象性符号注明关系属性；设法以图形样式、次序、布局等表达出要素关系的结构。

3. 要求：尽量使用标准化线条、结构图来制作思维导图。可自行规定各种线条、符号、图形的标准化含义，对于非标准化的线条、符号、结构图，可临时自定义，具体见表 5.4。

表 5.4　各种线条、符号、图形的含义

图形、符号样式		标准用法
	主题框	内写主题词
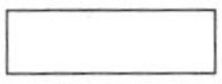	要素框	内写要素名词
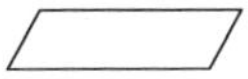	问题框	内写问题表述词
	实线	表示明显关联
	箭线	表示先后、结果等关系
	双向箭线	表示要素相互作用
<　　>		分别表示小于、被包含，大于、包含关系
鱼刺图、多重原因图、正负号图、SWOT 图、SCOC 图		用于原因分析、对策分析
系统布局图、环形图、窗式图、力场图		用于设计
流程框图、网络框图、甘特图		用于计划

三、复习——例如回想复述＋查阅、作业、温习、诵读、记忆

本节所称复习，即指主题学习材料的操习阶段的多种自主有意活动的总称。

（一）回想复述＋查阅

复习应既全面又抓重点。我们提倡“一支笔”法：准备一张空白纸、一支笔，先不看以前所学的书籍笔记，自己凭记忆回想并尽量用自己的语言复述已学过的内容，必要时在纸上记下要点。然后，再打开以前所学的书籍或笔记，对照自己回想复述的内容，就会发现遗漏点和复述错误点，这些是你记忆印象不深或者理解不透所造成，其中很可能就有隐患点。评估出隐患点之后，你就有了复习重点，对之应针对性地查阅原文出处仔细阅读与思考，若还是没有真懂，就应记下它并赶快排除，请老师答疑，或换个办法重新攻关地解习。

（二）作业

作业是为巩固、验证、体验所学知识而安排的练习活动任务，目的在于提升理解率、记住率、熟练度、灵活度。作业一般是教师、教材为学生布置的、由学生自己去完成的学习功课，主要有课堂作业、课外作业、家庭作业等。学习者在自学时也可自己为自己安排作业，这属于自设作业。在所学知识内容已经充分解习、温习之后，再进行作业，才是有效的。

不做作业、只读教材，是绝不可能提高学习成绩和学业成就的。这是因为，教材所陈述的知识，往往需要在应用、练习中有所具体深度体验才能掌握。教材陈述的知识越是抽象，学习者在学习中就越容易出现造成读不懂、理解肤浅错误等现象的认知障碍。几乎所有抽象的知识，都会引起学习者的隐性的或显性的认知障碍。只有从作业体验中，学习者才能发现这些认知障碍，通过对答案纠错，才能消除隐性的认知障碍，取得学习的进步。

1. 作业的问题

发现体验性作业：目的是提升对概念和命题的“理解率”，使学习者对概念内涵外延、用途用法、主要特性和次要特性、一个概念与其他概念的细微异同之处，进一步清晰确定地合理分化或类化，且从体验中发现、概括、迁移某些隐含规律规则。它主要适应于陈述性知识的掌握。这类作业贵在精而不在多，若能精准地促使学习者意识到并解决某种认知障碍，则价值很高，否则用处不大。这正如“药对症，一口汤；不对症，一水缸”。

重复性练习作业：目的是提升熟练度、记住率，主要用于程序性知识技能的体验和强化，促使学习者形成反应定势。例如，练习书法写字，一个字写许多遍，练一首乐曲，反复多遍地弹奏，就常是重复性练习作业。这类作业应量与质并重，数量不能少，否则练不出稳定精细的技能。

问题常在于，切中学习者认知障碍的发现体验性作业难以个性化量身设计。教师难以设计这样的作业，因为：第一，教师应正确揣度出学习者在某一知识上的认知障碍是什么，这个揣度非常需要有丰富的经验。第二，教师如果给一个班数十个学生布置不同的量身定制的作业，则带来批改作业耗时费力的新问题，会大大增加教师批改学生作业的工作量，这使得一些教师不能接受。学生更难为自己设计这样的作业，因为他不一定了解自己的认知障碍所在以及哪种习题对克服哪种认知障碍较有效。在这种情况下，师生只好大搞“题海战术”，这虽可以提升对学生认知障碍的“碰中率”，但也带来大量无效的劳动，酷似“不对症，一水缸”。

过多重复性作业并不能一定有效提高学习成绩。具有优秀学习能力的学习者，可能因枯燥而失去学习兴趣。学习有困难的学习者，做一个习题而做不出，本来就是卡在某个认知障碍上，在这个认知障碍没有清除之前，又要求他再做一个相似的习题，就会再次卡在同一个认知障碍上，再次体验失败，进而增加厌学感。机械式的练习，还可能妨碍学习者创造力的运用和发展，在处理无唯一正确答案或无标准答案的问题时，因惯性思维而产生解决问题的思维短路。可能使学习者排斥“探究-交流”的学习方式，过度依赖教师，逐渐放弃自觉主动思考的习惯。可能占用了学习者做其他事情的时间。

有效作业的正确方法是，将做一定数量的习题作业与反思整理所学知识内容结合起来，带着问题去选题，实行“以一当十”的练习方法。

一是应根据学习目标和自身学习能力合理选做一批习题作业。例如，对低、中、高难度的习题可以按 5：3：2 或者 3：4：3 的比例从习题集中选作业题。一般来说，强调记忆性和熟练性的解释题、计算题等属于低难度习题，强调在复杂问题情境中综合运用知识且已知条件相对少的习题属于高难度习题。学习者不可贪多求难做习题，应注重合理的习题难度结构，应坚信习题练习与反思整理相结合的效果远胜盲目大量做题。

二是对难题、错题不要轻易放过。难题多次做不出来，除了某些知识基础不良或没记住的原因，很可能还有某种知识的内在联系“想不到”的问题。解决办法是冥思苦想，反复揣摩教材和参考材料中对某一知识的阐述，力求有所醒悟和发现，实在不行再向高手请教，看高手的解题过程，思考自己不足之处并采取改进措施。一旦“想通”了，就排除了原先存在的某个认知障碍。错题，往往有审题错、运算粗心错、知识理解错等原因，审题错、运算粗心错属于态度、基础能力欠佳，有的稍加留意就可今后避免重犯错误，有的则需要从基本功上开展针对性的矫正练习才能减少出错率。知识理解错一旦顿悟，就等于排除了一个隐患。难题和知识理解错的错题，往往具有很好的学习价值，有时纠正一个错题，比做十个重复性的新题更有价值。值得以错题本、难题本的形式来列明学习成果，并经常品味反思。

三是对典例题（精彩的好习题）要格外珍视。典例题是要求使用一些常被忽视但管用且适用范围较广的精妙技巧才能解决的精炼习题，有助于培养学习者的“杀手锏”技巧和“拿手好戏”。其收集与挑选，是学习者鉴赏力、理解力的反映。高度熟练典例题所代表的解题技巧，对考试拿高分很有帮助。你挑选出的典例题，必须是你做过、吃过亏、但理解后发现很有用的那种习题，能说出它好在哪里、妙在何处。好医生讲得出好病例，好棋手说得出好棋例，他们说起自己的“典例题”总是眉飞色舞。好的学习者也应有这样的境界。

四是带着练习心得（对知识点的新理解、解题方法技巧）去整理、复述所学知识，补充和标注重点。

2. 自设作业

学习者应主动自设作业并限时完成。一些重复性练习项目、简单体验性练习项目，如做习题、背诵、默写、抄写、朗诵、复述等，完全可以由学习者自己自主设计，并自己根据所学评判练习对错优劣。主题明确的交流切磋、实习、观察、动手尝试制作等方式，也是自设作业的好方式。对自己的错题、难题进行“复盘”反思，更是特别好的自设作业。自设作业既要开动脑筋，又要遵循学习规律；既要从难从严要求自己，又要使难度强度逐步递进，不可急于速成。

（三）温习

温习，是对以前学习成果的巩固和深化，尤似相隔一段时间后的重新“升温”。它分为巩固性温习和深化性温习，前者偏重对所学过的内容进行记忆恢复和加固，后者偏重对所学过的内容继续扫除盲点或未完全掌握之处。

1. 巩固性温习的问题。

题 1 温习多，当然学习效果更好，但劳动量也更大。温习少，人轻松，但可能学习记忆效果不佳。那么，对于一般成人学习者，温习的最佳次数是几次？

德国心理学家艾宾浩斯对记忆遗忘规律的研究，证明遗忘是按照“前快后慢”的规律进行的，以无意义音节的记忆遗忘测试为例，从认知完成到的 20 分钟后，遗忘率高达 41.8%，仅有 58.2%的内容还能记得；在 1 天后，遗忘率达 66.3%，仅有 33.7%还能记得；在 6 天之后，遗忘率达 74.6%，仅有 25.4%还能记得。这说明，认知任务结束后的自然时间段中，每个单位时间内产生的遗忘数量不是均匀不变的，而是距离认知任务结束的时间越短，前期遗忘的步子就越快，距离认知任务结束的时间越长，中期遗忘的步子就放缓，后期自然遗忘的步子更加放缓，这就是“前快后慢”。尽管总的来说，距离认知任务结束的时间越长，遗忘的总量就越多，这一趋势并没有改变。

有人将艾宾浩斯记忆遗忘曲线表述为 $Y=1-0.56X^{0.06}$。假如从初次认知任务结束后的 T 时间间隔点进行温习，则记忆遗忘效果应为初次认知任务结束后的记忆保持率与温习后遗忘曲线决定的记忆保持率相叠加，但记忆保持率不可能超过 100%，如此测算分析，得出估计：如果要保证一年内对某个材料记忆保持率基本保持在 90%左右的水平，那么，最少的温习次数是 5 次，这五次温习的时间间隔分别是 10 分钟后、24 小时后、7 天后、30 天后、180 天后。这种猜测得到了部分实证的支持。

由于记忆规律非常复杂，至今科学界仍未完全掌握，加上无意义机械学习与意义学习的记忆规律也肯定有差别，因此，上述看法仅具有参考作用。假如上述猜测具有通用性，那么，我们可以沿着上述思路进一步指出，若运用知识的需要不同，相应的最少温习次数和时间间隔也会变化。例如，如果要应对本学期期末考试，则相关知识的记忆保持率只需在半年之内的时间中保持在 90%左右即可，因此，最少温习次数应是四次，时间间隔分别是 10 分钟后、24 小时后、7 天后、30 天后。如果应对三个月之后的考试，最少温习次数则可能是三次，时间间隔点可以是 24 小时后、30 天后、考试前一两天，因为从理论上说，解习加上三次温习形成的记忆保持叠加效应，可达到考试时记忆保持率维持在 90%以上。

假如一个学习者从不进行温习或者仅进行一次考前温习，那么从艾宾浩斯遗忘曲线来推算，记忆保持率分别只有 25%、59%左右的水平，这意味着在正常情况下，这位学习者应考的成绩将一般是不及格水平。

可见，学习者需要根据运用知识的需要，来确定温习的最少次数和合理的时间间隔。一般来说，若运用知识需要不是太频繁，则温习两三次即可；若运用知识的需要较频繁，则温习四五次是必要的。在运用知识前几天进行温习，效果最为显著，这一点众所皆知。平时温习可养功力，考前温习冲刺可调状态，要想取得好成绩，这两者必须有。

我们的建议是：

（1）学习者最好是形成“当即回顾”的习惯——每次学习结束前，都要把刚才学过的内容再简单回顾一下，然后才真正结束本次学习。

（2）对于非应考的成人学习者，三次温习法就够用。其时间间隔分别为 1 天后、一周后、一月后。

（3）需应考的成人学习者，则应采用四次或五次温习法，时间间隔点分别 6 小时内或 24 小时后、7 天后、30 天后、考前一两天。

题 2　如果采用三次温习法，就会产生两个困惑：一是学习者在按多目标计划连续学习某个新的项目内容时，每天的学习任务就包括当天要新学的、温习昨天所学的、温习一周前所学的、温习一月前所学的，这会不会导致温习量太大，以致挤占当天要新学的项目内容所需时间？而且在新学内容与温习内容上的差别，会不会导致专注力分散？二是学习者对新内容的学习活动与对旧内容的温习活动，应如何合理安排？

我们认为，新的学习与对原先所学知识的温习，肯定存在时间上、精力上、专注力上的冲突问题以及心态上的模式切换问题。但是应注意，解习与随后的温习，并不需要花费同样多的时间。因为在解习之后，人对知识点的记忆组块开始浓缩，即原先需要作为好几个记忆单位的信息已合并成一个记忆单位，形成一个记忆组块。温习是对浓缩了的记忆组块进行记忆，甚至原先的一个段落都可以瞬间化为一个记忆组块，对这种浓缩了的、组块化的知识点的温习，只花费很少的时间就可完成。只要解习质量足够好，再加上整理得好，温习可以是很轻松的，只需对尚不熟悉的部分多花点时间温习，其余内容以浏览方式扫过即可。所以，不必担心温习占去太多时间，但若诚惶诚恐、患得患失，把温习变成了不必要的反复解习，那就真的会挤占新内容学习的时间。

对于同一天中，学习者如何组织和管理新学活动与温习活动这一问题，建议方法是：第一步，建立四个文件夹，它们分别是“今天任务”夹、“昨天温习”夹、“周前温习”夹、“月前温习”夹。第二步，将每次所学内容的整理笔记按日期、星期号编号。第三步，每天做学习计划后和学习准备时，将需要在当天学习的资料放入相应的文件夹。每天学完“今天任务”夹的新项目内容后，就开始温习其他三个文件夹中的已学资料。如此天天循环，可保证在长期连续学习中，三次温习法得到充分贯彻执行。如出现文件夹积压情况，应加班清理，恢复既定秩序。

2. 深化性温习的问题

题 3 想去消除自己已有所学知识中的空白点、“夹生饭”，但不知道它们藏在哪里，于是只好“地毯式排查”，而这种温习方式无用功太多，效率极低。消除短板、排除隐患的温习，怎样才能提升“定点精确打击”水平？

产生深化性温习的原因，一是原先的解习质量不高，忽略了或未理解好一些知识点，导致后来需要补救；二是学习标准提升，学习者因新的需要而必须在原有掌握水平上再进一步提升质量，导致后来需重新解习。对于前一种情况，温习最好是有针对性地去修补。对于后一种情况，修修补补不如重新回炉，按解习要求再学过一遍更好。

提升修补的针对性的办法，一是针对自己的“错题集”进行温习，二是在整理“知识体系图”和复述中开展温习。两个办法可结合使用。“错题集”中往往隐藏着学习者已有知识所存在的空白点、薄弱点、误解点。根据“知识体系图”复述已学内容时，如果出现复述不出、不透、不可信的问题，那么在该卡壳的点上就很可能存在空白点、薄弱点、误解点。找到薄弱位置后，应具体明确空白点、薄弱点、误解点的名称，错在哪里、正确的理解或做法是什么，把这些写下来。对于两次以上在同一个地方犯错的问题或知识点上，更是要不吝时间地深刻纠错。一旦这些空白点、薄弱点、误解点得以消除，学习者就可再进步。

有的学习者，平时不学习，在考前才急忙开始学习，其学习是突击，而非温习。一些人靠着基础好、学习能力强和学习策略优，通过短时间突击自学，也能在考试中取得好成绩，令人惊讶。他们的窍门之一，是请老师为他“划重点”，这等于打探考试范围，不考的内容，他自然就不去突击了。这种套路，并非学习的正道。靠聪明和突击求过关的学习者，总归是功底不扎实，能对付考试，未必应付得了实战。

在解习至复习的过程中，存在大量的记忆任务，它使学习者的记忆力饱受挑战。在记忆方法方面，已有大量书籍论述，本书不再赘述。但需要提醒读者，一些记忆术方法，在真实的学习活动中并非实用。真正靠谱的记忆方法，还是在理解知识的基础上，多采用基于视觉表象、谐音法的记忆编码方式，加上多次复习。而基于视觉表象、谐音法联想的记忆技能，需要经过一定时间的反复训练才能形成。有兴趣的读者，可查阅“限定词技术”“关键词技术”的记忆知识。

四、整理与反思

整理，是学习者在一次学习或一段时间学习之后，对自己的所学知识技能进行盘点、归类、归位、归纳和反思总结性活动。它分为如下几种水平：

初级水平整理，是现场场态的整理和准备，即收拾书籍资料、文具用具、桌椅等，清理房间卫生，将重要物品归位。缺乏这种初级整理习惯的学习者，经常在新学习即将开始前或开始后，才发现找不到新学习需要的物品，较严重地影响了新学习的效率效果。

中级水平整理，是日常性地对自己的学习成果进行的整理和为下一轮学习进行的准备，包括复习当天和以前学习的内容，对练习中暴露的问题进行纠错，编制“错题本”或“错题报告”，归纳出所学知识的大纲或概图。错题本一般应包含五个部分：原题目、原解题过程、错误处和错因、正确答案、小结。一般小错误的纠错成果，不必登记于错题集，以免抄写工作量太大。缺乏该水平习惯的学习者，往往不能及时、系统地深化学习印象，仅停留于初次学习的凌乱状态，他们未搞懂的问题会越积越多，受到“后摄抑制”的风险大，以前所学东西的记忆、理解容易搞混，学习效果、效率难以提高。

高级水平整理，是阶段性地对学习总成果的整理和总结，包括整理学习的方法、疑点问题、所学知识概述文图、典例、反思总结等内容。所整理出来的东西，是准备长期保存、以备今后时常参阅用的，是作为“教师”的自己写给作为“未来学生”的自己看的东西。缺乏该水平习惯的学习者，改进学习的幅度小，学习方法变化慢，惯性难改，很难达到学习的更高境界。

高级水平的整理活动中，有一种重要形式，就是写学习后记。学习后记，是学习者对自己亲历的学习过程及其结果，进行审视和分析的反思性书面材料。它分为两种类型，一是随机性的后记，即以事为线索写的反思记录，又称“事记”；二是阶段性的后记，即以时段为线索写的对一个阶段的总反思的记录，其形式包括学习周记、月记等。

写学习后记，可以帮助学习者整理和管理自己学习的感悟，促进自己内省和素质提高，帮助自己发现自己学习活动中存在的主要问题，促进自己管好时间、精力、思想方法，提高自我观察的敏锐力和悟性。

学习后记的写作方式，按写作目的来分，有经验总结式、失误纠正式、心得体会式、问题汇集式、自我评价式、案例点评式、阶段回顾式等；按写作体裁来分，有应用文式总结、散文式感悟、研究论文式理论分析、过程记录回放式等。关键是其中应有自己的“心经”，哪怕只有寥寥几十字，都是价值极高的。

写学习后记，应注意与学习计划管理、与学习笔记相配合，发挥其改进学习计划管理、改进学习系统、整理学习成果的作用。

第四节　考试与应考

考试、测验、考查，都是对学生掌握某种知识、技能、能力水平和心理倾向进行调查、鉴别、评价的测量活动。用考试（测验）来测量人的能力、创造力、人格、知识掌握水平等特征，到底测不测得准，虽然常常引起很大争议，但除此之外目前并没有更好的办法。

考试是以一群人或一个人为测量客体，以人的内在心理特征为测量内容，以试卷或设定的任务情境为测量手段，以评分标准为测量法则，从而得到测量值的过程。考试一般由出卷（专家命题、设计问卷、设定标准答案、评分标准）、答卷、阅卷、评卷（最后对各被试的考试成绩进行登记、整理、分析和处理）和反馈（公布考试成绩）等环节组成。

考试可以使学习变得更有效。美国州立肯特大学心理学系教授凯瑟琳·罗森认为，在学会某种知识过程中，人们会从已有知识中去找到某种内心语言或图式“媒介”，用这种“媒介”去理解新知识，同时也会用这种“媒介”去联想、记忆新知识。其实验表明，经历过考试反馈的学习者，在后续学习中，能刻意去寻找更好的媒介，纠正不佳的媒介。而没有考试压力的学习者，则缺乏这种意识，所选用“媒介”即使不佳，也不太在乎，在最终测试中，前者学习效果是后者的三倍。可见，考试及其结果反馈，能促使学习者，更积极地寻找理解和记忆新知识的有效媒介。没有考试、测验，就不能逼出学习者的干劲和高效学习状态。

考试也可以妨碍学习效率、效果。我国古代科举考试，就有严重的标准误导弊病。清华大学外语教授孙复初认为，在我国学校英语教学中，标准化英语考试是造成英语教学水平下降、效率低下的重要原因，“因为标准化考试考出的成绩和实际的英语水平并不成正比，标准化考试不仅不能提高学生的英语应用能力，反而约束了学生的思维能力、表达能力和创造能力，标准化考试和语言学习完全是两条道上跑的车”。在英语标准化考试中，用语法知识解析病句、错句或者选择填空成为影响考试成绩的重头戏，使得学习者重视“分析”而忽视熟练运用语言，甚至发明出“多选 B 或 C，少选 A 和 D”的蒙分奇招。

考试的作用，主要取决于考试的实际导向性。

一、考试的分类

按照评价的参照系的不同，考试分为常模参照性考试和标准参照性考试。

常模参照性考试，就是以被试群体（例如，一个班的学生）的平均水平（称常模）为参照标准，以某考生的得分，来评价其在被试群体中的相对名次。该考试的设计，要求能反映考分正态分布规律，拉开考分差距，便于考分排序。若使容易题、中等难度题、高难度题按照 5：3：2 的比例出题，就一般可得出正态分布的考生成绩排序。它能促人拼搏求胜，但也可引起部分考生过度紧张和焦虑。目前，这种考试被滥用，这是个很大现实问题。

标准参照性考试，是先规定某种作业标准，以这种完成这一事项的达标情况计算考试得分，来评价该人是否达到作业标准的合格要求以及符合程度。这种考试的成绩反映被试在该作业标准上的绝对水平。例如，汽车驾驶证考试就属于这种考试。即使你考了全班第一但只有 50 分，那也没有用。你考了 80 分，就算全班垫底，那也不要紧，仍已达标、可合格拿证。

按照考试的用途，一般分为摸底考试（准备性考试）、形成性考试和总评性考试。

摸底考试，主要用于了解学生在新的教学活动之前的基础水平和准备状态，为学校和教师安排新的教学活动提供信息和决策依据。摸底考试成绩可作为分班、针对性教学的依据。

形成性考试，是在教学过程中进行的，目的是了解学生在前段时间的教学活动中达到教学目标的程度，了解学生学得怎么样，从中发现教学中存在的问题、漏洞和学生的困难之所在。学校的期中考试、阶段测试，一般属于这种考试。它不以对学生分等鉴定为目标。

总评性考试，是对考生所达到的掌握水平、某方面的总体水平作出评价的考试，这种考试成绩可用作甄别、选拔的排序依据。高考、招聘考试、选拔考试均属于这类考试。

按照考试命题的规范程度，分为标准化考试和非标准化考试。

标准化考试是由专家按照标准化程序出卷的考试，这种标准化出卷程序，是经过实验验证，具有较高效度、信度，计算出的常模（平均分）合理的一整套出卷设计模式。被试在这种考试中取得的成绩具有很大的客观性和可比性。这种标准化考试为确保考试的效度和信度，往往采用标准化答卷纸、机读答题纸，以大大减轻阅卷工作量，甚至实现阅卷自动化。

非标准化考试，就是未使用严格的出卷程序，由出卷人根据自己的经验、风格自行编制试卷的考试。这种考试的效度、信度可高可低，取决于出卷人经验水平和考试目的意图。

广义上说，比赛、竞赛也可属于一种特殊的考试，它具有明确的“测量法则”，即比赛规则和比赛工具，用竞争对手互为比较，来衡量参赛者在某一品质上的高低。

二、应试能力如何看

有人将学习者分为四种类型：第一等的人会学习又会考试，第二等的人会学习但不会考试，第三等的人不会学习却会考试，第四等的人既不会学习又不会考试。这种说法，存在认识偏差，貌似公平合理，其实含有暗讽。一些人常用这种暗讽攻击比他们考得好的人，称那些人是三等人，而他倒是二等人。

一个人的应考能力与其学习能力、综合素质并不是没有联系的。应考能力，实际上是由应考心理素质和应考技巧经验两方面的因素构成。良好的应考心理素质，包括高度集中注意力、遇到困难不心慌、抗拒不良心理暗示和心理压力、抗拒干扰、保持积极兴奋心态、能确保平时水平正常发挥或超水平发挥等心理品质。应考技巧经验，有很大部分是依托于学习者平时学习水平、知识经验、学习习惯和所练出来的敏锐性、稳定度和熟练度。考生考场表现反映出考生在特定情境中的心理素质，反映其灵活运用知识于考场、考卷的能力，这本身就反映了其综合素质真相的一个方面。那些会学习而不会考试的人，至少没有学会在考试的压力情境中高水平发挥的本领，输在心理战上。

那些“不会学习而会考试”的人，除了作弊者之外，实际上是不存在的。良好的应考能力，固然可以使得考试成绩在平时水平上向上波动一定幅度，但是如果在平时真的属于“不会学习”，那么也往往不可能取得很好的成绩，所以，会考试的人并不是不会学习的人。

如果考试的导向不当，则适应这种荒唐考试的人，其应试能力和学习取向就可能是病态的。封建科举时代的应试书生，有很多就是读死书、死读书的迂腐之人。他们的应试能力，反映不了是否有真才实学，鄙视他们当然也未尝不可。如果考试的导向正确、对社会有价值，则适应这种考试的人，其应试能力和学习取向，就值得赞扬。考不过别人的人不应借贬低应试能力来贬低他人，人们也不应以“考得上就好”的实用主义眼光来宠爱应试能力。

我国有一个著名体操运动员，在平时训练中和国内比赛中经常是第一名，而一到国际大赛上，其队友能拿金牌，他总是拿第二名，人们在无奈中送给他一个外号叫“千年老二”。在教练、队友、心理医生等人的帮助下，他经过新的学习提高，改变了心理素质缺陷后，终于获得了奥运冠军。由此可见，应考能力也需要学习和修炼，是一种有意义的学习。

三、应考的技巧

（一）应了解考试的目的、意义和范围。

在校学生参加的学校考试和培训考试，其考试目的，一是考察教学成效，即教学目标完成情况，以便改进教学。使学生通过考试了解自己的学习水平，判断自己在前一段时间所采取的学习策略和方法的有效性、努力程度是否达到标准，以便学生改进学习并配合教师进行教学改进。这种考试目的简称“反馈-调节”。二是对学生学习某门功课所达到的水平、努力程度进行识别、评价，以便于奖优罚懒，鞭策学生加紧认真学习。

社会性考试，一种是具有人才甄别、选拔作用的考试，例如招聘考试、公务员录用考试、领导干部公开选拔考试、竞争上岗考试。考生如想获胜，就得显示出比其他竞争者更优秀的表现。另一种是确认考生某一方面的绝对水平是否达到从事某一工作所需的合格标准的考试，如职业资格考试、等级证书考试，它属于标准参照性考试。考生如想获胜，就必须确在考试项目和范围方面，具有合格以上的绝对水平。

对于重要考试，考生不能掉以轻心，必须提前准备，拟定复习应考计划，甚至预见到某种重大考试将举行的大致时间、考试项目和方法，及早作出计划安排，进行针对性训练。毕竟，“机遇青睐有准备的人”。平时不努力、应考准备不认真，而幻想考试时临场发挥优异，或想以考试舞弊的欺诈方式取得优良成绩，是极为错误的。“平时多流汗，考时少丢分”，考生如不想得到惨败后的悔恨、痛失机会的创痛，就应在考前积极备战。

知识经验基础扎实的学习者，越是仔细地研究了考试的目的，就越能够判断出必考的范围、重点和不太可能考的范围，进而进行有效的应试准备。判断错误，应试准备就容易走偏或盲目，劳而少功。

（二）熟悉题型，即出题考试的方式和要求

考试试题分为两大类，自由应答题（主观题）和固定应答题（客观题）。

自由应答题，是让被试用自己的语言或动作技能来对某一问题作出回答，这类题包括填充题、简答题、论述题、联想题（如作文题）、操作题（如案例分析题、

情景模拟操作题）等，要求被试运用所学知识，展示理解、分析和综合某类知识材料的能力，这种试题存在评分客观性差的问题，有些试题所考的知识点还存在取样代表性不高的问题。这种题型又分为两种，一种是有完全的标准答案的自由应答题，正确答案只有一个或数个。另一种是没有完全的标准答案的自由应答题。前者的解题，重在应考者在解题过程中所展现的水平和长处，关键是答中要害、答全答案。阅卷人偏好和学识水平对考生成绩认定有很大影响。

所以，对有完全的标准答案的自由应答题，在应考准备时宜采用连锁记忆法，做到能将一个问题的正确答案的记忆连成一串，答时就答出一串。或者，采用维度解析法，即对一个问题应当从哪几个方面去分析，而从这些方面去分析，有哪些正确结论，原因是什么、原理是什么，这样在遇到这种题型时，通过临场联想、推理，也能将正确答案答全。

而对没有完全的标准答案的自由应答题，例如作文，答题的关键是在认真审题的基础上充分联想，将平时积累的知识、思想观点、词汇和技艺，编排清晰合理地展现出来，确保切题。阅卷人对这种解题，往往最欣赏的是有新颖独创性、基本功扎实的考生作品，愿给出高分。考生为在这类试题上取得好成绩，平时就要进行大量积累和主动的、有针对性的自我训练。

固定应答题，是让被试从多种答题可能性中辨认出正确答案，包括多项选择题、是非判断题、匹配题。这类答题重在结果而非过程，解题过程基本正确但最终结论错误，也不能得分。对这类题型，在平时就应注意辨别似是而非的概念，明确各概念的本质的和主要的特征，在考试时把关键词审思较透。

出卷人对一个知识点或问题采用什么题型、提问方式，取决于他的目的用意、注意点和知识内容本身的需要。对于出卷人关注的知识点，出卷人往往会在试题中，精心构造一种问题情境（包括已知条件、假设、任务），来提出试题。

每一种题型，都意味着一种独特的解题规范和评价标准。比较浅显明了的常识性知识点和问题，一般采用固定应答题的题型。而对较复杂、需要掌握灵活运用原则的知识点或问题，一般采用自由应答题的题型。出卷人为识别考生的学习细致程度，在浅显问题中可能设置陷阱和小机关，让马虎粗心的考生丢分，或设置特殊情境，使得惯性思维者难以跳出定势的笼子。为了拉开考生的分数差距，还可能略微超出考试范围出怪题、偏题、难题，使得考生只能从这些试题上决出胜负。

熟悉题型，目的是了解出卷人采用的方式、关注点、用意（即考什么知识点，从这个切入点考查考生的什么品质特征等），便于临场时审题可迅速判明出卷人的用意和自己要准备的倾向。熟悉题型的最好办法，是将同类考试试卷收集、研究，并自我进行模拟训练，在模拟训练之后应能发现出卷人的用意和解该类题的要求。

（三）考前猜题和组织复习

有人也许认为考前猜题，是徒劳无益或属于投机取巧的雕虫小技。实际上，考前猜题对考试有许多益处，并且是应考准备工作中很重要的内容。如果猜中了考试题目，并进行了精心准备，当然就可以直接帮助考生在考试中取得好成绩。如果没有猜中试题，考生所做的准备也并非白干，有些准备的材料和专题复习的知识，也可能在考试时间接地发挥作用或具有迁移作用，至少也是一份学习收获。军人习惯于战前猜测和判断敌方可能的进攻方向或防御方向，以此来思考备战工作。越是不断地想到多种可能性、排除不可能性，则战时胜算越大。考生的考前猜题也同样有价值。一般来说，考前猜题比不猜题，考试效果也要好得多。

考试出卷的本质，就是设计测量法则和抽样。抽样就是从同类事物众多数量的整体中，抽取一个数量较少的小样本，用对该小样本的考察结论代表对事物整体的结论的一种方法。考试是在较短时间中考查考生某一方面水平的方式，只能以抽样方式进行。比如，要通过考试测量考生的数学知识水平，而考生在多年学习数学中所积累的知识点可能有很多，总不能把每个知识点都去考察，只能挑选出一部分数学知识点作为考试内容，用这次考试的考生成绩代表该考生的整个数学知识水平。但是，考试对知识点的这种抽样，一般不会是随机抽样。因为考试总是有目的的、举办考试者希望考试的结果具有价值，所以，考试命题出卷总是围绕这些目的、预期价值而抽样和编制的。

考试为达到举办者的目的和预期价值，一般要确保考试抽样和考试方式具有效度和信度。所谓考试的效度，就是考试能考出、测量出计划要了解的考生的那种心理特质、品质的情况，考试方式方法越能反映考察目标指向的那种特质，考试就越有效度。效度的关键是“测得出”，即正确、准确地测量出要测量的东西，考试能考出考生的真实水平。例如，用跑步速度去测量一个人的社交能力，就毫无效度。测量法则与测量对象的实际情况的吻合度即是信度。若考试试题太少、太难或太易、考试时的条件使得多数考生不能正常发挥平时水平，则会使众多考生的考试成绩分数太集中，或分数偶然随机分布，或分数偏离平时正常水平，就说明不了什么问题，这样的考试的信度较低。信度的关键是“减少测量考生时的偶然性”。正由于有考试目的、考试效度和信度的制约，所以考试的抽样是有规律的，因而是可以预见和猜测的。要提高考前猜题的命中率，就需要深刻把握考试的目的和考试范围。平时学习越是认真扎实，对所需知识越是理解透彻，一般考前猜题就越是准确性高。

考前猜题，是一种有趣的活动，猜中率高虽然有一定的偶然性，但也反映出考生对命题者的心态的判断力，和对考试范围内知识价值的认识程度。一般来说，猜中率达到 30%就属于不错了，对于考试成绩的贡献已经不小了。若猜中率超过 60%，则可能是因为考前试卷被泄露、披露和有人作弊。猜题和考试舞弊的界线必须分清，猜题属于考生的诚实学习劳动，无可厚非；而从内部人那里套取试题信息，则属于考试舞弊，是不诚实的行为。

考前猜题与押题不同。以猜测的试题或要考的知识点为重点、但不局限于所猜范围而进行考前复习，是正确的方式，因为猜题毕竟有很大的猜错概率。而有的考生却只对猜测的试题或要考的知识点进行复习，把考试成功的希望，全部寄托在对猜题的准备上，这就是押题。押题是对猜题结果的不恰当利用，常易遭遇失败。

为了避免押题带来的风险，考生考前可按照估计的考试题量的 5～6 倍数量进行猜题，将猜题与制订复习准备计划结合起来，既求全面，又明确应考准备重点，实行“积极防御”，即努力做到自己所能想到的各个方向上的“来犯之敌”，无法突破自己设定的防线，而且准备好几件得分“杀手锏”，使考试成为自己获得良好评价的好机会。最好是在边进行全面复习的同时边猜题，每复习一段应考资料，就换位思考“假如我是出卷人，我会怎么就这个知识点出题”“这个知识点好不好出题”等问题，当有灵感发现和兴奋感时，猜中试题就可能挨边了。

考试高手在复习中，往往能够预感到考试将很大可能出现什么方面的试题，哪些知识点不会考。他们猜题，虽不一定把整个试题写出来、说出来，但对它们已经高度留意、有所防范，而考试结果往往证明，他们的确猜中了一些试题的轮廓，他们的应考复习准备相当具有成效。

考前突击复习是有价值的。俗话说，“临阵磨枪，不快也光”。无论考生平时如何学习，考前突击复习与不复习，都可能在同一个考生身上产生很大的分数差距，少则有 5～10 分的差别，多则有 30 多分的差别。例如，我们让一个大学三年级学生重新做高考题，他往往不能达到他原先得到过的高分，只有当这个学生经过一段时间的系统复习后，才可能恢复原先的水平或超过原先的水平。

组织好自己的考前复习，当然需要有计划地进行。只有有计划进行，才能有效合理组织和分配个人考前时间精力资源。而制订有效的复习计划，需要对可能会考什么，进行尽可能多地了解和尽可能正确的判断，在复习中又需要继续改进、补充、调整复习计划。

（四）临场浏览和审题

拿到试卷时，考生应快速浏览试卷的整体情况，弄清试卷共有几页、共有多少试题、是否每一页都要写上考生姓名、考号，估计考试的劳动量，确定答题速度要求、调整参加考试的心理状态。

有的考试试卷是从题库中随机抽选组合而成，试题难易度搭配不良，出卷人自己也没有试验过需要多少合理时间才能做完，这会造成设定的考试时间过紧或过松。

有的试卷题量过大，考的知识点很多，要求考生在规定时间内完成全部答题，实际上是考考生的熟练程度，这时，考生的应考策略就是尽量快，避免因打草稿再誊正而耗费时间，力求一气呵成、没有返工现象。有的试卷题量不大，考的是解答问题的深度，这时，考生的应考策略应是精心编排答题过程结构、胸有腹稿后再答题。若时间宽裕，还应将答题书写得尽量工整、漂亮。

浏览试卷后，考生应迅速形成自己的应考策略。

审题，是对考卷上的试题进行仔细和快速的阅读、分析、明确出卷人对答题的要求。试题往往文字精练，无效信息较少，所以试题的每句话、每个字可能都蕴含了对于答题的有用信息。所以，审题相当于对每句话、每个关键词的字眼进行品味和琢磨。考生审题时，一是要看清试题的全部陈述，尤其是问题情境和答题要求，之后再判读出其中更深层的信息，不要只看了开头几句话，就武断地断定试题的含义，应不带先入之见去审题，在观察清楚试题的全部信息之前，不应急于做判断。

有的试题，由于试卷排版印刷原因，其表述的文字、符号等没有集中在纸面上的一个集中的位置来呈现，而是在另页、页背面接续出现，有的粗心的考生没有发现，导致解题困难，有的甚至没有看到页背面还有一个试题，交卷之后听别人说起，才发现有一个试题未做。

要揣摩出卷人命题的用意，即考什么知识点、考考生的什么能力，从而明确自己在解题时应重点突出什么。有时，试题留给考生答卷的纸面空间的大小，都反映出出卷人的意图和答题信息，例如，若填空题的空格很长，则可能要求填写的字数就较多，空格很短，可能要求填写的字数较少，考生实际填写的字数与之不合，就很可能已经答错了。

（五）力争不留空白

考生对卷面上的某些试题未做解答，就在试卷上留下了一块空白。经验证明，一般来说，空白越多，考试成绩越差，空白越少，考试成绩可能较好。考生留下试卷空白的原因，一是不会做，答不出，二是没看到、没有去做，三是虽然看到了，但已经没有时间做完或尚未开始做。

属于不会做、答不出而留下空白的，考生只能怪自己平时练功不勤、功力不足、复习不到位，需考后反思。但在考场上，可以尽量弥补这个漏洞，把自己对这个问题相关的知识点努力回顾，找出一点线索，再扣题发挥。即使不能完全解答出试题，但分析过程若有闪光点，也可能得到一定分数。

没有看到、没有去做所留下的空白，纯属不应该，这种低级错误在浏览阶段就应留意避免。

没时间做而留下的空白，属于考生不熟练或应考策略不对头所致，这种情况一般发生在试卷中排列在后面的试题上。试卷的设计与制作，一般遵循前易后难的规则而排列试题，所以排列在后的试题的分值相对高于前面的试题，考生解答时也习惯于从第一题往后做，所以，一旦试卷排列在后面的试题出现了答题空白，损失的分数是不小的。防止这个问题出现，就应在浏览试卷阶段明确正确的应考策略，合理地分配时间，在前面试题的解题过程中力争不被纠缠，防止占去太多的时间。考生按试题顺序答题的应试策略，一般情况下是合理的，因为在由易入难的过程中，考生心态在前期可减少焦虑感、维护自信心，而且先把自己能够稳拿的分数先拿到手，也有助于心理安全感，先做容易的题，也可能为后面做难题发现一些线索。

有些出卷人，针对考生的这种经常的应考策略，故意在试卷的第一题就出刁钻的难题，使得一批考生，刚进入考试就被打个下马威，心里惶恐不安。而平时学习好、心理稳定的考生，才能免受这种不良心理困扰。所以，同一份试卷上的试题，哪怕调换顺序，都能影响考生心理和考试成绩。有的考生，采用先难后易的答题顺序的应考策略，先拿下分值最大的试题，再去拿分值较少的试题，这种策略往往风险较大，导致成绩大起大落，但在某些特殊情况下，或考生考试准备水平相当过硬，也有很好的效果。

无论采取什么应考策略，考生都应力争“开场就抢时间”，即考试一开始，就进入快节奏、赶时间的状态，掌握全程主动有利的位置。如果考试中前期慢腾腾地做题，到后期才发现还有很多试题未做，感到时间紧迫，才慌了神，就已经晚了。

（六）掌握参加考试的注意事项，做好充分的考前准备

该带齐的物品应事先准备好，比如准考证、身份证、考试规定使用的水笔和铅笔、计算工具和作图工具等。参加面试、表演考试、情境测试前，应按考试要求着装、化妆、打扮，带齐自己需要的物品。为防止在赶考路上耽误时间，应当提前熟悉考场、到达考场的路线、交通工具等，计划好出发的时间和方式，甚至对各种赶考途中的意外情况作出预案。

考前应当充分休息，确保以旺盛的体力、精力出现在考场，尽量避免在考场出现要急上厕所的可能性。如果参加连续性的考试，则应把自己的全部生活后勤方案制订好。对于重大考试，考生甚至需要注意考前饮食、生理需要等细节，不吃过于

油腻、刺激的食品，不要过饱，不要喝水太多，防止出现突发性生理不适问题干扰自己，宜食用可保证自己在考试时间中精力旺盛的健康食品、营养补品，有需要的考生还要自己带好药品。考生由于自己的原因准备不充分，而导致在考试中失利，是没有可以原谅的理由的，至少是态度不认真。以良好的应考态度、精心准备、充分准备，是考试常胜的重要保证，考前准备实际上也是对考生自我管理、学习整理等习惯的检阅，所以，考生对考前准备不可掉以轻心，应力争以比平时更好的体力、精力、心理、生理状态和外观形象、物质条件参加考试。

（七）应考心理调节

应考心理主要是三方面，一是抗拒外部干扰，二是抗拒内部干扰，三是激活自己的心理潜力。

过度焦虑，会使得人注意力难以持久、思维呆板、反应能力反而下降；动机过于疲弱，则容易产生不在乎的态度，注意指向不敏锐、行动不能全力以赴。所以，应考心理的核心是把自己的动机调整到适中的程度，使自己的注意较为敏锐，进入到思维清晰流畅、感觉趣味较高的内体验状态。考生可以自问："此时，我的感觉是不是非常灵敏？我的注意力是否很集中?"如果回答肯定，那么此时考生的心态是合适的，如果回答否定，那么考生就应马上调整自己的心理状态。

外部干扰包括考场通风、照明、噪音、温度、座位拥挤程度、其他考生的言行表现、考试评委的表情等因素的影响。有的考生对外部干扰过于敏感，稍有不同于平时学习环境的地方，就感到心里不舒服、别扭，稍有响声就分神，这种考生都不是考试高手。考试高手在考场上可以进入到忘我的状态，注意力高度集中，外部的声音听不见、很多人物看不见，身心沉浸于试题描述的"问题情境"中和思想世界中，仿佛意识不到身边无关的事情。这种抗外部干扰能力，不是一朝一夕练成的，它来自平时在各种环境下的训练。在考试时，绝对需要这种相当于佛家的"入定"的境界。举办考试的机构为确保考试具有较好的信度，有责任消除考场的外部不良干扰。但是，在比赛、竞赛场合，举办方也无力控制外部干扰，观众的呐喊助威声惊天动地，观众的喧哗往往具有偏袒性，对自己喜欢的选手大力加油助威，对自己不喜欢的选手则喝倒彩，对参赛者的情绪干扰极大，主场比赛与客场比赛对选手表现水平的影响大不同，面对这种情况，处于不利地位的参赛者应把这些外在反应"反过来"理解，把喝倒彩视为对自己的单独欣赏，这样就将外部干扰变化为有利于自己的因素，反能促使自己越赛越勇。有的考生在考场上，一看到有人先交卷而自己还没有做完试卷，就开始慌神着急，自乱阵脚，这时，应在心里对自己说"别急，坚持到最后者，才是真正的赢家"，从而稳定自己的情绪。

内部干扰，主要是自己对自己的不良暗示，例如，当自己习惯的那种感觉不在、不适时，感觉题目太难时，就开始自我怀疑、自我谴责、自我崩溃，产生放弃努力、接受失败的心态，或者感到题目太容易而飘飘然，以为胜利在握，放松了警惕。内在干扰似乎是由外部事件引发的一种内在感受，但实际上是由于自己的认识表象造成，改变这种认识表象就可以改变考生自己的心态。当遇到考题很难做时，考生可以对自己说，“这个题目对我来说有点难，对其他考生来说必是更难，而我是善于对付难题的高手，我总可以找到破解这道题的办法，只要机智一点，很可能就能找到办法”，避免产生“我不行了、就要输了”的颓丧感。当遇到考题很容易做时，则要想到“出卷人绝不是平常之辈，这考题里面很可能暗设了陷阱”，从而保持警觉和小心，努力深挖试题表述文字中的深层含义。当感到心理压力过大时，提示自己“没有什么大不了的，输了这场考试也不是无可挽回”。有的考生在心理压力面前，瞻前顾后顾虑太多，患得患失，放不开手脚，这时就应放下一切顾虑，本着宁可输考试，不可输风采的精神，凭本能直觉加机警去行动。考试时，因为时间紧迫，没有多少时间可以用于仔细清理自己内心的各种消极念头，但是保持积极心态要紧，所以，首先要尽量少去想与考题无关的事，只求自己在正在进行的事情上有最好的表现；其次，当内心已经不由自主地产出了不好的念头时，应马上将其转化为积极的念头，不在乎合不合逻辑，来一个消极念头就马上用“太极推手”的方式转变为一个积极念头，积极的念头就是证明“我能行，我有办法，我能做得更好”的那些念头。

激活自己的心理潜力，就是努力发现线索和趣味，促使自己产生灵感，尽量将潜意识中的知识浮现出来、整理出来，以使自己平时积累在考场上超水平地发挥出来。激活自己的心理潜力，只能通过沉浸在问题情境的专注状态中进行，在意识层面应具备一些自我指导暗示：“思维的最重要品质是流畅、变通、独特”“更机智敏锐一点，更流畅一点，更勇敢一点”等。当考生在所沉浸的问题情境中有所发现、有所兴奋和激动，这时，灵感就自然迸发出来了。当考生情不自禁地进入到“打疯了”的状态时，就很可能产生超水平的发挥。

第五节　毕业论文写作

毕业论文，是高校在后期教学环节中所要求应届毕业生亲自完成的、代表其在校学习阶段达到的知识能力水平的学术性论文，用于对应届毕业生进行综合性训练和对其进行总体性评价。理工科及艺术设计专业毕业生还可提交毕业设计。毕业论文、毕业设计都是标志应届毕业生毕业前学习水平的成果作品。

美国人施伟德（Frederick W Smith），1962年进入耶鲁大学学习，在校期间写了关于“转运中心及航线网络系统”的毕业论文，当时教师对他提出的想法并不看好，只给了较低的分数。1971年，施伟德从军队退役回来，根据自己该毕业论文思想，创立了一家递送服务公司，该公司若干年后，成为拥有14万全球员工、在220个国家或地区开展快递业务的著名企业——它就是联邦快递。这个例子说明，毕业论文即使对于将从事非学术职业的学习者，也具有极大的好处，通过在研究写作毕业论文中的系统化思考，其产生的思想研究成果甚至可以助人创业、训练思维、提升观察发现力。

对于有志从事学术职业的学习者，毕业论文更是磨砺其学术能力、练就学术基本功的利器。

学术性论文与非学术性论文（例如公文、文艺作品、新闻作品）的显著不同，是强调科学严谨性、理论逻辑性、特有规范性、新颖性和系统性。学术性论文包括科研论文、科技论文和理论探讨论文。科研论文、科技论文是专业技术人员发表研究成果的书面叙述形式，无关政治立场态度；理论探讨论文主要是政治、历史、哲学、教育等人文社会学科研究人员发表思辨研究、行动研究成果的书面叙述形式，往往含有鲜明的政治立场、价值观和态度。

高等专科、本科、研究生教育的毕业论文要求不一，其中以博士学位论文的要求最高、硕士学位论文的要求次高，专科、本科毕业论文的要求相对最低。

博士学位毕业论文往往要求严谨系统、有国内高水平的创新性发现成果或较高学术价值，开辟新的研究领域，展现渊博的学科领域理论知识和熟练的研究能力，一般要求在一年至几年内完成，在完成毕业论文前还需在权威或核心刊物上公开发表论文。

硕士学位毕业论文往往要求周密合理、研究成果具有新的独立见解和一定的科学价值，展现较好的专业基础知识掌握水平和独立研究的能力，一般要求在一年内完成。有的学校还要求学生在完成毕业论文之前，在一般或核心学术刊物上公开发表论文，或发表学术交流论文，这种要求现已遭到批评和抵制。

专科、本科毕业论文往往要求形式规范，展现对所学知识的准确理解和综合应用能力，对某一专业性问题有较好的心得体会，一般要求在1～2个月内完成。

无论哪种层次的毕业论文，学习者都需明白：论文来自对研究活动（包括调查、实验等活动）成果的整理和总结，论文写作仅是研究的最后阶段的产物，重写作轻研究的做法是无法产生高质量的学术性论文的，没有平时的研究积累，就难写出有一定水平的论文。写好论文，重要的不是学当文采飞扬的“笔杆子”，而是先当好研究者。

一、开展研究

学术研究者，关键是应具有科学精神和态度。科学是“根据事物的普遍性去处理对象事物的特殊性”。科学精神是科学技术研究活动的灵魂，其内涵是追求真理、尊重规律、理性实证、力求创新。研究者对于调查观察结果、实验数据、事实真相不得胡编乱造、偷工减料、主观片面认知。

学术研究者行动的第一步，应选好题，即正确选择并确立研究课题。研究课题不等于论文题目，一个研究课题可以引发一篇或数篇论文。选题应考虑：自己的能力和时间是否胜任研究课题；课题是不是令自己真有研究兴趣；课题成果有什么用处；课题有无一定的创新性。

一个问题之所以值得研究，在于人们对这个问题的答案的认识还没有确定或者确定得不够好。对答案已经确定的问题，还去重复研究，就不仅缺乏创新性，而且缺乏必要性。对答案未确定的问题进行研究，才会有一定的创新性。

高校对本科生毕业论文的创新性要求，并不期望具有全球、全国创新性或区域、行业创新性，仅期望具有较小范围内的创新性。因此，研究者不宜因追求创新而目标设置太大、难度太高，也不宜因贪图轻松而目标设置太小、太易，前者将给自己带来完不成论文任务的极大风险，自找麻烦，后者可能导致论文水平低下、缺乏创新性，难得高分。选题，应自己估量能否在规定的有限时间中“跳起来摘到桃子”。

第二步，应查阅足够多的相关资料，并写出课题研究计划。一个课题，可能已经有人做过，并已取得了研究成果，为防止在同类课题上，再次进行低水平的重复性的课题研究，学习者就应收集、阅读这些论文资料，以从中了解别人研究所使用的方法、获得的数据资料、得出的研究结论，发现别人没有解决好的问题点，提出自己的具有创新性的研究思路。这种论文资料查阅的主要工具，是通过中国知网（CNKI）等学术数据库网址进行搜索。一个课题，可能牵涉多个知识领域的知识，学习者为解决课题问题，往往需要突击学习新领域的基础知识，这时，这些相关知识书籍也会成为必须收集和必读的学习资料。书籍查阅需要借助图书馆服务。

收集与阅读课题文献资料，应注意运用“认知锥”理论作为指导，从素材、理论模型、辅助知识等方面增强自己对课题研究的胜任力。

一般来说，在制订毕业论文研究课题的研究计划之前，先应至少收集并阅读10～20篇（本）相关论文及书籍，写出文献综述，才能形成研究思路，形成“站在其他研究者的肩上”的研究视野视角。阅读相关文献、写出文献综述并酝酿研究计划的过程，相当艰苦，但价值很高，有利于研究少走弯路、别人的老路。即使在研究计划制订、研究开始之后，研究者也常常需要钻研大量文献。对于本科以上学生的毕业论文写作，从经验估计，若未阅读20篇（本）以上文献，一般很难催生出一篇较高质量的毕业论文。对于博士学位毕业论文写作，阅读量要求更高，往往逾百篇（本）甚至数百篇（本）。

研究计划的内容，包括：课题名称、问题的提出、文献综述、计划研究内容、研究方法、时间安排等。研究计划使研究者确信选题的价值、必要性，明确主攻方向、时间进度安排。对于计划提出的实验、调查、访谈等项目，研究者应做好各种器材、工具以及其他物质和心理准备。

第三步，写作开题报告和进行开题论证。开题报告与论证，是督促和帮助研究者仔细审视课题价值、研究计划可行性的一种方式，内容包括研究目的、研究价值、创新点、国内外现状及水平综述、研究内容、研究方法、可行性分析、可能遇到的问题及解决措施等。目的是使课题研究计划修正不足、吸取更好建议，使之更可行、少走弯路。不过，有些高校对开题报告与论证的要求，形式主义严重，使这一环节未起到应有的作用。有些学者认为，开题报告与论证应在完成论文工作总量的三分之一时进行。实际上，论文工作总量的三分之一已经完成之时，课题研究早已开工，还谈开题报告与论证就太形式主义了。

第四步，实际开展研究。毕业论文研究课题的研究工作，与实际科研或学术研究课题的研究工作有所不同，前者往往是一个人进行研究，两人以上联合研究的情况出现不多，后者往往是以多人参与的课题组集体攻关形式推进。研究工作，经常会遭遇失败或难以取得预期的观察、调查结果的情况，这是毫不奇怪的大概率事件。但研究者每遇失败或受阻，都应思考原因，或者推翻、改变自己原先的假设，寻求新的办法并迅速实施。研究计划也因此可以相应调整。有的研究失败，本身就可以用于证明某些假设的错误，对该假设的否定，也是一种“发现此路不通”的研究成果，也可以成为好的论文题目。

研究应按计划取得扎实的调查或实验统计数据，进行分析或结合理论模型分析，得出结论，力求发现某些规律或证实关于某些规律的假说。这一过程更为复杂艰巨，研究者应全身心投入。

课题研究中，有些高校还安排了中期检查环节，要求研究者写出中期检查报告。其实，这只对于重大、大型课题研究才有必要。

在研究基本完成之时，研究者就可转入论文写作阶段。

二、论文写作

论文写作，一方面是论文逐步成型的过程，另一方面也是论文写作与课题研究互动的过程。论文逐步成型过程，指论文经过构思酝酿、写出并反复修改论文提纲、腹稿设计与起草、修改与润色、检测、定稿装订等环节，从无到有、从模糊到清晰而变化，直至完成论文任务的过程。写作与课题研究互动的过程，就是指研究成果为写作提供素材和弹药，写作中也可能发现研究的漏洞、不足而转向补充研究，研究转写作、写作转研究来回变动。

构思酝酿、写出论文提纲、腹稿设计，相当于设计师从概念设计、进入详细设计、再进入操作设计的步骤。构思酝酿，是根据已有研究成果、相关知识、论文要求、个人目标等信息，综合设想论文的结构、轮廓和样式，包括标题、内容、分段、主要观点等在内。写出论文提纲，是书面化、清晰详细地表达论文结构、轮廓和样式的工作，比前一步有所深化、细化，增添了一些新内容且减去了一些不够好的内容。腹稿设计，含有内心试写、略写的成分。起草、修改、润色，就是不断施工、评价、返工、再评价的活动，学习者可请求教师审稿把关、提出各种指导修改的意见。润色是文字修饰与稿件校正工作。定稿、装订，是论文的基本完成，再往下就是准备正式提交论文作品。

论文逐步成型过程，与学习者思维能力、文字表达能力，尤其是灵感出现，有极大关系。思维、文字表达能力强的学习者，能较快完成论文成型，写成论文。思维、文字表达能力欠佳的学习者，往往抓耳挠腮，理不清乱麻一般的思维头绪，落笔写不出几个字来。但研究投入的劳动总是论文成型的客观基础，无研究成果积累的人，无东西可写。而有研究但表达能力欠佳者，只是“茶壶里面装饺子，有货倒不出”，两者的苦恼是不一样的。

好的毕业论文写作，与厨师做菜，有着相似的特点。菜品是不是好菜肴，一看食材、原材料是否新鲜优质，二看加工工艺是否高明，三看装饰是否美观。好论文同样要看利用的原材料及证据是否新鲜优质、论证分析中方法的运用是否高明，文字表述呈现是否引人乐见。

对于食材，好厨师会将它们洗干净，剔除不好的部分，保留好的食材部分，不会将好的、坏的食材连带泥巴一股脑扔进锅中。同样地，论文使用的素材、原材料也需要精心挑选。对于菜肴加工，厨师会通过某些工艺方法以及调料运用技术，一步一步将菜品烹饪出好味道。同样地，论文使用的研究方法也应一步步剥茧抽丝，写出成品。对于菜肴装盘，厨师会进行美观化，使得色香味俱全。同样地，论文表述也应用规范的文字表达、编排，使阅读者乐于一读、深读。

学术性论文必须按照学术性论文的表述规范来写，不应含有非理性情绪的表达成分，不应以想象代替事实观察，以臆想代替科学分析，以估计代替事实验证。小说体、漫画体、诗歌体、新闻体、咆哮体等写作方式，自吹自擂、无病呻吟的个性张扬，商业促销和广告性文字，在学术性论文中是严格禁止的，在毕业论文中也同样。我的一个朋友写了一篇论文，其中大量含有“必须”“一定要”之类字眼，我告诉她这是行政公文而不是学术性论文的写作方式，因为“必须”“一定要”是表达主观意志的用词，不是表达客观规律的用词。

毕业论文的表述格式要素是：论文标题、作者姓名及单位、摘要、关键词、引言（前言）、正文、结论（结语）、参考文献等八个，必要时还可加入附录。

表述格式要素应符合下列规范：

论文标题：简明、精炼、准确地反映论文正文的核心内容主题，允许出现副标题，但字数一般不超过 30 个字符。

作者及单位：必须写实名，不应用化名、笔名，以表明文责自负态度，便于读者联系和按作者名进行文献检索，同时也标明论文成果的归属权。

摘要：摘要不是论文的中心思想，不是论文的内容梗概、解释说明或评论，而是从论文原文中“摘”出的精华“要”点，经文字略加润色而成。其内容一般包括三项，一是研究某问题的目的意义，二是研究的主要方法、所做工作，三是研究成果的主要观点、结论及应用效果。字数一般不超过论文正文字数的 5%，在公开刊物上发表的论文最好不超过 300 字。

关键词：关键词是为便于文献检索而选取的论文特征属性简短描述词，一般为名词、术语词，论文关键词为 3～6 个。

引言（前言）：即论文正文的开头部分，主要表述问题提出及研究的意义、背景、研究的依据和方法。字数不超过论文总篇幅的十分之一。应避免给读者造成论文“头重脚轻”式的浮夸之感。

正文：包括必要术语和核心概念的界定、实验假设、实验条件及过程、实验观测结果（现象与数据）、研究误差及准确性分析、推理与比较论证过程。其中，呈现的观测事实、实验数据应当真实可信，分析论证过程应逻辑严密合理，即证据确凿、论证有理。论文中引用其他研究者的观点看法时，应充分尊重他人的知识产权，注明引用来源。文字应准确、达意、流畅，标点符号无误，无错别字或语法不通的毛病。内容必须相关主题，不得夹杂无关论述。观点应当清晰、明确，不得含糊其词。

结论（结语）：即从正文举证、分析的过程基础上得出的基本观点、见解，以及这些基本观点、见解的验证情况、应用条件。

参考文献：对论文中秉承或引用的他人理论观点、研究成果，均应在参考文献中顺序注明来源信息，包括：作者、论文名称或书名、发表刊物名称、出版社名称、发表时间。无关文献名称不应出现。

附录：一般用于阐释论文涉及的公式推导、个别观点的另行补充说明。只在必要时可添加进论文中。

三、毕业论文检测、定稿、装订、答辩

毕业论文定稿前，应自己或委托服务机构对论文进行检测。对专科、本科学生毕业论文进行检测，学校以前并未有特别强调和作出具体规定。但在“翟某某事件”爆发后，这一切完全改变。知名演员、北京大学博士后翟某某在网络上自吹，却暴露出不知“中国知网”为何物的破绽，引发网民对其“论文造假”的怀疑和“人肉搜索”，其涉嫌抄袭他人论文的具体证据，遭到舆论举报，并经北京大学调查证实该人确存在学术不端行为之后，该人以及相关人员受到严肃处理，教育部也提出了防范此类问题的规定，各高等院校从此纷纷对专科、本科毕业生论文作出了检测要求。

毕业论文检测，主要是防范和打击抄袭他人论文的学术不端行为，净化学术风气，弘扬学术诚信。在计算机与互联网技术相当发达的当代，论文检测非常容易，通过联网计算机借助大型知识数据库进行“查重率”检测，就可知一篇论文有多少比例与他人已发表论文相雷同。有的高校规定，毕业论文查重率超过30%或者20%，就判定为论文抄袭，不予通过。即使论文完全是作者自己写的，其查重率超标，也不许可，必须重新修改。毕业论文作者在定稿前先自行或委托检测论文查重率，就可及早修改，免去被判定为论文抄袭的尴尬。

有的成人学习者在毕业论文写作时，将一篇他人论文照抄，或者将两三篇他人论文剪裁拼凑成自己的论文，这是学术不诚信的行为。通过盗用他人论文研究成果，骗取毕业资格和学术学位，不仅违反学术道德、诚信规范，而且违反教育法律法规，损害了社会公平、教育声誉。这些行为必须制止，这样的思想和心态不能有。

毕业论文定稿后，就应按学校要求进行装订。装订，一般是在论文文本基础上，加入封面、衬页、学术诚信声明书页、目录、内容提要、衬底页、封底，共同组装为一册。一般应准备提交毕业论文纸质版和电子版，具体提交要求以学校要求为准。

毕业论文答辩，是高校为检测论文作者真实性、评价学生专业学术素质而进行的教学活动。其形式为，举行论文答辩会，由本校相关专业教师以及外聘教师、专

家组成评委会，会前评委们对论文已经完成阅读并初步作出了评论，个个有备而来，会中向论文作者提出问题，当场听取回答，进而集体判断毕业论文作者论文研究与写作的真实情况、论文质量，给出评价结论。

评委在论文答辩会上，往往可能从论点、论据、论证过程、论文优缺点、参考文献等方面提出问题，要求作者解释或解答。抄袭者很难掩藏其破绽。诚实的论文作者通过回答专家的质询，也能展现真实研究写作情况，受到新的指点和启发。硕士学位毕业论文答辩会往往持续 1 小时以上，博士学位论文答辩会持续时间更长，有的达到 3～4 小时。在铁面无私、要求严格的学术专家面前，其提问相当犀利、直指要害，气氛有时极为紧张。论文作者在出席答辩会之前，应当像对待考试一样精心充分准备，不可抱有蒙混过关的侥幸心理。

论文抄袭者即使一时蒙混过关，通过了毕业论文答辩并取得了学位，但若后来被人举报抄袭并经学术机构调查核实，其所得学位、资格也会被取消，并受到相关法律法规的惩处，落得身败名裂的下场。在现代国家中，即使高官、著名人士也不能例外。在我国，也不可能继续容忍这样的学风不端事件。

本章推荐阅读：

［韩］朴哲范．一日读书法［M］．鲁可，译．桂林：漓江出版社，2010 年 9 月．

第六章　成人学习楷模经验方法

第一节　中国历史上的名家学习方法

一、韩愈的“钩玄提要，细大不捐”读书法

韩愈（768—824），河南孟县人，字退之，世称韩昌黎，是唐宋八大家之首，有“文章巨公”“百代文宗”之称，其文学成就的影响被苏轼评价为“文起八代之衰”。韩愈的《进学解》，假借一学生的口吻描述自己的学习是“记事者必提其要，纂言者必钩其玄。贪多务得，细大不捐”。此前两句被后人称为“钩玄提要”读书法，并干脆将韩愈学习法称为“钩玄提要”读书法。① 人们将“钩玄提要”理解为，学习记载史事的书（资料性的书）必须提出它的要点，学习立论的书（理论性的书）必须探究它的内在逻辑主线。也就是要死死抓出文本的要点、核心、关键，从繁杂的字里行间寻找文本的内在线索。

我们不赞同将韩愈学习法称为“钩玄提要”读书法，而主张将韩愈学习法称为“钩玄提要，细大不捐”读书法。因为韩愈本人不仅重视“钩玄提要”，而且也重视“细大不捐”。若只强调“钩玄提要”，就同时也会有“抓大放小”的意思，而“抓大放小”绝非韩愈的本意。

韩愈的读书法，于大，重在理解玄要，于细，重在洞悉书本里里外外和细节。玄要，分别指深奥的东西和重要的东西。书上明列出来且重要的东西，是“要”，包括要点、要领、关键处；未明列出来、未出场的东西，是“玄”，包括言下之意、弦外之音、隐含知识规则等。韩愈也倾向于“贪多务得，细大不捐”，即像海绵吸

---

① 刘堂江．读书百法［M］．南昌：江西高校出版社，2015．10。（第四法）。

水一般，力求多得学习收获，知识不论大小，都不放过，大小通吃。细大不捐，才能准确地钩玄提要；钩玄提要，利于抓大牵小。它们是一个整体。

采用该读书法，好处是：可以学到书籍的核心价值，以及作者文字功夫、表达方式、精彩举例等，兼收文本的附加价值，增加“搂草打兔子”式的附加收获。我们认为，在把书读“厚”的加法学习过程中，“细大不捐”很重要。在把书读“薄”的减法学习过程中，“钩玄提要”更重要。钩玄提要的方法，主要是在文本“玄要”处作注释或点评以及做标记号的方式，以及进行“去粗取精、去伪存真、由表及里、由此及彼”的充分思考之后，提炼“梗概”的方式。

二、苏轼的“八面受敌”读书法

苏轼（1037—1101），四川眉山人，字子瞻，号东坡居士，世称苏东坡，北宋时期著名文学家、书画家、词人、诗人，在文学上是唐宋八大家之一，在散文上与欧阳修并称欧苏，在诗上与黄庭坚并称苏黄，在词上与辛弃疾并称苏辛，在书法上是北宋四大书法家之一，在绘画上是湖州画派的开创者，所以，苏轼是中国历史上被公认文学艺术造诣最杰出的大家之一和罕见的全才型人才。

他首创的“八面受敌”读书法，记载于《寓简》卷八之《又答王痒书》，“每一书作数过读之。书富如入海，百货皆有之，人之精力，不能尽取，但得其所欲求者尔。故愿学者，每次作一意求之”。[①] 该法指每次读书只带着一个目的目标、从一个视角去读，每次读书解决一个问题，用多遍阅读的方式来逐步阅读一本书，每次有所为、有所不为。该读书法的依据是《孙子兵法》关于八面受敌时，应分割敌方、集中兵力于一点破敌、逐次达到各个击破的思想。特点是反对贪多求快、目标杂乱，反对分散精力于各个阅读目的目标，每次阅读都只专注于一个问题，而搁置其他问题于不顾。

苏轼的这种读书方法，受到历代名家的高度赞赏。该法“一次阅读，一个目标，不及其余”的做法是绝妙的，尤其是在学习者前态不足、需求定向、场态限制的情况下，使用该法可有效“蚕食”书籍内容，并达到对书籍内容“事事精核”的学习效果。朱光潜等学者认为，苏轼关于每次阅读只有一个目标的方法，就是学习的“中心”，凡学习，学习者必须有一个中心，或者以问题为中心，或者以知识系统为中心。表面上看，苏轼该法似乎拒绝了“细大不捐”的韩愈式方法，但在目的上还是“事事精核”，并不反对“细大不捐”。苏轼多遍抄摘并熟背《汉书》的例子，正是“细大不捐”的表现。

---

① 李鹏．苏轼的‘八面受敌’读书法［J］．档案天地，2002年第1期．

但该法的前提条件，一是先要以浏览来了解一本书的“认知地图”，否则会胡乱跳读、选读，沦为低效的读书方法。二是该法较适应于阅读文学、史料类书籍，而不适于科学性、逻辑性强的理工类书籍的阅读。苏轼是宋代“蜀学”派的代表，该派学术特点是以史论今，故需大量阅读研究史料，从中提炼新鲜思想，所以，该法特别适合其古代“蜀学”派研究需要。若在阅读理工类书籍时，不注意系统掌握全书基本原理、基本概念和基本结构，而任意选读、跳读，往往会导致浮于表面、难得精髓，甚至不能入门。三是要遵循循序渐进原则阅读，防止随意选读、跳读，可能导致一本书总是不能完整读完的毛病。

三、朱熹的系统推进学习方法

朱熹（1130—1200），江西婺源人，字元晦，号晦庵，南宋时期著名理学家、思想家、哲学家、教育家、诗人，世称“朱子”，是孔孟之后最杰出的儒学大师。他的学术思想在元明清三个朝代一直都是作为封建统治者的官方哲学，其著作是科举考试的必读书，其思想不仅在中国文化史，而且在世界文化史上都具有深远影响。清朝康熙皇帝为《朱子大全》作序，称他“集大成而续千百年绝传之学，开愚蒙而立亿万世一定之规”，著名学者钱穆说“前古有孔子，近古有朱子，此二人，皆在中国学术思想史及中国文化史上，发出莫大声光，留下莫大影响”。朱熹一生“以继二程绝学为己任，奋发读书著述”，著作等身，后人为他编定的文集共分 26 门，140 多卷。

“读书法”一词，也是由朱熹首创。朱熹本人写过《读书之要》，后来经过朱熹门徒张洪、齐熙整理而成的《朱子读书法》和元初学者程端礼编写的《读书分年日程》，将朱熹的学习方法归纳为六条：“宋朱子有读书法六条，曰居敬持志，曰循序渐进，曰熟读精思，曰虚心涵泳，曰切己体察，曰着紧用力。”[①] 在朱熹曾经讲学的岳麓书院的碑记上则表述为：“循序渐进，熟读枯思，虚心啥咏，切己体察，着紧用力，居敬持志。”

（一）居敬持志

居敬，就是怀着敬畏之心，排除杂念，静下心来，注意力高度集中。朱熹解释的“敬”是“随事专一，谨畏不敢逸”，是不敢放纵自己的那种敬畏之心。他说“敬字功夫，乃圣门第一义”。达到“内无妄思，外无妄动”“读书者当将此身葬在书中，行住坐卧，念念在此，誓以必晓彻为期，看外面有甚事，我也不管，只凭一

① 刘杰光．朱熹读书法［J］．河北教育，1996 年 10 期．

心在书上”“将心贴在书册上，逐句逐字，各有着落”之时，才算“居敬”。他认为“看未到这里，心已在后面，才看到这里，便欲舍去了”的读书行为是不敬。我们认为，居敬，实质是指学习者“师从之心”和学习定力的修炼。“持志”，就是读书要先树立远大目标，明确目的，专心一意，不应受客观物欲的干扰，要充分发挥人的主观能动作用。朱熹认为“人自立志”是读书做学问的首要问题，“立志不定，如何读书?”。持志，使人保持“一味向前”的“坚固心”，有了它则没有什么知识是学不进的。我们认为，持志，实质是建立自律自控所依赖的精神信仰。静心、敬畏心、进取心，是朱熹所主张的学习者的正心原则。朱熹说“咬得菜根，方能做得学问”，在武夷书院讲学时，他与师生吃“脱粟饭”（一种去壳但不加精舂的粗粮），生活清苦而精神专注地教与学。在艰苦清贫生活中坚持学习，最能检验且磨炼学习意志，激发学习能力。在现代，优秀学习者也应主动抑制物欲和享受需求，聚焦于学习。朱熹的居敬持志，目的是“亲切”，“亲切”指精神上体验、融入圣人经典的思想，与经典书籍的作者精神相通，与之仿佛近在身边、朝夕相处、面对面对话，实现与圣人合一，进而达到“天人合一”。他在《朱子语类》之《学三·论知行》中说：“今之学者，不曾亲切见得，而臆度揣摩为说，皆助长之病也”，这表达了他对“臆度揣摩”这种不敬、“不亲切”行为的痛恨。我们从中可看出，朱熹将“师从之心”的修炼视为学习的首要原则。

（二）循序渐进

循序渐进的第一个意思是严格地按照知识先易后难的程序，甚至按照书的编排顺序去读书。朱熹说：“以二书言之，则通一书而后及一书。以一书言之，则其篇、章、文、句，首尾次第，亦各有序而不可乱也。量力所至而谨守之，字求其训，同索其旨，未得乎前，则不敢求乎后；未通乎此，则不敢志乎彼。”即严格地按照书籍编排程序，一个字一个字地弄明白它们的含义，一句话一句话地搞清楚它们的道理，一个章节一个章节地推进，如同饭要一口一口地吃。前面还没搞懂，就不要急着看后面的，防止出现基础不牢的情况。朱熹又说“如攻坚木，先其易者而后节目（关键处），如解乱绳，有所不通，则姑置而徐理之，此读书之法也”，意思是一般应先易后难地读书，而遇到读不懂的困难时，可以先放过再以后处理。

读书应遵循循序渐进的原则，得到了后世学者广泛的认可。但是，像朱熹说的上述“循序”，不够合理。现代学习学认为，只要学习者的知识基础足以支撑，就可跳读、急进；遇到读不懂的，就回到基础去读，这仍是循序渐进原则的正确运用。此外，“渐进”，不应理解为刻意慢速前进的方式，而应理解为，尊重学习能力渐进的客观规律，同时在能力可及的范围内奋力“摘桃子”的方式。

循序渐进的第二个意思，是有计划之序读书，遵循计划的节奏和顺序。朱熹认为，“读书不可不先立程限”。即先应订出计划和时间规定，拟出程序，先读什么，后读什么，今日读至何章，明日读至何节，按计划程序阅读，决不紊乱。

循序渐进的第三个意思，是量力而行，遵循学习者自身的身心规律之序。朱熹说：“读书不可贪多，常使自家力量有余”，“不可将十数日饭都一齐吃了”，“一日只看几段，做得多少工夫亦有限”，“读书贪多，最是大病”。要求学习者防止贪多嚼不烂的读书现象，反对暴饥暴食式的读书。

（三）熟读精思

熟读即反复多次地读，读到可以将正文、注释都能背诵，甚至过度学习到自己规定的遍数，朱熹说的熟读甚至要达到“读得字字响亮，不可误一字，不可少一字，不可多一字，不可倒一字，不可牵强暗记”的水平。这种反复诵读法，在现代来看已过时，它只对古代经典学习和科举考试有用，但可取的是，对于有引用价值的经典书籍篇章，采取过度或饱和学习仍是有益的。朱熹所说的“精思”，是以质疑精神和明确的问题导向所牵引的。他说“读书无疑者，须教有疑。有疑者却要无疑，到这里方是长进”，“读书始读，未知有疑。其次则渐渐有疑，中则节节是疑。过了这一番后，疑渐渐解，以至融会贯通，都无所疑，方始是学”，也就是他把质疑、辨疑、消疑作为学习思维过程的主线。“大抵观书须先熟读，使其言皆若出于吾之口，继以精思，使其意皆若出于吾之心，然后可有得尔”，可见朱熹强调的“师从之心”，强烈到了将作者的语言、思想、气质全面效仿的程度，但只有少数经典精品值得学习者如此去做。为了熟读静思，朱熹还特别注重独立思考和互相辩论、讨论这两种方式在学习中的作用。

（四）虚心涵泳

涵泳，即像游泳，脱去平常衣裳沉浸水中，自由畅游，时不时来个潜泳，象征着自由、深入、沉浸的读书活动。古人也称之为“涵咀”，即像吃食物，不急于狼吞虎咽，而是含着食物细嚼慢咽地吃。这两个比方，本意都指慢学习，沉浸于对书中内容的思考意境，细细品味把玩，目的是更深理解文本、发现乐趣、感悟难以言喻的神韵。朱熹反对“终日勤劳，不得休息。而意绪匆匆，常若有所奔走追逐，而无从容涵泳之乐”的读书方式。虚心，是诚心、明智地容纳他人不同见解的状态，不带偏见，不先入为主、固执己见、因人废言，尊重原著和原意。朱熹批评某些学习者：“今人观书，先自立己意，后方观。尽率古人语言，入做自家意思中来。如此，只是推广自家意思，如何见得古人意思？”。

朱熹对涵泳学习法的推崇，提示我们警惕仅把“快”当作高效学习的唯一途径，启示我们只有通过“快慢”结合的打法才能真正实现高效学习。我们认为，预习、解习应快，快即“着紧用力”，再读、复习、反思等环节上应慢，慢即“细嚼慢咽”。朱熹强调虚心态度，是以独立思考为前提的，并不意味着允许随便迁就、附和他人观点。以虚心态度，克服盛气凌人的“骄”气，的确是学习的正确途径。但“虚心”不能过头，不能丧失批判性思维和“化腐朽为神奇”的创造性思维的勇气。

（五）切己体察

也就是将读书与自身的思想实际、生活经验联系起来，以在读书中“穷理”。“穷理”指打破砂锅问到底似的探究，把道理彻底、完全搞清楚。朱熹说“读书便是做事。凡做事有是有非，有得有失，善处事者不过称量其轻重耳。读书讲究其义理，判别其是非，临事即此理”。这是说，读书一定要时时注意开展事实判断和价值判断，以评价思维活动引领读书。“读书不可只专就纸上求理义，须反来就自家身上推究”。这是说，读书，既要在知识的本质层面，把握知识的本质内涵、背后的“义理”，又要在知识的运用和操作层面，将书本知识反推到自身，联系自己的经验情境，掌握衡量是非得失、轻重缓急的评价判别标准，活用知识理论。这样，一旦处理事务时，就可以思路清晰地解决问题，免于清谈误事或束手无策的后果。切己体察，这无疑是方向正确的，但只有与实践相结合，切己体察才可通透。

（六）着紧用力

即读书要有一股不达效果，绝不罢手的狠劲，每次学习都要以忘我拼杀的劲头务必取得一定的成效。朱熹用了很多比方来描述这种精神状态：“看文字须是如猛将用兵，直是鏖战一样”，“读书如战阵厮杀，擂着鼓，只是向前去，有死无二，莫更回头始得”，“须大杀一番，方是善胜，为学之要，亦是如此”，“直要抖擞精神，如救火治病然，如撑上水船，一笔不可放缓”，等。总之，“为学要刚毅果决，悠悠不济事”，要有“一棒一条痕，一掴一掌血”的力度。这实质是主张进行较高难度、较快速度、较好效果的学习，要求学习者每次学习时竭尽全力，坚决果断，不惧缠斗，不贪图轻松安逸。这种学习方法在解习中极为重要。

这种紧张的学习方式是否会缺乏“从容涵泳之乐”呢？朱熹说通过“宽着期限，紧著课程”，可以避免这个问题。计划学完一个项目的时间期限放宽一点，就有时间条件进行涵泳虚心的慢学习。

朱熹的学习方法是我国古代最系统的读书方法，其特点是循序渐进、步步为营、扎硬寨打硬战，强调学习的系统性，这是系统学习知识的可靠方法，值得我们认真借鉴。

但是朱熹的学习方法中，过于夸大读书的作用，特别是夸大儒家经书的作用，有以书本为中心的倾向，有一定的片面性。而且，他没有意识到社会调查、科学实验、工作实践、群众路线等方式的作用，对知识的理解和运用，仅停留于“切己体察”的狭小范围和日常生活经验的较浅层面。

四、陆九渊的以我为主学习方法

陆九渊（1139—1193），江西金溪人，号象山，字子静，世称陆象山、象山先生，是南宋时期与朱熹齐名的著名思想家和教育家，是宋明两代主观唯心主义学派“心学”的奠基人，史称“陆子”。他的心学理论长期与朱熹的理学分庭抗礼；他的教育思想不仅在当时众多学派中独树一帜，而且被后来者如明代的阳明学派所继承和发展。

他的基本思想是，人人心中早就先天具有各种伦理道德（“心即理”），这就是“本心”，它只不过是因被后天的经验不同程度地蒙蔽，而没有发挥指导行动的作用。所以，要重在“发明本心”，把埋没的、被玷污的那种“本心”挖掘出来，达到理性的直觉，使之大放光彩。“发明本心”，在现代可解读为“澄清纷杂的意识流之根源并觉悟到被端正的思想”的意思。他把“发明本心”作为学习的条件、任务和途径，贯穿学习始终。要求人们在学习之初，“先发明人之本心然后使之博览”，[①]“本心”挖掘出来再开始学；在学习过程之中，要“发明本心”；学习的最终目的，要落实于“发明本心”。这套流程很有“禅学”意味，似乎要求人们“全程慢学”，当书本激发起一个思想念头，就不断追问自己内心这个念头的根源，在内省反思上大量花时间精力，力求感悟、顿悟和做“减法”。

陆九渊的学习思想为：

（一）读书先端正价值观

他认为，人的认识来源于日常生活中的习染，习染的结果影响了学习者的志趣和判断标准。志于“利”者，必为利所趋，志于“义”者，必以“义”为行为准则。价值观低俗、错误，则学习者所获不过是对儒家学说机械地掌握，而无法掌握其精髓，不会将它变成自己的真正信仰，这不是“正学”、真学。

---

① 陈明君．陆九渊教学思想研究［D］．西南大学硕士学位论文，2008：9．

（二）“仔细玩味”的优游学习法

他说“读书之法，须是平平淡淡去看，仔细玩味，不可草草，所谓优而柔之，厌而饫之，自然有涣然冰释，怡然理顺的道理”。“优而柔之，厌而饫之”，是比喻为学时从容求索，深入体味，也作“优柔厌饫”。他反对读书贪多求快、急于求成、急躁冒进，其《读书诗》说“读书切戒在慌忙，涵泳功夫兴味长。未晓不妨权放过，切身须要急思量”。认为碰到有些暂时不能理解的地方，不妨先放过去，等读完全章以后再返回头来读，这时可能就不感到难并容易理解了。但对自己有用的知识，就应赶紧思考不放。该法要求读书中注重文本整体，以焕发灵感、顿悟为途径，以把握精神实质（“求血脉”）为目标。“不可用心太紧。深山有宝，无心于宝者得之”。[①] 并断言“若如此读得三五卷，胜看三万卷”。这说明，他认为，在涵泳学习法中，不能对学习目标太过明确和执着。

（三）反省内求的学习方式

具体办法是：安坐瞑目法、易简、剥落与减担等。

安坐瞑目法，即“学者能常闭目亦佳”，无事就应打坐修养。

易简，即将所学的复杂内容简单化。陆九渊认为，简单化，是重要学习原则，可最终成就圣贤人格。如果简单问题搞复杂，必然会陷入“支离”，最后偏离最本质的东西。在学习上，若只注意逐渐积累，就会越来越复杂繁多，不但无益，反而阻碍人的发展。易简工夫，还包括用日常生活时时处处检点自己的简便方式，切己深思，自反自得，改过迁善，而发明本心。这也就是说，应在正反比较和顿悟中悟出其背后那些简单的原理、规律。

剥落和减担。剥落，就是去除心中的“物欲”，恢复纯净心灵。减担，就是减去不必要的精神负担、思想束缚。现代成人学习者尤其应注意这个思想，若不去除各种享乐欲望、排除精神负担和思想束缚，就难以成为优秀学习者。

易简、剥落与减担，都是为了直奔书本的“血脉”（指书本的精神实质）根本，不陷入纠缠枝节。

有的人将陆九渊的优游读书法，描述为“快乐学习法”或“想读就读、不想读就不读的自由读书法”，这其实是误解。因为陆九渊提倡辛勤学习，曾说“莫厌辛苦，此学脉也”，认为“人之不可以不学，犹如鱼之不可以无水”[②]。他的优游读书

① 陈明君．陆九渊教学思想研究［D］．西南大学硕士学位论文，2008：23．

② 陈明君．陆九渊教学思想研究［D］．西南大学硕士学位论文，2008：24、16．

法与易简、剥落与减担要求，其实是一个整体，减轻负担是优游学习法的条件之一；去除内心物欲、专注学习，是优游学习法的本质特征，如果物欲太重、对外在困难太在意，就很难保持学习专注的劲头；简单化、直奔文本实质，是优游学习法的目标；发明本心，是优游学习法的目的及手段。

陆九渊反对围绕经典书籍抠字眼、从字面找道理的学习方法，自然属于不拘细节的学习方法派。同样属于不拘细节派的著名人士，还包括主张“不求甚解”的陶渊明、“观其大概”的诸葛亮等人。而韩愈、朱熹等人属于注重细节的学习方法派。朱陆两人为教学方法发生了历史上著名的称为“鹅湖之会”的辩论赛，陆九渊批评朱熹的方法有“支离”的缺陷，使人得不到儒家真谛；朱熹斥责陆九渊的顿悟学习方法等于“禅学”，意即无根无据地胡乱理解。这场巅峰辩论的结果，是口才出众、临机应变能力强的陆九渊取胜。他们的学习方法之争，主要是学习观的差异决定的。朱熹重“获得”与效果，将经典的一切都当作神圣的效法对象，陆九渊重“改变”与效益，有将经典的一切只当作载体或工具的倾向；朱熹偏好博学渊识，陆九渊偏好少而精、慢慢悟、有创意的独特理解。

我们认为，陆九渊最宝贵的学习思想，是其金句“六经注我，我注六经”“六经皆我注脚”所体现的思想和气魄。六经，指由孔子整理的六部先秦古籍，即《诗经》《尚书》《仪礼》《乐经》《周易》《春秋》，它们被宋代儒家视为最高水平的经典著作。“六经注我”，即经典书籍为我的思想与行为提供说明解释，我怎么用书上的东西我做主。“我注六经”，即我去理解经典书籍。“六经注我，我注六经”的顺序清楚说明了他强调的重头戏在哪里。这含有将经典书籍仅当作激发自己新思想的“燧火石”似的工具的意味，对是否忠实深入掌握了经典，并不十分看重。这是一种高扬学习者主体性的思想，提倡理解的主体性、运用的主体性和发展的主体性，拒绝成为经典书籍的忠实学习奴隶。这固然气魄宏大、激动人心，但现在看来，其学习哲学亮点突出但不够完善，在理工科学习中不完全行得通。

五、其他学者的学习方法

（一）梁章钜的“精通一部书”读书法

他是一位官至清朝巡抚（省部级干部）的清官兼学者。他说“不拘大书小书，能将这部烂熟，字字解得道理透明。此一部便是根，可以触悟他书”。[①] 这种读书法，适合边从政边学习的“耕读者”，但已经不适用于现代“海知识”时代的学习，

---

① 彭敏，江帆．浅阅读时代的深层思考［J］．中国新闻出版信息网，2010（9）：6.

即便在古代“井知识”时代，也不利于全面性学习。该观点含有视儒家经典为最高知识的观念。该法的可取之处在于，在某些知识领域，学习者若立足于掌握精通熟练的内化知识，从这个“根据地”为依托，不断扩大知识占领区，就可以取得较好的学习效益。在现代，如果将该法改为“精通一百部书”的读书法，即建立一个100本规模的经典书的专攻、精读书单，按照内化知识标准加以掌握，然后再量力而行地兼读200本左右的一般书籍或等量文本，那么，其获得的营养一般足够终身享用，且能防止读书“无根”的现象。当然，如果错误地选择这些精读书目，也可能会产生得不偿失的结果。本书建议，学习者的这“100部书”，应听取专家意见，从哲学、文学、历史学、逻辑学、经济学、专业类、爱好类、社会生活类、学习学类等领域中选取经典。朱光潜先生主张，这些精选必读书应有50部以内涉及各项“常识”的书，其余书是关于“专业”的书。精选书应是既能得到较正确知识，又可以学到大师治学精神和方法，还能激发人的思考的书，以大学者经典原著为主。[①]其他“200部书”，是“随缘书”，自行决定。

（二）颜元的重视习行学习法

清朝学者颜元认为“讲之功有限，习之功无已”，“用力于讲读者一二，加功于习行者八九”。[②] 还说“读书无他道，只需在行字着力”。意即在学思习行的总学习过程中，学习者时间精力的最佳分配模式是，在学与思的环节上安排10%～20%的时间精力，在习行环节上安排80%～90%的时间精力。这种观点，是当代“学习学习，重点在习”说法的渊源。建立以“操习”为重心的学习行为模式，不仅对理工科知识学习和技能学习，而且对许多文科、艺术类知识学习，都是效果、效益较好的、较灵验的学习方式。但颜元先生晚期突出强调的已不是“习”，而是“行”（实践），把价值重心放在“行”上，这就偏离了纯学习范畴。我们推崇颜元以“操习”阶段为重心的学习行为模式，赞同成人学习者均应把“复习课”作为经常项目，但我们不赞同将知会、操习二八开模式绝对化。

（三）梁启超的“三步读书法”

晚晴时期的著名人士梁启超，曾总结出“三步读书法”，即鸟瞰、解剖、会通。[③] 鸟瞰法，即粗略了解大概，明确重点，例如，读一本书时，先阅读目录、作

---

① 瞭望智库．朱光潜谈读书：一个人怎样建立完整的知识体系［EB/DL］．凤凰网知之，2019年9月11日11：07：15．

② 袁付成．颜元的‘习行’探究［J］．文史博览（理论），2014（6）．

③ HiKari．梁启超：‘三步读书法’教会孩子如何读书［EB/DL］．豆瓣读书，2018-01-05 16：02：57．

者简介和前言、序言、后记；然后，快速浏览全书内容，然后判断该书的价值，再重点试读自己关注的内容。鸟瞰的实质是获取“认知地图”。解剖法，即将各部分仔细钻研，有所得则做笔记，重在对要点细解剖，疑难处细研究。解剖也可再细分为三步：解剖字词、解剖语句、解剖段落篇章；解剖即解习。会通法，即上下左右贯通，将全书全面彻底了解而后加以总结、整理。会通，不仅要求在操习阶段去反思整理，而且要求在实践中反思所学知识理论。该三步学习法，相当于一种简化版的经验读书法。它也提示人们要戒除预习懒、解习贪、操习疏的学习病。

第二节　工商企业著名人士学习经验

工商企业界名人可谓星光灿烂，近几十年来，就华人范围而言，就有李嘉诚、牟其中、褚时健、宗庆后、张瑞敏、任正非、王健林、马云、柳传志、马化腾、李彦宏、董明珠、江南春、王石等。他们是著名企业家、创业家，是工商英雄。他们以非凡的经营业绩和成功经历，赢得了大众的关注、羡慕和崇拜，并被许多人当作学习楷模。介绍和宣传他们的书籍、文章更是汗牛充栋。

张瑞敏说过“没有成功的企业，只有时代的企业；没有成功的企业家，只有时代的企业家”。著名企业家均是时势造就的英雄，并且也出演了英雄造时势的话剧。但是著名企业家的成功也不是完全因外在偶然形势机遇而取得的，他们的成功与他们的内在能力品质仍是有很大关联的。尽管再厉害的企业家也可能被新的时势无情地打败。因此，著名企业家们总值得我们学习。英雄楷模不是神，并非没有缺陷。因其缺陷而拒绝欣赏和学习他们，是愚蠢的。一个崇尚英雄楷模的民族，才能成为英雄楷模纷纷涌现、人才辈出的民族。

一、卓越企业家、创业家均是高效益学习者

有人说：“三流学生当老板，二流学生给三流学生打工，一流学生连给三流学生打工的资格都没有”。这些观点是不对的。

首先，在著名企业家、创业家之中，就有一些人毕业于清华、北大、复旦等名校，曾是不折不扣的学霸。例如，百度的李彦宏，从小到大都是“学霸”级的人物，毕业于北大。只要他想学的东西，他可以在短时期就追上优秀学生，学习速度比一般人都要快，领悟力极强。在国外，毕业于哈佛、耶鲁、印度理工学院的著名企业家也有不少。

其次，在著名企业家、创业家之中，也有“三流学生”。例如，创立阿里巴巴

的马云，他高考三次才达到大专录取分数线，因机遇才录取到本科班，其高考成绩中还有一次数学只拿到1分。但他属于严重偏科，应考能力相对较差，而在他喜欢的英语科目上，尤其是英语口语会话、听力，成绩是挺不错的，他在大学期间的英语学习成绩很好，还有余力担任学生会主席，从事校园内的繁杂社团活动，大学毕业时获得留校任教的资格，任教时很快获评市级十佳教师。马云这个“三流学生”，其实是“大器晚成”的“一流学生”。

有些著名企业家、创业家，在学校中也确实是不折不扣的“三流学生”，学习成绩低下。但为什么也取得了巨大成功？其实，通过撞大运、中头彩而成著名企业家的少之又少。当你设身处地想想他们，你会发现很多时候，“这个钱只有他能赚到”。他们从竞争的“蓝海”中胜出，你不能不说他独具慧眼、目光如炬，他们从竞争的“红海”中未被击垮，你不能说他没有本事。他们敢干敢付出，观念、思想、精神气质与众不同。这种品质不是从天上掉下来砸中了他们。这些人或许在学校没学到太多，但他们在社会也肯定没学得太少。

以白手起家的创业家为例。创业之初，几乎事无巨细，他们都得亲力亲为。众所周知，创业，一是要有一个好的经营模型（即创业 Idea），它包括商业模式、产品项目等，然后在创业中把这个经营模型真实现并扩大。二是要有一个好的创业团队。三是要有一定的必要资金资源。四是要看准一个好的创业机会窗，在市场需求起伏的时间缝隙抓住机会。机会窗一过，虎狼皆至，寒流涌起，活命太难。四是有一个好的创业精神，扛住苦难时期的考验。把这些创业要素全部搞定，并且要对付各种突如其来、意料不到、完全陌生的新问题，在紧迫的时间中解决这些问题。并没有“无师自通、无所不能”的天赋神功，他们却能在短时间中掌握大量的解决实际问题的知识和技术。这说明，他们具有高效益学习能力。柳传志谈企业家学习能力时说：“环境不断在变，需要不停调整战略，这要求很强的学习能力。学习能力的30%来自书本，更多的一部分应该从自己的实践中获得”[①]。他们高效益学习能力，以实践为基础，因实践而激发。他们在实践中早已脱胎换骨、凤凰涅槃，不再是从前的那个“三流学生”，真正是“士别三日，当刮目相看”，不可翻出他们的老皇历数落他们。

他们高效益学习的成果，就是形成了勇敢顽强、坚忍不拔、创新实干、凝聚人心、赢得支持等品质构成的企业家精神和素质；重大决策时的惊人的远见卓识；创新并实现生产要素高效组织方案的智慧。

① 韩大鹏.“柳传志卸任：我战胜困难不计其数，这辈子太值”。[EB/DL]. 新浪科技，2019年12月17日08：27.

有人对“成功企业家均是高效益学习者”的说法不以为然，认为这是出于“成则为王，败则为寇”思想的阿谀之誉。我们认为，对成功企业家的这种评价是恰当的，他们在无数次严酷的社会实践考试中逐渐崭露头角，在创造重大经营业绩和社会效益中发挥了核心作用，这足以证明他们的学习之旅已达到的高度。高效益学习者绝非永不失败，当他们停止学习时、犯错误时，一样会受到失败的惩罚，但这不能否定他们根植于学习的辉煌历史。

二、他们是怎样炼成勇敢顽强的品质以及其他企业家精神品质的?

王健林最引人关注的“金句”，是在2012年以后在美国哈佛大学、中国清华大学演讲等多个场合，多次说“什么清华北大，不如胆子大；什么哈佛耶鲁，不如自己敢闯。机会是闯出来的，哪有算出来的?”

这不是说读书无用、人才无用，而是说具有“胆子大”的品质，对于办企业极其重要，但名校未必能培养得出来。

胆子大，表面上看，是指“勇敢”甚至是“蛮勇”，甚至指人决策时具有敢于冒险的勇气和果断。对于企业家来说，胆子大的结果，有时是成功，有时是遭到大挫折、大失败和大损失。假如有人事前胆子大，事后面对失败又精神崩溃，那么这种胆子大就只是轻敌在先、怯敌在后的懦夫做派。只有事前勇敢又事后顽强的“勇敢顽强”品质，才是王健林所言“胆子大”的真正含义。所以，王健林说要“胆子大”，真正意思是“勇敢顽强对办企业很重要”。

先说勇敢品质问题。

胆子大，有的人是因为有天赋特质遗传基因，或者早期家庭教育和特殊成长经历锻炼等个性原因，偏好高风险压力刺激。例如，王健林从小好动敢干，为爬树、与大男孩比赛跳栏杆，两次把胳膊摔断，从小就比一般男孩胆子大。有的人胆子并不大，但受特定环境所逼，不得不胆子大。例如，任正非就坦言，他创立华为公司之时，就是因为下岗失业，生活困难，不得不去创业。但更多的企业家，是因为学习钻研，有所发现发明，而变得自信和有底气，在别人看来只有1分把握、9分风险的事情，对于这些企业家却只是5分把握、5分风险的事情，因此就比别人胆子大。例如，褚时健自述说“一件事，一点不懂，我不敢干；我学了七八成，有七八成把握，才敢干”，“我一直是个实实在在做事的人，而且我有十分的认真态度，做哪一行就尊重哪一行的规律。学习多、了解多、实践多，心里就有足够的底气”，[①]“我所做的，都是尊重规律，恪守本分”。宗庆后主张，胆子大应建立在“看准”的

① 庄庆鸿. 褚时健对话中国青年报：“人生很多事，不是一条直线”[N]. 中国青年报，2014-07-04.

基础上。还有的企业家，之所以胆子大，是因为坚信“车到山前必有路”“一切皆有可能”和“只要敢试，就总会找到办法，办法总比困难多”，以及相信“富贵险中求”。正威集团创始人王文根说过“人生最大的风险，就是不敢冒险。每个成功的人其实都是一个‘疯子’，非常之人，方能行非常之事，建非常之功”[①]。

很多书生胆子小，患得患失、犹豫不决，古有“秀才造反，十年不成”之说，连5分把握、5分风险的事情也不敢干，非得等到八九成把握才敢去干，而等他把一切都看明白、有八九成把握时，别人早就捷足先登，没有他的什么机会了。他们没有胆子大的个性特质，环境也还过得去，缺乏对实务的钻研和发现，缺乏对“办法总比困难多”的精神信仰，自然胆子小。

李嘉诚，1928年7月19日出生于广东潮州的一个当地闻名的书香门第，父亲早逝，他14岁就辍学当学徒、推销员，在他22岁的1950年，他开始了自己的创业——创办长江塑胶厂，以生产塑料花为项目。后来经营房地产、金融、酒店、石油、电力等产业，其旗下企业财富曾达到110亿美元。李嘉诚幼年因家学传统和学习条件较好，古文阅读量大，国学知识根底非常扎实。全家在抗日战争中逃难香港，幼年李嘉诚学习广州话和英语，从开始起步到流畅自如，只用了很短的时间，其中英语只用了一年多就听说写流利。他在茶楼当学徒时，学会了察言观色、见机行事的习惯和本领；在钟表公司当学徒，他学到了钟表装配修理的技术。后来他主动选择在五金厂当推销员，克服自己腼腆、不喜欢主动与人交谈的内向性格，发展了自己的沟通交流与合作的能力。在创业初期，他在忙碌工作之余，坚持业余自学关于原料、设备、制品、设计款式的相关专业知识。1957年，他到意大利考察塑胶花生产流程和销售市场，发现人家有一项新技术，他居然到人家的工厂应聘为打工仔，打工数月之久，通过偷师学艺掌握了该技术，带着样品和学习体会资料，才结束考察返回。[②]

褚时健在七十多岁开始第二次创业，以种植和营销甜橙而拥有亿万财富。他说：“我老伴就说我，如果搁一块地在我面前，它为啥比两边的地产量好？别人不关心，我看到了就一定要研究。人不去试，方法不会出来，一点点摸索才出来。机会始终是有的，你不注意，它就过去了。”

江南春，1973年出生于上海，祖籍宁波，他是华东师范大学汉语言文学专业1995届毕业生，2003年创立分众传媒，2018年10月个人财富达到390亿元人民币。其成功始于一次堪称经典的偶然发现：他注意到各种办公楼、写字楼、公寓的

---

① 唐一．中国最神秘富豪——10元闯深圳，穷到睡街头，如今身家1100亿［EB/DL］．搜狐 2019-12-15，08：00.

② 张岩雨，李问渠．跟李嘉诚学创业［M］．北京：海潮出版社，2009：45-48.

电梯门口，人们等电梯、乘电梯时的无聊时间，正好可成为向他们打广告的时间。于是，他产生在电梯口、电梯内安置电视广告设备的点子，为此进行筹资创业，专攻楼宇液晶媒体。果然，获得了巨大广告收益。江南春的创业胆子，或许与他的这项发现和灵感有关。李彦宏创业之前，就已有自己的几项互联网搜索引擎技术专利在手。

王健林崇拜汉武帝，马云把武侠小说中的“风清扬”（一位具有顶级武功的小说人物）当作人生偶像。他们的崇拜偶像，实质是他们精神信仰的形象化符号。这是他们为人处世的行为“模型”，是他们想象力世界中自己幻化为主角的行为“模型”。而你去问平凡的人“你崇拜谁?”，得到的答复往往是，“我谁也不崇拜”，或者“我崇拜某某电影明星、歌星”，他们无论有无明星崇拜，但一般都无行为“模型”崇拜和主角幻想。

以上事例，已经说明，著名企业家、创业家的勇敢品质是如何来的——间接来自其天赋、环境逼迫、学习钻研所得到的底气、追求卓越的人生信仰，从根本上可以说，是来自他们基于自身巨大想象力的惊人的创造性，在关键时刻，若成事条件不充分，他们就用创造性补足必要的成事条件，这种以创造性取代冒险性的能力，是他们勇敢品质的真相。在生活中，他们并不见得比常人更勇敢，并非是逢事逞勇好赌之徒。而一旦他们勇敢之时，就一定含有非同寻常、积久而成、令人生畏的“森森剑气”——为验证自己坚信的猜想而不惜冒死一搏、死而无憾的气概。

老实说，创业，如果是从 0 向 1 跨越，这种难度若要全靠人的“勇敢顽强”去征服，那实在是太强人所难了。著名创业家的创业之妙，往往是从 0.5 或者 0.7 向 1.0 的跨越，因此，他们的“勇敢顽强”才发挥了作用。

再说顽强品质。

大多数白手起家的成功创业人士，是出身于军人、体育运动员以及抗压能力较强、意志坚强的人士，往往具有作家司汤达所说的“贫寒的经历、良好的教育、狂热的斗志”的背景特征，具有“独立自强”“打不垮的意志力”特征。他们有特殊的耐痛性、抗压性。例如，史玉柱曾在一度破产、负债 2.5 亿元的情况下，从头再来，通过“脑白金”项目而实现“咸鱼翻身”、重返高峰。换成一般人处在与他同样的困境，恐怕早已心灰意冷，息影江湖了。

王健林，1954 年 10 月出生于四川，15 岁当兵，在部队干了 17 年，28 岁已是副团职干部。1986 年从辽宁大学党政专修班毕业，获经济管理专业学士学位，同年转业到大连市，任区政府办公室主任，1988 年王健林下海创业，后来建立以房地产为主业的万达集团，创业 27 年后的 2015 年，他的个人财富达到 300 亿美元。当兵十七年，是他品格习惯形成的关键时期，他学会了坚忍不拔、令行禁止、顽强拼搏、严格自律的军人作风和优良的生活、处事习惯。

王健林多次提到，自己从陆军部队生活中学到的一样东西。他刚参军不久，就参加了部队的野外长途行军拉练，那时最困难的一件事是吃饭不饱，导致体力难以承受高强度训练。吃饭不饱，并不是说部队粮食不够，而是规定的吃饭时间短、同时吃饭的人又多，吃完一碗再去排队盛饭时，部队又要开拔了。这时，有一位老兵教给王健林一个"诀窍"，一开饭就先盛半碗开始吃，而不等盛满饭再吃，吃完这半碗饭时，别人还在吃第一碗饭，你就有时间再去盛上一碗满满的饭接着吃，这样，到规定吃饭时间结束，你就能比别人多吃半碗饭。王健林用这个办法一试，果然灵验，在后来的行军拉练中，再也没觉得体力不支了。① 这件事，王健林多年念念不忘，或许是因为，它使王健林懂得了一个道理，生活中有许多这样的小技巧，可以帮助人抗拒各种貌似无法克服的巨大困难压力。办法总比困难多，有时只要找到这样的小方法、小技巧，就可解决大问题。或许，它还使王健林懂得了，"时间差"就是机会，就是办法，就是出路。从此，王健林形成了藐视一切艰难险阻的心态，乐于钻研和发现类似"先盛半碗饭"的不起眼的减缓"吃力度"的各种绝技。于是，他在困境中，总是比竞争对手更能忍受煎熬，这又帮助了他总是绝境逢生。

总之，勇敢顽强，更多的是从"梅花香自苦寒来"的实践斗争摔打中磨砺而来，从观察、反思和发现实践经验中的窍门而来，从乐观与创造的精神信仰中来。著名企业家们的学习恰恰具备了这些特点。

三、他们是怎样炼成重大决策的远见卓识的?

著名企业家并非所有决策都正确，也有失误之时。但在关键重大决策上，包括投资决策、用人决策、重大技术和组织改革决策、战略选择决策等问题上，他们有时表现出异于常人的远见卓识，仿佛有透视未来的先知先觉，从而奠定企业走向胜利的基础。王健林说"一个企业步步踩准是不太可能的，多数时间都是在平均线上，但关键几步你赶上去，就拉开距离了"。② 他们在重大关头，顶住内外压力，甚至力排众议，作出方向准确的直觉判断与决策。这种能力同样与他们自身的学习积累、知识储备有关。

李嘉诚每天睡觉前一定看一会儿书，每天晚饭后一定看十几分钟英文电视节目。这种习惯一直保持到其晚年。

任正非，1944 年 10 月出生于一个尊师重学的贵州省贫寒教师家庭。小时候，

① 孙向杰、王健林：万达哲学：敢想有机会，敢干有成就［M］. 北京：群言出版社，2016：33.

② 张笑恒. 王健林的哲学［M］. 北京：北京工业大学出版社，2017：143.

他父亲告诫他："记住知识就是力量，别人不学，你要学，不要随大流"。1963年，他考入重庆建筑工程学院，在校期间，学习特别刻苦，将樊映川编写的高等数学习题集，从头到尾做了两遍。理工科大学生都知道，能将樊映川高数习题集从头到尾做一遍，那就不是一般认真刻苦的学生了，可见任正非学习毅力惊人。他同时还自学逻辑、哲学、三门外语以及计算机、数字技术、自动控制技术等专业课程，表现出旺盛的学习精神和良好的自学能力。在他1987年创立华为公司以前，他就不仅是优秀学习者，而且是科研高手，曾因两次填补国家技术空白以及在工程技术研发以及发明创造方面的其他突出贡献，被推选出席我国1978年具有重大历史意义的全国科学大会和1982年中共十二大党代会。在创立华为公司之后，无论多么艰苦、辛苦，他始终坚持苦学新技术和管理知识，并由此创新了行业标杆性的内部管理制度。任正非说："作为昔日的'学毛标兵'，我喜欢读《毛泽东选集》，经常琢磨毛泽东理论怎样为华为的市场攻略、客户政策、竞争策略以及内部运作服务"。① 到现在，华为公司的成就震惊世界、领先潮流，成为中国民族企业的骄傲，任正非也被公认为民族英雄级别的一代企业领袖。

创业之初，王健林几乎放弃了全部的休息时间，在晚上和节假日攻读房地产规划设计、建筑经济学等专业课程和书籍，从门外汉较快转变为房地产行业专家。老年后，王健林仍每天6点准时起床，7点10分到达公司，晚上8点多下班到家，晚11点准时休息。

他们注重带着实际问题学习，在实干中学，从"无字之书"中学。他们很多人属于"工作狂"，对于如何把握趋势、赢得客户、建设队伍和核心竞争力等实际问题点，逐渐形成了自己的系统化的经验和见解，例如海尔的张瑞敏、华为的任正非，他们的这些知识见解成为企业文化特色的关键部分。王健林给万达学院的题词仅有两个字"有用"，他说，这就是万达学院的最大的目标，别整了半天却没有用，培训完和没培训没什么区别，② 这就是他自身学习观的自然流露。

他们尊重同行的先进经验，并虚心学，且非常注意阅读大量有关最新技术、管理、市场等方面的知识信息。例如，任正非在关于绩效考核与奖惩的内部讲话中，对美国微软总裁萨提亚的三个提问"我如何利用公司已有成果提升个人或团队工作效率""我自己做了什么""我帮助别人或团队做了什么"，认为很科学、很可学，推崇备至，要求将这三个问题拿来作为考评标准之一。刘永好、冯仑、任志强、江南春等人围绕马云的经验进行研究、讨论、点评并集体出书。

---

① 张力升. 军人总裁任正非［M］. 北京：中央编译出版社，2008：9.

② 张笑恒. 王健林的哲学［M］. 北京：北京工业大学出版社，2017：99.

他们注重反思学习。王健林在万达集团倡导和推行“复盘”法，即每年进行复盘，每次抽选三五个项目进行复盘总结，集体分析项目完成的优缺点和改进措施。他说“复盘既是研究创新，也是管理推动”。江南春通过反思顿悟，得出“人生的很多烦恼，归因起来，是我们习惯用得失来决定，而不是是非来决定。‘是非即成败’。所有东西，‘是’即‘成’，‘非’即‘败’。这时候你的判断标准就很清晰，也就没有烦恼了”。他们从学习中获得了大量的自己的直接知识，从血的教训中淘到了“心经”，虽或有瑕疵糟粕，但在关键时刻，这些东西成了他们决策时的哲学基础，打胜仗管用。

他们注重创新性学习。他们不关注无关的细枝末节，往往直达要害。几乎没有思想禁区，脑洞大开的水平，可谓时代先锋。例如，当人们刚有市场交换观念时，牟其中就产生了用开水瓶换苏联的大飞机、炸开喜马拉雅山解决西北缺水问题、开发满洲里建设经济中心之类的点子，其中开水瓶换飞机完全付诸实现，一举盈利1.6亿元，这在20世纪的中国是一个天文数字级的经营成就。他们能用寥寥数语将复杂理论简单化、形象化概括，并有入木三分的精辟论述。他们的批判性思维能力、价值判断力以及想象力，比一般人更活跃且敏锐。他们在学习中建设自己的追求卓越的信仰信念。他们也不僵化地固守自己陈旧过时的思想观念，只服从实践检验的真理，不合时宜的知识就马上抛弃，转弯很快。

他们的远见卓识是怎样炼成的？还是从理论与实践相结合中来，从高效益学习中来。

四、结语

从本书理论，来分析学者的学习和企业家、创业家的学习，我们可以发现：这两类人的学习，牵引认知的动机期望、认知模型、辅助信息等是完全不同的，学习的心态、前态、行态、客态也是差别很大的。

学者的学习，目的是发现新的知识或加工重组以往知识，客态主要是“有字之书”，偏重知识，他们重视忠实系统地理解经典原文并从中吸取思想营养。他们的学习往往采用朱熹方式，因而可形成远超常人的更高深完备的专业知识系统。

工商界名人、企业家的学习，目的是提升自身特种素质能力，客态主要是“无字之书”，且与大量实务信息认知活动紧密相连，偏重解决实际问题的策略，他们的学习与大量频繁的实务信息认知活动紧密相连。他们的学习往往接近陆九渊、苏轼的方式，因而可在零碎的、反身的学习中，激发自己的创意和才干，并转化为优秀的特殊素质。

附　　录

附录一　成人高等教育学习的若干问题解答

——以湖南师范大学继续教育学院为例

一、成人高等教育基本概况

1．什么是成人高等教育，什么是成人高考，什么是函授？

成人高等教育简称成人教育、成教，是高等教育的重要组成部分。成人教育主要面向社会在职从业人员的学历提升，是对普通高等教育的一种完善和补充。成人教育招生分：专科起点升本科（简称“专升本”）、高中起点升本科（简称“高升本”）、高中起点升专科（简称“高升专”）三个层次。国家承认学历，毕业证教育部网上注册，符合学士学位授予条件的本科毕业生可授予学士学位。

成人高考是成人高等学校招生统一考试，简称成考，是成人高等教育的入学考试，列入国家招生计划，参加全国招生统一考试，各省、自治区、直辖市统一划线录取。

函授是成人高等教育的一种学习形式，人们常说的“函授文凭”，一般都是指成人高等教育的文凭。

2．成人高等教育文凭是否被国家认可、可以考研、考公务员和考编吗？

可以考研、考公务员和考编。中国国民教育学历，包括初等教育（小学）、中等教育（初、高中）及高等教育（大学）学历。目前国民教育中的高等教育学历分专科、本科、硕士研究生和博士研究生四个层次。

3．成人高等教育学费是多少？

学费严格按照湖南省物价局、财政厅、教育厅《关于调整我省成人高等学历教

育收费标准有关事项的通知》制订。（以湖南师范大学为例）

省　内：

文科类：2520 元/年

理科类：2640 元/年

艺术类：4560 元/年

医药类：3200 元/年

省　外：

文科类：2100 元/年

理科类：2200 元/年

艺术类：3800 元/年

医药类：3200 元/年

4. 成人高考医学类可以报考非医学类吗？非医学类可以报考医学类吗？

根据《湖南省 2019 年成人高等学校考试招生工作实施办法》，成人高考医学类只要具备相应的学历条件，可以报考非医学类。非医学类原则上不可以报考医学类，但药学除外。

此外，报考临床医学、口腔医学、预防医学、中医学等临床类专业的人员，应当取得省级卫生行政部门颁发的相应类别的执业的助理医师及以上资格证书或取得国家认可的普通中专相应专业学历；或者县级及以上卫生行政部门颁发的乡村医生执业证书并具有中专学历或中专水平证书。报考护理学专业的人员应当取得省级卫生行政部门颁发的执业护士证书。报考医学门类其他专业的人员应当是从事卫生、医药行业工作的在职专业技术人员。对于不具备上述条件且要求报考医学门类专业的考生，其毕业后所获得的医学成人高等教育学历文凭将不能作为参加执业医师、执业护士考试的依据。

5. 成人高等教育学制是几年？

学制是由各高校自己在衔接专业计划确定，最低学制 2.5 年，最长学制 3 年。大部分成人高等教育高升专、专升本函授学制 2.5 年，高升本函授学制 5 年。

6. 成人教育与自考的区别

成人教育与自考的区别，见附表 1.1。

附表 1.1　成人教育与自考的区别

比较项	成人教育	自考
入学方式	需参加全国统一的成人高考，达到省考试院规定的录取分数线方能入学	无入学考试，需参加该专业教学计划规定的所有课程考试并合格
学习方式	函授，业余	全日制助学班，社会
学习难度	难度较小，通过全国统一的入学考试大多能顺利拿到毕业证，成人高考入学考试的通过率高	难度较大，每门课程均需参加全国统一的考试
文凭含金量	国家承认学历，属于国民系列教育	国家承认学历，属于国民系列教育

二、成人高等教育学籍管理

1．成人高等教育入学后可以转专业吗？

转专业需严格按照学校文件的要求执行；不得跨大类转专业，非医学类不得转入医学类；艺术类不能转专业，其他同类别的专业根据情况可进行转换。

2．成人高等教育转专业流程

（1）需由本人向所在函授站（函授站是主办高校对成人高等教育函授学员进行教学辅导、思想政治教育、组织管理的服务机构。）提出书面申请，并提交相关证明材料；

（2）函授站在核实学生申请后签署意见，填写《申请表》，上报高校继续教育学院；

（3）继续教育学院审核后报学校审批并公示；

（4）报省教育厅相关职能部门备案。

3．成人高等教育入学后可以转学吗？

原则上不可以转学，学生应在录取学校完成学业。如遇特殊情况，因患病或者有特殊困难、特别需要，无法继续在本校学习或者不适应本校学习要求的，可以申请转学。

4．成人高等教育转学流程有哪些？

学生要求转学，须由本人向学籍所在高校提出书面转学申请，并负责提供与转学理由和要求相吻合的证明材料，所有材料一式四份。

（1）凡申请转入湖南省内其他高等学校就读的学生，经转出校和拟转入学校审核同意，填写相关表格（一式四份），转出校主管部门签署意见并报主管校长签署意见加盖学校章，由拟转入学校上报湖南省教育厅主管部门备案，湖南省教育厅主管部门同意备案后，再由转出校和拟转入学校办理相关手续。

（2）凡申请由湖南省内其他普通高等学校转校就读的学生，由学生本人提出申请，经转入学校和拟转出学校审核同意，填写相关表格（一式四份），拟转出学校主管部门签署意见并加盖学校章，由转入学校上报湖南省教育厅主管部门备案，湖南省教育厅主管部门同意备案后，再由拟转出学校和转入学校办理相关手续。

（3）跨省转学者，须分别报双方学校同意及双方学校所在省教育主管部门备案。

5．成人高等教育转学与转专业时间？

（1）每年两个时间段为各函授站集中申报时间：5月和11月。

（2）高校继续教育学院负责对申报材料初审并报学校审批，学校审批通过后于每年6月底前和12月底前在学院网站上公示转学和转专业名单，时间不少于5个工作日，对有异议的要立即查实处理，无异议后方可按程序办理。

6. 成人高等教育毕业证书丢失怎么办？

学生本人应妥善保管毕业证书。如遗失，经学生本人申请，并按要求提供相关材料，学校核实后可出具相应的毕业证明书，毕业证明书与原证书具有同等效力。

7. 成人高等教育毕业证书原件及毕业生登记表遗失补办材料？

（1）携带毕业证复印件和毕业生登记表复印件（非必要，但需根据实际情况提供说明）；

（2）2006年之前毕业的考生需先到师大档案馆（师大里仁楼三楼）复印毕业生花名册；

（3）提供免冠寸照两张（2006年开始，自助服务系统中有相片的不需要提供）；

（4）出示有效证件，验证原件，留存复印件。

8. 成人高等教育退学流程？

录取过程中，如确有考生自愿放弃录取的，由考生本人提出退档书面申请并附本人身份证复印件，经函授站负责人签字同意加盖单位公章报学校审批后，予以退档处理。退档考生原则上不得恢复录取。

9. 成人高等教育奖励条件及措施？

学校对思想品德、学业成绩等方面表现突出的学生给予表扬和奖励，学校将适时组织优秀学生评选活动，奖励表彰材料进入学生档案。

10. 成人高等教育优秀毕业生评选条件？

（1）思想进步、作风正派，坚持四项基本原则，热爱社会主义祖国，遵纪守法、维护社会公德。在学习期间内未受过学校或工作单位的任何纪律处分。

（2）热爱学校，严格遵守学校的各项规章制度。

（3）能正确处理好本职工作与学习的关系，很好地完成所在工作单位的本职工作。

（4）学习目的明确，态度端正，有刻苦钻研精神，学习成绩优良。毕业时，所有课程总平均成绩在80分（含80分）以上，考查、实验、实习、毕业论文（设计）成绩均达到良好以上。无旷课或考试作弊行为，无考试不及格课程。

（5）在校期间有优秀事迹获得过县以上政府表彰，获得过市以上科技创造、技能大赛等奖励的优先。

优秀毕业生每届评选一次，要求毕业生人数在30人以上的站点参加评选，按学校规定的5%的评选比例推荐优秀毕业生。

三、成人高等教育教学管理

1．成人高等教育授课内容安排？

函授站（函授站是主办高校对成人高等教育函授学员进行教学辅导、思想政治教育、组织管理的服务机构。）严格按照高校制订的培养方案安排教学，不得随意增减课程和课时。如遇特殊情况必须调整，须向继续教育学院教学管理科报告并提出调整方案，经同意后方可调整。

2．成人高等教育如何开展教学授课？

函授站的教学工作可以通过两个途径组织实施，一是线下教学，函授站将会在周末和节假日时间通知学生开展面授课程。二是线上教学，利用高校教学管理平台开展网上教学，按照学校统一的安排与部署，开展线上教学和考试。

3．成人高等教育入学后如何期末考试？

学生必须参加培养方案规定课程的学习并接受考核，考核成绩载入成绩册，并归入学籍档案。

考核分为考试和考查两种。考试按百分制评定成绩，考查按优秀、良好、中等、及格、不及格五等评定成绩。考核成绩不及格的课程，应在下一学期开学后两周内进行补考，没能补考的学生，按自动放弃补考处理，补考后仍不及格者，毕业前参加统一组织的毕业前补考。

4．成人高等教育毕业论文（设计）合格要求？

（1）毕业论文（设计）必须与本专业相符合；

（2）毕业论文（设计）必须按照论文格式撰写；

（3）毕业论文（设计）不得抄袭、剽窃，论文查重报告不得高于30％。

5．成人高等教育毕业论文（设计）答辩要求？

毕业论文（设计）答辩与成绩评定是对毕业论文（设计）工作进行全面检查的一个重要环节。

（1）以各函授站负责人为组长的答辩委员会，负责答辩工作，制订答辩规则，程序，要求以及时间，地点安排等。

（2）各专业成立答辩小组，答辩小组由3～5人组成，（设秘书一人），负责制订答辩工作进程计划，拟定成绩评定具体办法，填写答辩小组评语，评定答辩成绩。

（3）严格执行毕业论文（设计）答辩资格审查制度，有下列情况之一者，不给予答辩资格。

指导老师不同意答辩者；

由于本人不努力，未完成毕业论文（设计）规定任务；

抄袭他人毕业论文（设计）。

（4）答辩应按编排好的秩序进行。学生答辩时应就课题的目的，要求，设计特点分析和计算的主要依据和结论，设计中的体会，见解等简要说明。提问主要围绕与课题密切相关的基本理论，知识，设计及计算方法等。

（5）毕业论文（设计）答辩完成后，学生要按要求改正论文（设计）中存在的全部错误。

（6）毕业论文（设计）完成后，指导教师应认真审阅学生的毕业论文（设计），详细填写教师评语并评定成绩。

（7）毕业论文（设计）必须经过“审阅”“答辩”二个环节，并分别写出评语，评出综合成绩，综合成绩采用五级记分制（优秀，良好，中等，及格，不及格）。并将毕业论文纸质版与成绩上交到成人函授教学科进行最后审定，成绩最终以学院组织专家评阅成绩为准。

（8）成绩评定要统一标准，从严掌握，防止过松或过紧的现象，优秀一般不超过5%。

（9）毕业论文（设计）应存教学科，保管年限为3年。

四、成人高等教育学位管理

1. 成人高等教育学士学位证书申请条件？

（1）获得成人高等教育或自学考试本科学历证书的学生，申请学士学位外语的有效期限为获取该校本科毕业证书两年以内；

（2）毕业论文成绩良好以上；

（3）学士学位外语考试符合下列情况之一：

参加学士学位英语考试（非英语专业学员考英语，英语专业学员考第二外语）且成绩合格者，无年限限制；

在读期间参加了CET-4（大学英语四级）、CET-6（大学英语六级）或PETS-3（口语和笔试都需及格）考试，成绩合格者，可作为学位外语的有效成绩申请学士学位。

2. 成人高等教育学士学位申请时间？

申请学士学位，必须参加就读高校所在省份的学士学位外语考试，成绩合格后方可申请学士学位。湖南省每年的申请时间为上半年：3月20日—4月1日，下半年：9月20日—9月30日。

3. 成人高等教育学士学位申请材料有哪些？

（1）身份证正反面复印件两份；

（2）本科毕业证复印件两份；

（3）有效学士学位外语成绩单复印件两份（四、六级成绩单和公共英语三级证书需带原件）；

（4）两张蓝底的两寸照片。

4．成人高等教育学士学位申请注意事项？

（1）所申请的学士学位必须是该校有学士学位授予权的专业；

（2）学生认真核对信息，特别是学生在读期间，更改过专业的学生，请确保专业与毕业证书上的专业一致；

（3）学士学位申请不接收任何邮寄材料；

（4）学士学位申请和领取必须本人来校办理；确因特殊情况需委托代办的，需按以下格式提交委托书（领取学士学位证时，持有该校学士学位办出具的回执单者除外）。

（5）在规定的时间内提交有效申报材料，否则逾期不予办理；

（6）学士学位申请的相关要求和注意事项，此前与此次通知不一致的，以此次通知为准。

附录二　湖南师范大学简介

一、校史

蓝田创业，岳麓传薪，弦歌颂雅，学脉绵延。

1938 年 10 月，湖南师范大学前身——国立师范学院在湖南省安化县蓝田镇诞生，创建背景是中华民国国民政府抗战建国国策的实施。抗日战争全面爆发后，1938 年 4 月，国民党临时全国代表大会通过了《战时各级教育实施方案纲要》，同年 7 月，国民政府教育部颁布了《师范学院规程》，对高等师范教育制度进行重大改造，国立师范学院就是依据该规程，适应"教育救国"的需要创办的。该年 7 月 27 日，国民党政府教育部电聘上海光华大学副校长、著名教育家廖世承博士为国立师范学院筹备委员会主任；8 月，以廖世承、教育部高等教育司司长吴俊升、中央党部宣传部副部长潘公展（潘公展就职湖南省政府委员后，陆军第三十一集团军总司令部秘书袁哲接任筹备委员）、湖南省教育厅厅长朱经农以及西北联合大学教授汪德耀五人组成国立师范学院筹备委员会；10 月 27 日，教育部聘任廖世承为院长，正式成立国立师范学院。国立师范学院是国民政府创设师范学院制度、重振我国高等师范教育初期唯一的一所独立师范学院，廖世承院长形容其为"树师范学院独立办理之先声"。

1944 年 10 月，为避战乱，国师迁往湖南溆浦。抗战胜利后，于 1946 年 10 月迁往湖南南岳。

1949 年底，国师迁往长沙岳麓山，并入湖南大学。

1953 年 8 月，全国高等学校院系调整，湖南大学撤销，湖南师范学院以原国立师范学院为基础，合并湖南大学、南昌大学、河南平原师范学院部分系科，接纳清华大学、湖南大学、南昌大学、东北师范大学、华南师范学院、河南平原师范学院部分学生组建而成，校址设在岳麓书院。

1957 年，湖南师范学院合并长沙师专。

1959 年，为支持复校后的湖南大学建设，湖南师范学院校址从岳麓书院迁至二里半。

1961 年至 1962 年，湖南师范学院合并湖南艺术学院、湖南体育学院以及湖南大学政治经济系、中文系、生物系。

1984 年 9 月，湖南师范学院更名为湖南师范大学。

1988 年，湖南师范大学合并湖南省图书情报学校。

1996 年 11 月，湖南师范大学跻身国家“211 工程”重点大学建设行列，是六所首批进入“211 工程”的师范院校之一，也是湖南省省属高校中唯一进入“211 工程”的大学。

2000 年至 2002 年，湖南师范大学先后合并湖南教育学院、湖南政法管理干部学院和湖南医学高等专科学校。

2017 年 9 月，湖南师范大学进入国家“双一流”建设高校行列，是湖南省省属高校中唯一的国家“双一流”建设高校。

2018 年 9 月，湖南师范大学成为中华人民共和国教育部与湖南省人民政府重点共建的“双一流”高校。

立足新时代，开启新征程。湖南师范大学将秉承“仁爱精勤”的校训精神，以谋求人类福祉、推动社会进步、实现国家富强为己任，为建设教师教育特色鲜明、国内一流、国际上有影响的高水平综合型大学而不懈努力。

二、校址

国立师范学院时期，学校的校址先后设在湖南省安化县蓝田镇、溆浦县马田坪、衡山县南岳镇。

湖南师范学院、湖南师范大学时期，校址先后在长沙市岳麓山下的岳麓书院、二里半。

三、校区

学校现有 7 个校区，分别是二里半校区、南院校区、咸嘉湖校区、天马校区、桃花坪校区、张公岭校区、附属湘东医院校区。学校总面积 2744 余亩。主校区西偎麓山，东濒湘江，风光秀丽，是全国绿化“400 佳”单位之一。

四、校门

二里半老校门：老校门高 8.35 米，宽 12.8 米。原建于 20 世纪五十年代，后在麓山南路拓宽改造工程中被拆除。2018 年原样复建。

湘江边新校门：2006 年建成，校名牌和校训牌长 13.6 米，牌坊高 11.6 米。牌坊有 6 根麻石柱组成，是古代书院院门、山门的抽象化。

五、校景

2009 年，学校通过提名、专家会商、现场以及网上投票、评委会评议、校长办公会议审定等阶段，评选出“校园八景”。

（1）红楼映翠：红楼景区包括红楼、校办公楼、红楼广场、上游村诸处。该处古木参天，绿荫如盖，红墙点缀其间，若隐若现，有如妙手著丹青。

（2）黉门听涛：黉门，校门之古称谓也。新建校门临江而峙，雄视洲野，观浪听涛，守土护园。校门造型别致，似门无门，寓意开门办学，崇尚国际视野、天下情怀。

（3）兰台夕照：兰台，藏书阁古称谓。图书馆周正沉稳，舍广藏丰。斜阳初照，读者鱼贯而入。馆舍四周，绿茵匝地，学人流连，书香四溢。

（4）木兰春晓：每当春天来临，木兰路上一夜喜雨，千朵万朵木兰花开。枝头繁花似锦，花海人流如织，花海、人海交织成一幅春日盛景，讲述着师大的故事。

（5）岳亭烟雨：岳王亭景区包括麓山忠烈祠、岳王亭、共青湖、赭石坡、73军抗日阵亡将士公墓、诗词碑廊诸处。巍巍麓山埋忠骨，硌硌赫石铭丰功，景区内山水相伴，四季轮回皆入画，烟雨朦胧更相宜。

（6）镕园樟韵：湖南师大附中镕园取名自杰出校友朱镕基。园内四株古樟遮天蔽日，华盖亭亭，浑然一体，见证附中百年风雨、今日辉煌。

（7）樟园晨曦：樟园景区包括樟园、杨树达塑像、文学院和历史文化学院大楼诸处。香樟林立，兰草依依。旭日东升，晨曦微露，莘莘学子捧卷诵读于此，书声琅琅，青春激扬。

（8）艺苑和声：艺术广场为美院设计楼、美术楼、音乐学院和乐楼所环绕。设计楼剑指苍穹，如椽画笔著丹青；和乐楼怀拥广场，瑟瑟长奏天籁音。

六、校训

校训是一个学校的师生共同遵守的基本行为准则与道德规范。

（一）国立师范学院时期的院训

国立师范学院的院训为“仁爱精勤”，登载在1939年1月出版的《国师季刊》创刊号上。

“仁”在中国文化中是一种含义极广的道德观念，是中国古代儒家思想的核心。在《论语》中，“仁”字出现了109次。比如：“克己复礼为仁。”“能行五者于天下为仁矣……恭、宽、信、敏、惠。”“刚毅木讷近仁。”“仁者必有勇，勇者不必有仁。”“巧言令色鲜矣仁。”“志士仁人，无求生意害人，有杀身以成仁。”“仁者爱人。”“惟仁者能好人，能恶人。”“仁”跟孝、悌、忠、恕、刚毅、木讷、爱人、立人、达人、博施、济众、有勇、无怨、不忧、不佞、杀身、克己复礼等美德都挂钩。几乎没有什么好的品行、好的作为不属于“仁”。所以有人把“仁”定义为全德，是美德的总称。在孔子的眼里，能称为“仁者”的人是极少的，“回也其心三月不违仁，其余则日月至焉而已矣。”所以，“仁”是一种道德境界、道德理想，它激励、约束和领导人们不断攀登道德高峰。“仁”的标准很高，但并非难以企及。子曰：“仁远乎哉？吾欲仁，斯仁至矣。”即“仁”是人的主观意志状态，人们可以从最简单的地方出发，一件一件事情去做，一天一天去做，积极实践，不断攀登道德高峰，就可以到达“仁”的境界。

“爱”是指对人或事物有深厚、真挚的感情。仁者必然会爱，“仁者爱人。”仁者怎样爱人呢？“君子爱人以德。”不偏不私，不宠不溺，不姑息不迁就，按照道德标准去爱护人。爱他（她），就帮他（她）成就更高的道德。

“精”是指细致、严密、完善、最好。比如：人们用“博大精深”来形容思想、学识广博高深，用“精益求精”来形容已经很好了还要更加完美，用“精细入微”来形容考虑问题十分仔细，用“精意覃思”来形容精心研究，深入思考。

“勤”是指做事尽力，不偷懒。因为业精于勤，因为天道酬勤，所以人生在勤。

“仁爱精勤”校训中的四个字，“仁”是理想，“爱”是行动，“精”是目标，“勤”是路径。对师生来说，仁爱指向人格的养成，精勤指向学业的深广，四者结合，成为完人。

（二）湖南师范大学1988版校训

1988年，学校在广泛听取意见的基础上，确定把“勤勉严谨，求实创新，献身教育，团结奋进”作为校训，集中体现了全校师生面向现代化、面向世界、面向未来办好高等师范教育的追求。

（三）对国师校训的回归

2006年，学校从综合化发展和研究型提升的新局面出发，决定将国师“仁爱精勤”院训规定为学校的校训，并邀请著名书法家、美术学院教授颜家龙先生题写。颜家龙先生1948年毕业于国立中央大学，是当代书法大家，其书法雄健沉酣、波澜老成、正大磊落，很能体现湖湘文化刚强弘毅、敢为人先的特点。学校对校训精神做了新的诠释，表述为“四个倡导，四个追求”。倡导师范仁道，追求高尚；倡导爱人以德，追求和谐；倡导研精思覃，追求真理；倡导勤奋踏实，追求卓越。新的校训诠释表达了全校师生在道德境界、道德行为、优良学风、优良作风方面的追求。

七、校徽

校徽是学校徽章的简称，是学校办学理念和人文精神的艺术化体现。国立师范学院确定过院徽，湖南师范大学的校徽随着学校的发展有过变更。

（一）国立师范学院院徽（1938 年定）

国立师范学院的院徽为倒三角形，三只角分别隐含着“智、仁、勇”的意义。整体设计简洁大方，醒目地体现了学院的地位和性质。

（二）湖南师范大学校徽（1988 年定）

校徽中的校名为毛体集字。中心图案由师范拼音首字母 S 和 F、光芒和翻开的书本组成。图案既是燃烧的蜡烛照亮别人，也是温柔的手呵护幼苗成长，寓意学校以培养高尚的人民教师为使命。

（三）湖南师范大学校徽（2006 年定）

中心图案为湖南拼音首字母 h 和 n；也是一个“人”字，体现学校以人为本、百年树人的办学理念，同时含有三人行必有我师的思想；也是翻开的书本，表现教书育人、开卷有益的思想；像是竖起大拇指的手，寓意湖南师范大学一流的教学、一流的环境、一流的师资，培养一流的教育人才，成果丰硕，美誉远传，令人赞叹，使人叫好。

八、校歌

校歌是一所学校规定的代表该校的歌曲，是学校办学理念、校园精神和学校特色的集中体现。湖南师范大学自创校以来使用过四代校歌。

（一）第一代校歌

国立师范学院院歌（钱基博词，张子瑜曲，1938—1942 年）

孰兴我少艾，五千年之文明，焕彩霏芳霭。国何曾老大，勤以精业，博爱之谓仁，明德亲民，旧邦命维新。国何害老大，抚万里之山河，沧海以为带，万国莫我奈。好作新兆民，好作新兆民，一代师表重自珍，莫辜负群伦。

（二）第二代校歌

国立师范学院院歌（廖世承词，唐学咏曲，1942—1949 年）

国师，国师，文化的先进，国民的导师。陶甄人才，作育多士，建树一代良规，忠于为人，勇于克己，披荆斩棘，履险如夷。宏施教泽，百年以为期。

国师，国师，青年的先导，建国的良师。爱护幼童，扶持少壮，创立和平始基。诚以待人，义以接物，摩顶放踵，念兹在兹。风行草偃，千载有余思。

（三）第三代校歌

湖南师范大学校歌（赵甄陶等词，郭和初曲，1988—1996 年）；（赵甄陶等词，王青等曲，1996—2006 年）

麓山秀，湘水长，澧兰沅芷播芬芳。

勤勉严谨，求实创新，飞舟踏浪千帆扬。

麓山秀，湘水长，春风化雨遍三湘。

惟楚有才，于斯为盛，兴我华夏赖栋梁。

（四）第四代校歌

湖南师范大学校歌（彭炳成词，唐勇强曲，2006 年至今）

巍巍麓山，浩浩湘江，堂堂学府，源远流长。承接涟衡形胜，汇聚四海英良，仁爱身修，精勤业广，兴我华夏，争做栋梁。

巍巍麓山，浩浩湘江，堂堂学府，源远流长。吸取科技精华，弘扬人文理想，仁爱身修，精勤业广，兴我华夏，争做栋梁。

九、校刊

校刊是学校信息传播的重要载体，也是推动学术和文化交流发展的重要平台。湖南师范大学建校以来即在校刊编印、出版方面孜孜以求，既推动了教学和科研的发展，也给社会贡献了独特而丰富的思想资源。

国立师范学院时期，国内出版和印刷行业因抗战而遭受重大打击，纸张的匮乏，印刷困难，学院克服困难坚持办刊。国师的校刊中，新闻类的有 1939 年 12 月 1 日创刊的《国立师范学院旬刊》和南岳时期学生自治会刊行的《国师新闻》；综合类的有 1939 年 1 月创刊的《国师季刊》、1941 年 1 月创刊的《国力》月刊、1944 年创刊的《新血输》、1947 年 6 月创刊的《师声》等杂志；资料类的有《国师教育论文索引》等；学术研究类的有国文学会刊行的《卮言》、史地学会刊行的《史地教育特刊》、心理学会刊行的《心理学会特刊》、体育与童子军学会刊行的《体育与健康教育》、英语学会刊行的《英语半月刊》、三民主义学术研究会刊行的《行仁》等杂志。

湖南师范学院成立后，于1953年12月创刊《湖南师院》旬报，反映学校党、政、工、团主要活动和教学、科研动态和成果。1958年元旦，毛泽东的《蝶恋花·赠李淑一》一词在《湖南师院》首发并在全国引起轰动，成为文坛盛事。《湖南师院》报后更名为《湖南师大报》，并改为周报，目前已出版1500余期。

湖南师范学院组建不久，创办了反映学院教学和科研成果的《湖南师院学报》（综合版），每年出版一期。1957年，《湖南师院学报》（人文科学版）从《湖南师院学报》（综合版）独立出来，每年出版一期。1966年到1973年，学报停刊。1974年10月复刊，同时出版《湖南师院学报》（哲学社会科学版）第一期。

从1985年1月起，《湖南师院学报》（哲学社会科学版）和《湖南师院学报》（自然科学版）通过中国国际书店向国外发行。1986年，《湖南师院学报》（哲学社会科学版）和《湖南师院学报》（自然科学版）分别更名为《湖南师范大学社会科学学报》和《湖南师范大学自然科学学报》，两个学报分别取得两种标准刊号，成为面向国内外公开发行的国际标准期刊。

除了以上两种学报，学校在改革开放的年代里陆续创办、承办和合作主办了一系列期刊，包括1985年创办的《科技译丛》《中国文学研究》和《消费经济》，1988年创办的《古汉语研究季刊》、1992年创刊的《激光生物学报》、1995年创刊的《科学启蒙》、1997年创办的《生命科学研究》、2002年创办的《伦理学研究》和《湖南师范大学教育科学学报》，2003年创办的《时代法学》，2004年创刊的《湖南师范大学学报》（医学版）等。

创办于1984年的《中学生理化报》依托学校师范优势，发挥教育特色，始终坚持为中学教学改革和广大中学生服务，是广大中学师生的良师益友。

十、校友

建校80余年来，湖南师范大学为社会输送了50余万专业人才。他们之中，有学界泰斗、有艺术明星、有商界巨子、有政坛精英。声名远播的出版湘军、电视湘军、文艺湘军、教育湘军、科技湘军，无不与湖南师大人脉相通、休戚与共。特别是基础教育界，全省将近百分之八十的中学校长和骨干教师都是从这里起航的。

艾瑞深中国校友会网的2018中国大学杰出校友排行榜100强榜单统计了各高校校友中杰出政要、市长、院士、杰出人文社会科学家、亿万富豪的数量，以总数多少进行排名，湖南师范大学排在全国高校的第33位。

附录三　2019 年湖南师范大学函授站联系表

2019 年湖南师范大学函授站联系表，见附表 3.1。

附表 3.1　2019 年湖南师范大学函授站联系表

序号	函授站	法　人	联系电话	联系地址
1	长沙麓山专修学院函授站	洪　亮	15874096068	长沙市井湾子井圭路 128 号
2	长沙芙蓉区树人教育信息咨询服务部函授站	余仁智	13357222580	长沙市雨花区东塘电信局附近
3	长沙市开福区卫培进修学校函授站	谭文会	18673162666	长沙市开福区万达广场 C 栋 6 楼
4	长沙市望城区学无涯培训学校函授站	黄建新	13975156353	长沙市岳麓区枫林一路 251 号
5	长沙实验外国语专修学院函授站	刘罗桂	13574816537	长沙市岳麓区共和世家 16 栋 106
6	长沙市岳麓区友恒教育咨询服务有限公司函授站	孙国强	15607490885	长沙市岳麓区左家垅桃花坪 1 号
7	长沙唯上商务科技学院函授站	黄首昌	13687307588	长沙市长沙县龙井路
8	长沙市新文卓教育培训中心函授站	邓星平	13507317997	长沙市星沙国家经济技术开发区湘龙路 1 号
9	邵阳市新邵县教师进修学校函授站	钟跃平	13973983199	新邵县酿溪镇新阳路沙湾社区（原新阳中学）
10	岳阳市五大院校培训学校函授站	谭清祥	13807302408	岳阳市巴陵中路中建岳阳中心国际公馆 6 楼
11	益阳湘穗科技工程学院函授站	冷　君	15111029999	益阳市赫山区桃花仑路
12	郴州市湘南高等教育函授辅导中心函授站	彭福芝	13907350939	郴州市苏园路苏仙文化影城 3 楼
13	衡阳市万家文化传播有限公司函授站	谢先会	13975434612	衡阳市名仕华府
14	衡阳市雁峰区万博教育培训学校教学点	赵铁庚	13875621195	衡阳市雁峰区黄百路 165 号

续附表

序号	函授站	法　人	联系电话	联系地址
15	吉首市委党校函授站	张华杰	13407438544	吉首市光明东路55号
16	云南省昆明宏程信息技术学校函授站	张金泉	13908852731	云南省昆明市西华公园西侧昆明宏程信息技术学校
17	江西科技学院函授站	万哨凯	15870633133	南昌市瑶湖高校园区
18	万宁市成人教育专修学校	唐建华	18907613992	海口市海府一横路美舍大厦3楼304
19	新疆维吾尔自治区经济和信息化培训中心函授站	陈小松	13999223755	乌鲁木齐北京路科学一街经信委综合楼
20	云南省昆明新世纪职业教育培训中心函授站	周　文	13708436960	蒙自市北京路花样年华
21	广东省东莞市南城卫培培训中心函授站	周　杰	13712653129	广东省东莞市南城区莞太路60号星鹏商务大厦
22	常德市中科教育培训学校函授站	张燕红	13975123597	常德市武陵区建设西路新玉园小区1栋3楼
23	贵州省六盘水水城县职业技术学校函授站	单年禧	15874990690	贵州省盘水市钟山区老鹰山镇

参考文献

[1] 施良方．学习论［M］．北京：人民教育出版社，2001.

[2] 汪凤炎，燕良轼．教育心理学新编［M］．广州：暨南大学出版社，2006.

[3] 陈晋．毛泽东的读书生涯和政治实践［N］．光明日报，2009.

[4] 薛涌．天才是训练出来的［M］．南京：江苏文艺出版社，2010.

[5]［德］克里斯蒂安·格吕宁．超级快速阅读［M］．赫湉译．北京：中信出版社，2011.

[6] 贺华．成人学习论［M］．广州：世界图书出版广东有限公司，2012.

[7] 张岩雨，李问渠．跟李嘉诚学创业．［M］北京：海潮出版社，2009.

[8] 杜向阳．心灵控制术［M］．北京：电子工业出版社，2013.

[9]［美］杰罗姆 S 布鲁纳．教育过程［M］．上海师范大学外国教育研究室译．上海：上海人民出版社，1973.

[10] 中央党校采访实录编辑室．习近平的七年知青岁月［M］．北京：中央党校出版社，2017.

[11]［美］戴维思．这样学习最有效［M］．海口：南海出版公司，2001.

[12] 孙向杰．王健林：万达哲学——敢想有机会，敢干有成就［M］．北京：群言出版社，2016.

[13]［美］卡罗尔·德韦克．终身成长［M］．楚祎楠译．南昌：江西人民出版社，2017.

[14]［美］莫提默·艾德勒，查尔斯·范多伦著．郝明义，朱衣译．如何阅读一本书［M］．北京：商务印书馆，2014.

跋

本书得以出版，应感谢湖南师范大学著名教授、博士生导师马卫平先生的策划与鼓励。在马卫平先生以及湖南师范大学继续教育学院袁愈林副院长指导关怀下，著者得以在以前的《成人学习论》专著和数篇核心刊物论文基础上，深化研究，重审改写，将最新的研究成果融入本书。著者贺华，系长沙商贸旅游职业技术学院教授、湖南师范大学继续教育学院特聘专家，撰写了本书第一至第六章的内容。著者鲁亚辉、孔春辉老师，系湖南师范大学教师，分别完成了附录一、附录三和附录二的内容。湖南师范大学著名教授、博导、省内语文教学法研究泰斗周庆元老师参与了本书的审阅。湖南师范大学鲍静旗老师、海军某部中尉贺子临对本书编排、制图、协调和讨论作出了贡献。本书排版与审稿阶段，正逢全国抗击新冠病毒疫情之际，相关人员克服重重困难，密切协同配合，确保了本书按时出版，更是令人感怀。特向为本书研究、写作和出版付出了心血的各位同志和朋友鸣谢。

著　者

二〇二〇年二月

图书在版编目（CIP）数据

成人学习导引 / 贺华，鲁亚辉，孔春辉著．-- 湘潭：湘潭大学出版社，2020.3
ISBN 978-7-5687-0408-3

Ⅰ．①成… Ⅱ．①贺… ②鲁… ③孔… Ⅲ．①学习方法 Ⅳ．①G791

中国版本图书馆 CIP 数据核字（2020）第 070002 号

成人学习导引
CHENGREN XUEXI DAOYIN
贺 华 鲁亚辉 孔春辉 著

责任编辑： 丁立松
封面设计： 张丽莉
出版发行： 湘潭大学出版社
社　　址： 湖南省湘潭大学工程训练中心
电　　话： 0731-58298960 0731-58298966（传真）
邮　　编： 411105
网　　址： http://press.xtu.edu.cn/
印　　刷： 长沙鸿和印务有限公司
经　　销： 湖南省新华书店
开　　本： 787 mm×1092 mm 1/16
印　　张： 12
字　　数： 242 千字
版　　次： 2020 年 3 月第 1 版
印　　次： 2020 年 3 月第 1 次印刷
书　　号： ISBN 978-7-5687-0408-3
定　　价： 29.80 元